TOEIC
혁신
학습전략

TOEIC 혁신 학습 전략

초판 1쇄 인쇄	2014년 12월 12일		
초판 1쇄 발행	2014년 12월 19일		

지은이	Nicholas Won		
펴낸이	손 형 국		
펴낸곳	(주)북랩		
편집인	선일영	편집	이소현, 김아름, 이탄석, 김진주
디자인	이현수, 신혜림, 김루리	제작	박기성, 황동현, 구성우
마케팅	김회란, 이희정		
출판등록	2004. 12. 1(제2012-000051호)		
주소	서울시 금천구 가산디지털 1로 168, 우림라이온스밸리 B동 B113, 114호		
홈페이지	www.book.co.kr		
전화번호	(02)2026-5777	팩스	(02)2026-5747

ISBN   979-11-5585-413-6 13740(종이책)   979-11-5585-414-3 15740(전자책)

이 도서의 국립중앙도서관 출판예정도서목록(CIP)은 서지정보유통지원시스템 홈페이지(http://seoji.nl.go.kr)와
국가자료공동목록시스템(http://www.nl.go.kr/kolisnet)에서 이용하실 수 있습니다.
(CIP제어번호 : CIP2014036098)

TOEIC

혁신
학 습 전 략

Nicholas Won 지음

생각과 방법을 혁신해야
성적이 오릅니다

북랩 book Lab

Contents

1
CHAPTER

TOEIC에 대한 생각을
바꿉시다!

1 TOEIC 학습에 재미를 느낍시다

From now on, let's become a TOEIC Sherlock Holmes.

TOEIC을 준비하는 데 있어서 가장 중요한 것은
TOEIC의 Sherlock Holmes(셜록 홈즈)가 되는 것입니다.

셜록 홈즈가 누구인지는 다들 아실 것입니다. 그는 영국에서 100년도 더 이전에 출판된 소설들에 등장하는 주인공입니다. 그 소설들이란 미스터리들을 해결하는 것이 주 내용인 탐정 소설들로, 셜록 홈즈는 살인, 절도, 실종 인물 구출 등의 여러 사건들을 해결하는 데 도움을 주는 단서들을 찾아냅니다.

그가 찾아내는 단서들 중 많은 것들이 겉으로 보기에는 아주 쉬운 것들이기 때문에, 다른 사람들은 중요치 않게 보인다는 이유로 그 단서들을 무시하지만, 오직 홈즈만이 그것들을 사건 해결의 단서들로 생각합니다. 홈즈는 "단서들을 서로 연결"하여 살인자나 도둑을 찾아내는 데 사용합니다. 또, 소설에 등장하는 많은 사람들이 셜록 홈즈가 미스터리를 해결할 수 없도록 방해하려고 여러 트릭들을 사용하여, 그를 함정에 빠트리려는 시도들을 합니다.

그렇다면 왜 여러분은 Sherlock Holmes가 되어야만 하는 걸까요?

첫 번째 이유는 TOEIC 또한 일종의 추리물이기 때문입니다. 이는 여러분이 이미 잘 알고 있는 내용입니다만, 미처 중요치 않게 생각하고 있던 것일 수도 있습니다. TOEIC은 여러분이 정답들을 골라낼 수 있도록 도움을 주는 단서들로 가득 차 있습니다. 뿐만 아니라, TOEIC에는 여러분이 오답을 선택하도록 유도하는 함정들도 가득하다는 것을 잊지 말기 바랍니다.

두 번째 이유는 여러분이 TOEIC을 좋아하지 않기 때문입니다. 여러분은 시험 보는 것을 원하지 않습니다. 시험을 봐야만 하는 것이 싫습니다. 그러나 TOEIC은 여러분의 직업과 여러분의 미래를 위한 중요한 시험입니다. 싫더라도 해결해야만 하는 미스터리인 것입니다.

세 번째 이유는 여러분이 TOEIC을 학습하는 것이 지루하다고 생각할 것이기 때문입니다. LC 문제의 주제들은 흥미를 끌지 못합니다. RC 문제의 지문들과 문장들은 여러분의 실생활에 도움이 될 만한 중요한 정보를 제공하지 않습니다. 오히려, 여러분이 영어에 대해 흥미를 느끼거나 즐거움을 갖게 되는 것을 가로 막고 있을 수도 있습니다.

그러나 TOEIC을 잘 보려면 TOEIC 학습에 재미를 느껴야만 됩니다.

그렇다면, 어떻게 하면 TOEIC 학습에 재미를 느낄 수 있을까요?

지금부터는 TOEIC을 한 권의 탐정 소설이라고 생각합시다. 시험이 아니라, 해결해야 할 수수께끼라고 생각을 바꿉시다. 그러면 Short Talks를 듣는 것이 더 쉬워질 것이고, Reading에서 단어와 정보를 탐색하는 것이 약간은 더 쉬워지게 되는 것을 느끼게 될 것입니다. 단어, 구와 절 하나 하나가 단서이고, 그림 맞추기 퍼즐의 한 조각이며, 이런 조각들이 다른 조각들과 합해져서 하나의 아이디어, 행동, 목적 또는 상황을 창조하게 될 것입니다. 제대로 된 퍼즐 조각들을 찾을 수만 있다면, 여러분은 정답을 찾아낼 수 있게 되는 것입니다.

여러분 자신을 Sherlock Holmes라고 상상합시다. 여러분에게는 TOEIC이라는 시험이 주어졌습니다. TOEIC은 여러분이 해결해야 할 미스터리 사건입니다. 이 시험에는 200개의 정답이 있다는 말을 들었습니다. 여러분이 할 일은 이제 정답에 필요한 단서들을 찾아내는 것입니다.

지금 바로 사건을 해결하러 갑시다!

2 오답에 집중합시다

Focus on what is wrong, not what is right.

두 번째로 중요한 것은 앞으로는,
맞는 것이 아니라, 틀린 것에 집중하는 것입니다.

시험을 볼 때, 가장 중요한 것은 정답을 찾는 것입니다. 그렇습니까?

아닙니다!

수험생들은 자신들이 찾은 답이 정답이라는 것을 증명하기 위해 많은 시간과 에너지를 쓰고 있습니다만, 오히려 오답을 찾는 것이 더 쉬울 때가 많습니다. 오답은 아주 간단하고 분명한 이유로 오답이 되는 반면에, 정답은 아주 복잡하고 설명하기 어려운 이유로 정답이 되는 경우가 많이 있기 때문입니다.

따라서, 여러분이 이 교재에서 소개하는 전략들과 방법들을 학습할 때는, 언제나 **선택지**Answer Choice**를 오답으로 만드는 것이 무엇인가**를 찾는 데에 먼저 집중합니다. 여러분들이 선택지들을 오답으로 만드는 트릭(함정)들을 더 많이 발견하면 할수록, 여러분들은 문제들을 더 빨리 풀 수 있게 됩니다.

여러분들은 본 교재 각 Chapter에 설명된 TOEIC 파트별 트릭들을 학습하고, 연습 문제에서 그 트릭들을 찾아내는 훈련을 하게 될 것입니다.

"3개의 오답 선택지들을 찾아낼 수 있다면, 그건 바로 정답을 찾은 것입니다."

3 적극적으로 듣습니다

Actively listen and read TOEIC-like English every day.

세 번째로 중요한 것은 영화나 TV를 보는 것이 아니라
TOEIC 형식의 영어를 적극적으로 매일 듣고 읽는 것입니다.

두 말할 필요도 없는 것이겠지만, 매일 최소한 15분 이상 영어를 적극적으로 듣는 것이 여러분의 듣기 실력을 향상시켜주는 확실한 방법입니다. "적극적으로 듣는다" 는 것의 의미는, TV나 영화를 보는 것이 아닙니다. 그 형식과 내용이 TOEIC과 비슷한 영어 라디오 방송이나 온라인 오디오 파일들을 듣는 것을 의미하는 것입니다. "적극적으로 듣기" 를 연습할 수 있는 가장 좋은 사이트는 www.npr.org입니다. 이 사이트에 대한 상세한 설명은 뒤에 하겠습니다.

보다 더 확실한 방법은, 15분씩, 하루 3번 듣는 것입니다. 아침에 한 번, 오후에 한 번, 그리고 밤에 한 번 더 듣는 것입니다. 인터넷으로 비즈니스 관련 뉴스를 듣고 또 들은 것을 노트하면서, 듣기 능력, 어휘력, 발음을 동시에 향상시킵니다.

TIP

현재 학습하고 있는 TOEIC 준비서에 나오는 모든 문제, 알지 못했던 단어, 문법 사항은 하나도 빼놓지 않고 학습합니다.

4 TOEIC의 구성을 완벽하게 이해합시다

Understand the structure of TOEIC

TOEIC의 구성을 완벽하게 알고 있어야
나에게 유리하게 활용할 수 있습니다.

TOEIC은 Listening과 Reading, 2개의 섹션으로 나누어지는데, 각 섹션 당 100 문제씩입니다.

Listening Section

100 Questions = 45 minutes	
1: Photographs(사진 묘사)	10 Questions
2: Question-Response(질의 응답)	30 Questions
3: Conversations(짧은 대화)	30 Questions 10 Conversations (3 Questions each)
4: Short Talks(설명문)	30 Questions 10 Talks (3 Questions each)

Listening 섹션에서는 CD를 들어가면서 문제를 풀기 때문에, 얼마나 빨리 문제를 풀지는 자신이 선택할 수 없습니다.

- LC 한 문제당 답할 수 있는 시간은 약 8초입니다. 즉, 각 문제의 끝과 다음 문제의 시작 사이의 간격이 8초입니다.

- 지시가 있기 전까지는 문제지를 넘겨 다음 페이지나 다음 섹션을 볼 수 없습니다. 테스트 나레이터가 페이지를 넘기라고 할 때까지 기다려야 됩니다.

- 문제지에 답을 적거나 글을 쓰는 것은 금지되어있습니다. 그러나 고사장에 따라 엄격하게 통제하지 않는 곳도 있습니다.

Reading Section

Reading 섹션은 100문제에, 75분입니다.

100 Questions = 75 minutes		
5: Incomplete Sentences(단문 공란 메우기(문법/어휘))	40 Questions	
6: Text Completion(장문 공란 메우기)	12 Questions	3 texts (4 Questions each) or 4 texts (3 Questions each)
7: Reading Comprehension(독해)	28 Questions	7-10 single texts(단일 지문) (2-5 Questions each)
	20 Questions	4 double texts(복수 지문) (5 Questions each)

- Reading 섹션은 파트 순서에 상관없이 문제를 풀 수가 있습니다. 이는 Reading 섹션을 아주 위험하게 만드는 요소입니다. 만약 여러분이 어느 한 파트에서 너무 많은 시간을 소비해버리면, 다른 파트에서는 시간이 충분치 않기 때문입니다. 속도를 잘 조절해서, 어느 한 파트에서 너무 많은 시간을 소비하지 않을 뿐만 아니라, 너무 적은 시간에 쫓겨서 정답 선택에 실수하는 일이 없게 해야 합니다.

- Reading은 가장 쉬운 파트부터 풀고, 가장 어려운 파트는 마지막에 풉니다.

- 문제지에 답을 기록하거나 글을 쓸 수는 없지만, 고사장에 따라 이를 강제하지 않고 곳도 있습니다.

- **Reading 각 파트별 권장 소비 시간입니다.**

  Part 5: Incomplete Sentences- 15분
  Part 6: Text Completion- 10분
  Part 7: Reading Comprehension- 50분

REMEMBER

Reading 섹션에서는 문제 푸는 속도를 효과적으로 조절해야만 합니다. 어느 한 파트나 어느 한 문제에 너무 많은 시간을 소비하지 않도록 합니다.

2

CHAPTER

새로운 TOEIC
스킬들을 학습합시다!

1 새로운 TOEIC 학습 방법

1 **"TOEIC 혁신 학습 전략" 각 파트의 접근법들을** 학습한 후에 연습 문제들을 풉니다.

*"TOEIC 혁신 학습 전략"*은 실제 TOEIC 시험과 같이 7개 파트로 나누어져 있습니다. 각 파트는 접근법 페이지부터 시작하는데, 접근법 페이지에서는 TOEIC 각 파트의 문제들에 대한 정답을 찾아내는 방법들을 소개합니다. 접근법 페이지 다음에는 각 접근법들의 **단계별 상세 설명**과 파트별 **트릭들**에 관한 설명이 이어집니다.

*"TOEIC 혁신 학습 전략"*한 챕터의 접근법들을 학습하고, 파트별 트릭들을 읽어 본 후에, 본 교재의 파트별 연습 문제를 풉니다. 파트별 연습 문제들을 푸는 과정에서 트릭들을 찾아내는 훈련을 할 수 있을 것입니다.

2 **TOEIC 모의고사 교재의** 문제를 풉니다.

이렇게 파트별 접근법들과 트릭들을 충분히 연습한 후에 모의고사 문제를 풉니다. 시판되고 있는 TOEIC 모의고사 교재를 구입할 때는, 시험이 많으면 많을수록 좋습니다. 7개 파트 전체 모의고사를 한 번에 볼 수 있는 full TOEIC 테스트가 8 Set 있는 교재면 가장 좋습니다.

3 **매일 조금씩 학습합니다.**

각자의 영어 실력에 맞춰, 실제 TOEIC 시험을 보기 전 2~3개월에 걸쳐, 접근법/트릭 연습, 본 교재의 파트별 연습 문제 해결, 그리고 모의고사를 봅니다.

- 한 번에 2시간 이상 휴식 없이 계속 TOEIC 학습을 하지 않습니다.
- 하루 4시간 이상은 TOEIC 학습을 하지 않습니다. 본 교재의 접근법들은 최소 1개월 이상의 시간을 두고 학습합니다.
- 매일 다른 시간에 학습합니다. 실제 TOEIC 시험일이 가까워지면 실제 시험 시간과 동일한 시간에 맞춰 학습합니다.

4 **TOEIC 스킬들을 차근차근 향상시킵니다.**

본 교재의 몇몇 접근법들은 처음에는 낯설게 보이고 진도도 잘 안 나가는 것처럼 느껴집니다. 괜찮습니다. TOEIC을 학습하는 중에 답답해지거나 화가 나는 것은 아주 정상적인 일입니다. 많은 학생들이 처음에는 이런 접근법들이 속도가 붙지 않는다는 말을 자주 합니다. 그러나, 자전거를 처음 배울 때처럼, 속도를

내는 것이 가능해지려면 처음에는 천천히 가야만 합니다. 여유를 가지고 TOEIC 스킬을 향상시킵니다. 얼마 지나지 않아서, 자신이 원하는 속도로 TOEIC을 마스터해 나갈 수 있을 것입니다!

만약 자신의 영어 실력이 낮은 편이라면, 좀 더 천천히 학습합니다. 모의고사도 다음 방법을 따르면 좋습니다.

● 처음에는 한 번에 한 파트씩만 모의고사를 봅니다. 각 파트 사이에는 약간의 휴식 시간을 갖습니다.
● Short Talk 또는 Reading Comprehension과 같이 약간 더 어려운 TOEIC 파트에서는, 한 번에 Part의 절반만 모의고사를 보고, 10분간 휴식을 취하고 나서 나머지 절반의 시험을 봅니다.
● 실력이 좀 향상된 후에는, 예를 들어 Question-Response 그리고 Incomplete Sentence 같은 하나 또는 두 개 파트를 한 번에 다 풀고, 10분간 휴식합니다.
● 파트별 접근법들과 트릭들에 충분히 익숙해 진 후에는, Listening과 Reading 섹션 7개 파트 전체를 쉬지 않고 한 번에 다 풉니다.

파트별 접근법들과 트릭들이 익숙해지기 전까지는 7개 전체 파트의 full TOEIC TEST는 보지 않습니다.

⑤ 영문법과 Business 단어들을 학습합니다.

접근법들을 연습하는 것에 추가하여, 영문법과 Business 단어들에 관한 지식을 계속 향상시킬 필요가 있습니다.

아래에 관련된 영문법을 집중적으로 학습하면 많은 도움이 될 것입니다.

● **동사의 종류와 시제**(특히 완료 시제 "have been"과 "had been")
● **조동사**("have to", "must", "should"같은 조동사들의 차이점 이해에 집중해서 학습)
● **주어-동사의 일치**("he talks"vs "he talk"와 같은 것들)
● **대명사**(문장 내에서 주어와 목적어로 사용될 때 형태의 차이가 있는 대명사들에 집중해서 학습)
● **접속사와 부사구**(명사절 앞에는 어떤 접속사들과 부사들이 오는지, 그리고 주어+동사 앞에 오는 접속사들과 부사들은 무엇인지에 집중해서 학습)
● **동명사와 부정사**
● **전치사**
● **동사구**(숙어적 표현의 동사들)
● **분사**
● **부사절**

미처 알지 못한 단어나 문법이 나오는 문제, 듣기 문장들은 하나도 빠짐없이 학습합니다. 어떤 문제를 잘못 풀었다면, 왜 오답을 선택했는지 그 이유를 반드시 확인합니다.

"실수한 것들을 더 많이 학습하면 할수록, TOEIC 스킬은 더욱 더 향상됩니다."

6 스캐닝과 스키밍 스킬을 숙달합니다.

단어들이나 아이디어들을 신속하게 스캔하고 스킴하는 것은 TOEIC 성적 향상에 필요한 아주 중요한 기술입니다. TOEIC의 질문들, 선택지들, 텍스트(지문)들을 마치 지도 안에 있는 장소들이라고 상상해 봅시다. 어떤 장소들은 다른 장소들에 비해 더 중요한 곳일 수 있어서 빨리 찾아야 될 필요가 있을 것입니다. 그렇지만 지도 상에 나오는 모든 장소를 다 잘 알 필요는 없습니다. 이처럼 중요한 장소들만을 한 눈에, 신속하게 찾아내는 것이 스캐닝과 스키밍입니다. 스캐닝과 스키밍에 관해서는 뒤에서 상세하게 학습할 것입니다.

Forget about <u>reading</u> English - begin to <u>look</u> at English
(영어를 읽는다는 것은 잊어버리고, 영어를 보기 시작합시다.)

CHAPER 2

2 TOEIC 파트별 학습 스케줄

권장 TOEIC 3개월 학습 스케줄

Month 1

일	월	화	수	목	금	토
전략연습 Photo	Open Book 연습 Photo (시간 제한 없음)	전략연습 Incomplete Sentences	Open Book 연습 Incomplete Sentences (시간 제한 없음)	문법과 어휘 학습	모의고사 및 정답 검토 Photo & Incomplete Sentences (시간 제한)	문법과 어휘학습
전략연습 Question- Response	Open Book 연습 Question- Response (시간 제한 없음)	전략연습 Text Completion	Open Book 연습 Text Completion (시간 제한 없음)		모의고사 및 정답 검토 Question -Response & Text Completion (시간 제한)	

일	월	화	수	목	금	토
전략연습 Short Conversations	Open Book 연습 Short Conversations (시간 제한 없음)	전략연습 Reading Comprehension	Open Book 연습 Reading Comprehension (시간 제한 없음)	문법과 어휘 학습	모의고사 및 정답 검토 Short Conversations & Reading Comprehension (시간 제한)	문법과 어휘 학습
전략연습 Short Talks	Open Book 연습 Short Talks (시간 제한 없음)	전략연습 Reading Comprehension	Open Book 연습 Reading Comprehension (시간 제한 없음)		모의고사 및 정답 검토 Short Talks & Reading Comprehension (시간 제한)	

(시간 제한: 실제 TOEIC의 파트별 시험 시간에 맞춰 시간 제한을 두고 문제 풀기)

Month 2&3

일	월	화	수	목	금	토
TOEIC 모의고사 (전체 Part)	TOEIC 모의고사 정답 검토	휴식	문법과 어휘 학습	문법과 어휘 학습	문법과 어휘	휴식

권장 학습 스케줄 설명

"전략 연습"

1) "TOEIC 혁신 학습 전략"의 해당 파트를 선택합니다.
2) 그 파트의 접근법, 트릭들을 학습합니다.
3) 그 파트의 연습 문제들을 풉니다.

"Open Book 연습"

1) 현재 자신이 학습 중이거나 구입한 TOEIC 모의고사 교재 해당 파트의 연습 문제를 풉니다. (예를 들어, 만약 어제 파트 2. Question-Response 전략을 학습하였다면, 오늘은 그 방법을 활용하여 Question-Response 30문제 1 set 또는 60문제 2 set를 듣고 풀어봅니다.)
2) 이때의 연습에는 **시간 제한이 없습니다.** "TOEIC 혁신 학습 전략"에 나오는 접근법과 트릭 해법들을 활용하여 문제를 푸는데, 시간을 필요한 만큼 충분히 사용합니다. 만약 Listening 문제들을 푼다면, 정답을 맞출 때까지 pause와 replay를 여러 번 반복해서 듣습니다.

"문법과 어휘 학습"

1) TOEIC의 Incomplete Sentence와 Text Completion 파트에서 이해하지 못한 문법 문제에 집중합니다.
2) 또, LC 문제들의 Transcript(글로 옮긴 것), 질문과 선택지들, Reading Comprehension의 텍스트(지문)들에서 나오는 단어들 중 모르는 것은 없는지 확인하고, 모르는 단어가 있다면 충분히 학습합니다.

"모의고사 및 정답 검토"

1) TOEIC 모의고사 교재에 있는 TOEIC 2개 파트의 문제 1 set 전체를 풉니다.
2) 이번 연습에는 **시간 제한이 있습니다.** Reading 각 파트에서 사용할 수 있는 시간은 다음에 나오는 "TOEIC 연습 Test 정답 분석표"를 참조하시기 바랍니다.
3) 모의고사가 끝나면, 정답을 확인합니다. 틀린 문제들에 대해서는, 어떤 트릭들이 사용되었는지, 왜 맞추지 못했는지 그 원인들을 찾아봅니다.

"TOEIC 모의고사(전체 파트)"

1) "TOEIC 혁신 학습 전략" 7개 파트 전체를 충분히 학습하고, 7개 파트 연습 문제를 각 파트별 접근법들을 활용하여 풀어 본 후에, TOEIC 모의고사 7개 파트 전체를 중간 휴식 시간 없이 푸는 연습을 시작합니다.
2) 틀린 문제 검토는 모의고사를 본 다음 날에 합니다. 틀린 문제들에서는 출제자들이 어떤 트릭들을 사용했는지 확인합니다.

TOEIC 학습은 하루 4시간 이상 하지 않습니다.

"TOEIC 혁신 학습 전략"의 접근법들과 트릭들의 학습을 완료한 후에는, 실제 TOEIC을 보기 전까지, 7개 파트, 200문제 full TOEIC 모의고사를 매주 1, 2회 봅니다.

이 "TOEIC 혁신 학습 전략" 에 나오는 접근법들과 트릭들을 활용하여 연습하는 데는 2~3개월의 기간이 필요합니다.

3 TOEIC 모의고사 정답 분석표

모의고사를 본 후에는 반드시 아래와 같은 정답 분석표를 작성하여 자신이 어느 파트에 좀 더 집중하여 학습해야 되는 지에 대한 판단 자료로 활용합니다.

TOEIC 모의고사 정답 분석표

Test Part	일 자	정답 수	오답 수	정답 %	시 간	비 고
Part 1					~6분	소요시간/ 속도 선택권 없음
Part 2					~11분	
Part 3					~11분	
Part 4					~16분	
Part 5					15분	
Part 6					10분	
Part 7					50분	

4 키워드와 스캐닝

TOEIC 고득점을 위해 새롭게 개발해야 할 가장 중요한 스킬은 문제의 질문, 선택지 그리고 텍스트(지문)의 문장들에서 중요한 단어들과 중요한 아이디어들을 신속하게 스캔하는 스킬입니다.

The Key to Scanning is to NOT READ. You need to LOOK.
(스캐닝의 열쇠는 읽지 않는 것입니다. 보아야 합니다.)

스캔한다는 것은, 선택지들이나 질문에서 특정 단어들, **즉 키워드들을 찾아내는 것**을 말합니다.

키워드(Key Word)란?

1) 가장 중요한 정보를 제공하는 단어
2) 한 선택지를 다른 선택지들과는 다른 것으로 만들어 주는 단어
3) 또는 다른 선택지들과 다르게 만들어 주는 정보를 제공해 주는 단어입니다.

Example

1. Who needs to inform Mall Security?　　▶ **Key Words** : who, needs, inform, security
   A. Security guards at Western Mall　　▶ **Key Words** : guards
   B. People going to dinner　　　　　　▶ **Key Words** : people, dinner
   C. Shoppers at Western Mall　　　　　▶ **Key Words** : shoppers
   D. The CEO of Western Mall　　　　　▶ **Key Words** : CEO

* **CEO:** [약] 최고 경영자, 시이오(chief executive officer)

키워드 찾기

무엇이 키워드입니까? TOEIC에서 키워드는 왜 중요합니까?

다음은 **키워드에 가장 알맞은 것들**입니다.

* 각 질문 또는 선택지에 하나 밖에 없는 것. 예를 들면, 위의 예에서, "Western Mall" 은 좋은 키워드가 아닙니다. 그 이유는 거의 모든 선택지에서 나오고 있기 때문입니다.

* 강조(강한 의미)의 형용사
* 강한 동작을 나타내는 동사
* 유사한 의미의 단어(유의어, 동의어)가 많지 않거나 거의 없는 단어

[예제] 아래의 질문들과 선택지들에서 키워드로 알맞은 단어들과 알맞지 않은 단어들은 무엇입니까?

1. According to the brochure, which of the following is NOT possible?
   (A) Paying by credit card
   (B) Withdrawing on weekends
   (C) Using your ATM card overseas
   (D) Transferring money to other banks for free

2. Whom is the advertisement aimed at?
   (A) Businesses with overseas branches
   (B) Businesses in the financial sector
   (C) Real estate businesses
   (D) Computer companies

3. Which of the following ports does the ship go to?
   (A) London
   (B) Alexandria
   (C) Venice
   (D) Athens

4. What is an advantage of using Safeco?
   (A) You can withdraw money any time.
   (B) You can take out Quick Loans.
   (C) You can deposit money at other banks.
   (D) You can write checks for free.

5. What information does the caller need?
   (A) Ms. Stiles's phone number
   (B) Ms. Stiles's fax number
   (C) Ms. Stiles's social security number
   (D) Ms. Stiles's address

* **brochure:** (안내·광고용)책자
* **withdraw:** (계좌에서)돈을 인출하다
* **ATM:** 현금 자동 입출금기(automated teller machine)
* **transfer:** 이체하다
* **for free:** 공짜로, 무료로
* **real estate:** (realty)부동산
* **Athens [ǽθinz]:** 아테네 ((그리스의 수도; 고대 그리스 문명의 중심지))
* **deposit:** 예치하다
* **Social Security number:** SSN (미국에서)사회 보장 번호(출생과 함께 공식적으로 부여되는 개인 신원 번호)

5 가장 쉽게 정답을 찾는 스캔 방법

Scanning의 열쇠는 읽지 않는 것입니다. 보아야 합니다.

● 가장 쉬운 키워드를 찾는 것부터 시작합니다.

스캔을 시작할 때는, 가장 찾기 쉬울 수 있는 선택지의 키워드를 찾는 것부터 시작합니다. 가장 찾기 쉬울 수 있는 키워드란 나 자신이 유의어(동의어)들을 많이 알고 있는 단어, 또는 유의어(동의어)를 모를 수 있는 단어입니다.

Example

1. Who needs to inform Mall Security?
  A. Security guards at Western Mall
  B. People going to dinner
  C. Shoppers at Western Mall
  D. The CEO of Western Mall

▶ **Key Words** : who, needs, inform
▶ **Key Words** : guards
▶ **Key Words** : people, dinner
▶ **Key Words** : shoppers
▶ **Key Words** : CEO

위의 예에서, "CEO" 와 "dinner" 가 첫 번째로 찾는 것이 좋을 단어들 같습니다. 왜냐하면 이 단어들에는 동의어들이 많지 않기 때문입니다. "guard" 와 "shoppers" 는 대신 사용할 단어들이 많이 있습니다. 즉, "guard" 는 security, safety personnel, police, mall staff를 대신 사용할 수 있고, "shoppers" 는 customers, guests, the public, you를 대신 사용할 수 있습니다.

● 연필이 자신을 눈을 이끌도록 합니다.

각각의 선택지에서 키워드를 선택한 후에는, 텍스트(지문)로 갑니다. 텍스트의 문장들 위를, 한 단어에서 다음 단어로 이동할 때, 연필을 대면서 이동합니다. 자신의 눈은 단어들 위로 움직이는 연필 바로 뒤만 따라가면 됩니다. 자신의 눈이 연필심을 뒤쫓아가고, 연필심이 자신을 텍스트 속으로 이끌고 있다고 상상합니다.

● 키워드의 동의어를 볼 수 있도록 마음이 오픈된 상태를 유지합니다.

텍스트의 문장 위로 연필을 움직이면서, 자신이 발견하고자 하는 선택지들의 키워드(또는 키워드의 synonym(유의어))들을 찾습니다.

TOEIC은 키워드들의 유의어를 사용하는 방법으로 정답 선택지들의 키워드들을 숨겨놓는 경우가 많이 있습니다.

⬤ **첫 번째 키워드를 텍스트에서 찾았다면, 다시 같은 질문 또는 선택지로 되돌아가서 두 번째 키워드를 찾습니다. 두 번째 키워드를 질문이나 선택지에서 찾은 후, 다시 텍스트로 가서 텍스트 안에서 두 번째 키워드를 찾습니다. 이 과정을 계속합니다.**

⬤ **만약 선택지와 텍스트가 비슷한 정보를 주고 있다면 정답 선택지를 찾은 것입니다.**

(선택지의 키워드들이 질문의 키워드들과 그 의미가 멀면 멀수록, 정답일 가능성은 적고, 의미가 가까우면 가까울수록 정답일 가능성이 높습니다.)

⬤ **"아마도", "그럴지도" 라고 말하고 있는 자신을 받아들입니다.**

 [예제] 아래의 문제들에서

1) 어떤 키워드들이 가장 찾기 쉽습니까?
2) 어떤 키워드들이 가장 찾기 어렵습니까?
3) 어떤 키워드들이 여러 개의 유의어들을 가지고 있습니까? 무엇이 그런 유의어들입니까?

적어보시기 바랍니다.

1. What will people receive for attending the grand opening?
    (A) A coupon for a department store
    (B) A free CD from a jazz band
    (C) A tour with the city mayor
    (D) An interview on the radio

2. What is the purpose of this advertisement?
    (A) To encourage calls overseas
    (B) To encourage people to change their overseas carrier
    (C) To promote an international telecommunications company
    (D) To ask how much money people spend calling overseas

3. What was NOT a result of the floods and mudslides?
    (A) Tourists canceled flights to Hawaii
    (B) Bridges were washed out
    (C) People were killed or hurt

(D) Roads were damaged

4. Why is the woman not ready for the meeting?

    (A) The office is under reconstruction.

    (B) She needs to gather more files.

    (C) The photocopier does not work.

    (D) She accidently deleted her report.

* carrier: (전화나 인터넷 서비스를 제공하는) 회사
* mudslide: 산사태; 산사태 때 걷잡을 수 없이 흘러내리는 진흙 더미
* wash out: 물에 씻기다[씻겨 없어지다]   * photocopier: (또한 copier 특히 美) 복사기

TIP

TOEIC은 정답의 키워드를 숨기기 위해 키워드들의 유의어를 사용하는 경우가 많습니다.

CHAPER 2

6 대략의 정보를 얻기 위해
지문을 빠르게 훑어보는 스키밍

TOEIC 고득점을 위해 새로 개발해야만 하는 또 하나의 TOEIC 스킬은 스키밍입니다. 이 스키밍 스킬은 Part 6: Text Completion과, Part 7: Reading Comprehension의 문제들을 푸는데 많은 도움이 될 것입니다. 특히, 추론 문제들을 해결하는데 많은 도움이 됩니다. 스키밍이란 텍스트(지문) 전체를 빠르게 훑어보면서, 특정 단어들에만 집중한다는 의미입니다. 특정 단어들이란 텍스트의 문맥, 대략의 정보 또는 주요 아이디어를 이해할 수 있게 해 주는 단어들입니다.

The Key to Skimming is to NOT READ. You need to ABSORB.
(스키밍의 열쇠는 읽지 않는 것입니다. 흡수해야 합니다.)

주제, 목적, 대략의 정보, 또는 주요 아이디어를 이해할 수 있게 해주는 아래의 키워드들에 집중합니다. 스키밍이란 텍스트의 목적이나 주제를 이해하는 데 도움을 주는 아래의 정보들을 제공해주는 단어들을 빠르게 찾는 것입니다.

- 각 문장의 **주어** 또는 **목적어**. 누가 또는 무엇이 행동을 하고 있습니까?
  그 행동을 받는 대상(사람이나 물건)은 무엇입니까?
- **행위의 동사**(동작을 분명하게 묘사하는 동사) 또는 **숙어적 동사구**
- **조동사**("need to", "can", "will" 등)
- **강한 의미의 형용사**
- 누가 **어떤 행동**을 하고 있는지? (또는 무엇을 **요청**하고 있는지?) (WHO, WHAT ACTION)
- 사건이 **왜, 언제, 어디에서** 발생하고 있는지? (WHY, WHEN, WHERE)
- 사건이 **어떻게** 일어나고 있는지? (HOW)

 [예제] 아래 텍스트의 각각의 문장에서 텍스트 전체의 의미를 이해하는데 필요한 단어들에 밑줄을 칩니다.

첫 번째 단어 "Due"에 손가락이나 연필을 올려놓고, 다음 단어에서 또 다음 단어로 부드럽고 신속하게 이동합니다. 이동 중에는 모든 단어를 말하거나 읽지 않습니다. 위에서 열거한 키워드 종류들만 읽습니다.

텍스트의 처음부터 끝에까지 이동하는 동안, 이런 키워드들이 어떻게 연관되어 있는지 이해하도록 시도합니다. 어떤 주제를 토론하고 있는 중인지에 관한 대략적인 정보를 이해합니다. 각각의 문장에서 전체 지문의 이해를 돕는데 필요한 단어들에는 밑줄을 칩니다.

Example

Due to a rash of thefts at the Mall over the last month, we wish to inform you of additional security measures Weston Mall will be implementing over the next few days. To provide a more safe and secure environment for our customers, we are doubling the number of our security personnel, which will enable us to have more frequent and reliable patrolling of all areas of our complex.

Security cameras are being installed at all exits. While we regret this slight intrusion of privacy, know that it is for your own protection. At the end of each week, these security tapes will be erased, to ensure that this invasion of your privacy is temporary.

---

* rash: 발진, 많음, 다발
* implement: 시행하다
* temporary: 일시적인, 임시의
* measure: 조치(정책)
* intrusion: 침입, 침해

아래는 위의 예문을 스키밍한 결과입니다. (볼드체로 강조한 단어들이 키워드들입니다.)

> **Due to** a rash of **thefts** at the Mall over the **last month**, we **wish to inform** you of **additional security** measures Weston Mall **will be** implementing over the **next few days**. **To provide** a more **safe** and **secure** environment for our customers, we are **doubling** the number of our **security** personnel, which will enable us to have **more frequent** and **reliable patrolling** of all areas of our complex.
>
> **Security cameras** are being installed at **all exits**. While we **regret** this slight **intrusion** of privacy, know that it is for **your** own **protection**. At the **end** of **each week**, these security **tapes** will be **erased**, to ensure that this **invasion** of your **privacy** is **temporary**.

스키밍은 모든 단어를 읽지 않더라도 텍스트를 보다 빨리 이해할 수 있게 도와줍니다. 자신이 눈으로 보고 있는 여러 가지 단어들을 머리 속으로 연결해 봅니다. 문장 하나 하나, 그리고 전체 텍스트를 대상으로 스키밍 연습을 많이 합니다.

TIP

영어는 읽는 것이라는 생각은 잊어버립니다. 영어를 보기 시작해야 됩니다. 단어 하나, 구절 하나 하나가 조각 그림 조각 맞추기 퍼즐의 한 조각이라고 생각해야 됩니다.

7 정답의 대충 추측(찍기)

만약 시간이 부족하다거나, Questions-Response 파트에서 질문을 제대로 듣지 못했다거나, Short Conversation 또는 Short Talk 파트에서 듣는데 집중할 수 없었다면, 아마 정답을 대충 추측(찍기)해야만 할 것입니다. 만약 그렇다면, 다음과 같은 간단한 법칙을 따르면 됩니다.

현재 시험을 보고 있는 중인 파트에서 자신이 고른 정답들을 보고, (A), (B), (C), (D) 중에서 가장 적게 작성한 것이 어느 것인지 확인합니다. 그것을 대충 추측을 해야만 하는 모든 문제에 대한 정답으로 결정합니다. 다른 것들과 섞어서 무작위로 적지 않습니다. **(A), (B), (C), (D) 중에서 하나만 선택해서 해당 파트에서 대충 추측(찍기) 해야 할 문제 전체에 대한 정답으로 작성합니다.**

8 TOEIC 준비에 도움이 되는 웹사이트들

숙어 동사 및 Idiom

http://www.usingenglish.com/reference/phrasal-verbs/a.html

http://www.usingenglish.com/reference/phrasal-verbs/quizzes-verbs.html

http://www.learn-english-today.com/business-english/A-business-english-contents.html

http://www.learn-english-today.com/phrasal-verbs/phrasal-verb-list.htm#P

영문법 사이트

http://www.better-english.com/exerciselist.html

http://www.englishpage.com

http://owl.english.purdue.edu/owl/resource/537/01/

비즈니스 영어

http://www.learnenglishfeelgood.com/

http://www.businessenglishsite.com/

영국식 발음 웹사이트

http://www.carolinebrownlisteninglessons.com/

http://www.bbc.co.uk/worldservice/learningenglish/

CHAPTER 2

9 NPR 매일 듣기

1 www.npr.org 에 접속합니다.

2 페이지 상단 메뉴의 "Programs"를 클릭합니다.

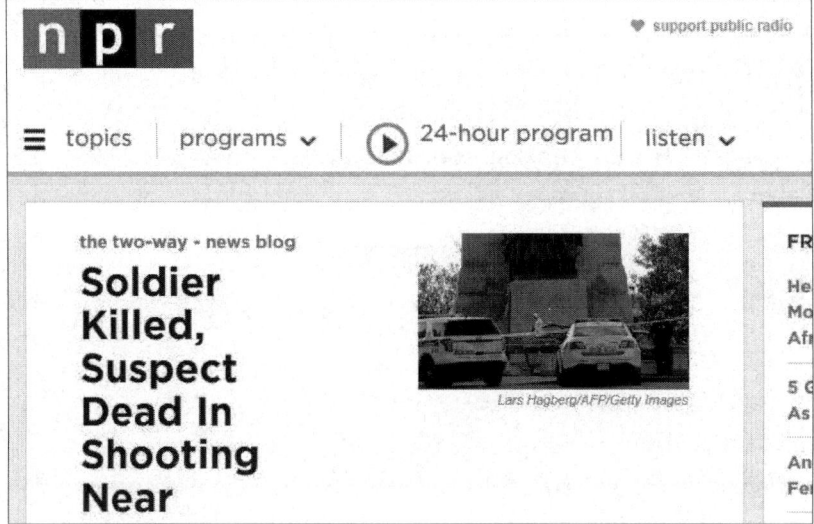

3 "Morning Edition"또는 "All Things Considered"를 클릭합니다.

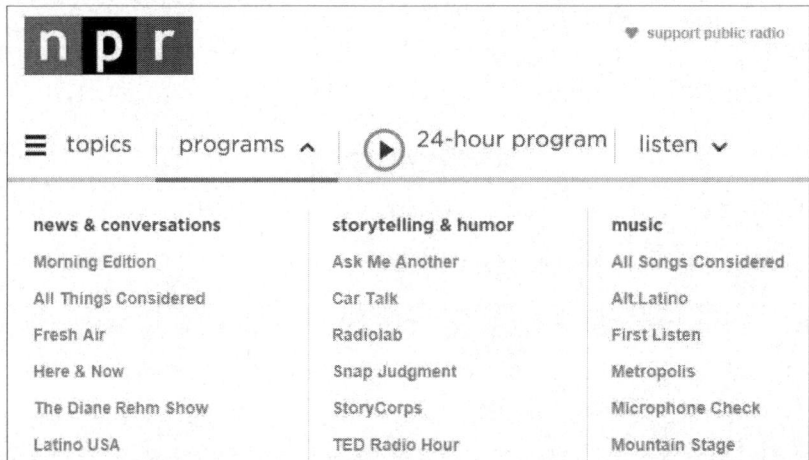

4 Business, Politics, Economy(비지니스, 정치, 경제)에 관한 약 4분 정도 길이의 뉴스를 선택합니다.

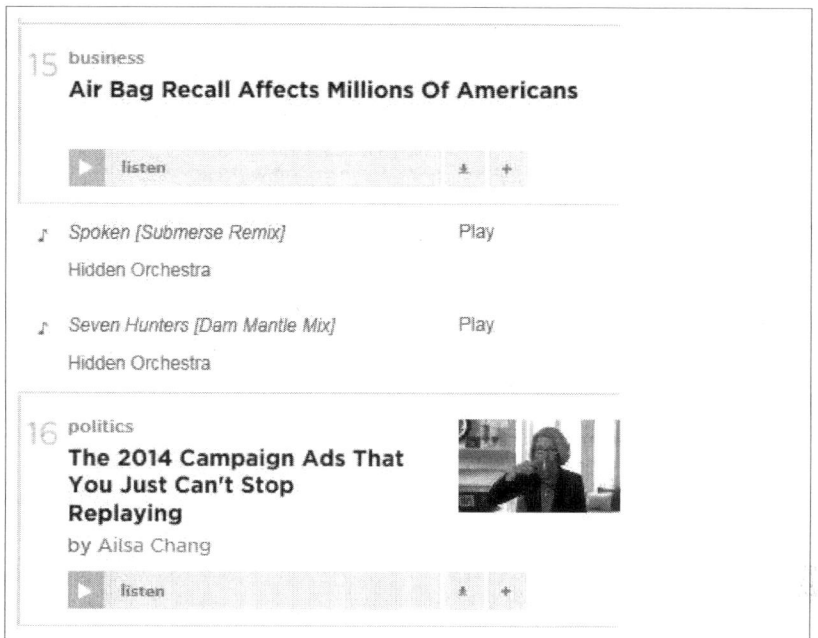

5 뉴스 보도를 듣습니다.
듣는 중에 주요 아이디어들, 중요한 상세 사항들, 숫자들은 받아 쓰기 연습을 합니다.

6 "Download"를 클릭하여 MP3 파일을 다운로드하고, "Playlist"를 클릭하여 대본을 보면서 모르는 단어나 숙어들을 학습합니다.

Share

Comments

DAVID GREENE, HOST:

Detectives in Florida were stumped last month by what
appeared to be stab wounds in the neck of a young woman

7 뉴스 보도를 듣는 동시에 같이 읽으면서 정확한 발음을 연습합니다.

8 뉴스 보도를 다시 한 번 들으면서 학습한 내용을 복습합니다.

9 같은 주제에 대한 뉴스 보도 5개를 더 찾아서 동일한 방법으로 학습합니다.

10 위의 뉴스 보도들을 5일 동안 하루 한 번씩 다시 청취합니다.

10 TOEIC 시험 당일을 위한 준비

TOEIC 시험 1주전

1. TOEIC 당일에 잠에서 일어나야 할 시간에 맞춰 일어납니다.
2. TOEIC 고사장의 위치 및 교통편을 확인합니다. (고사장을 사전 답사하는 것도 좋습니다.)
3. TOEIC 당일의 시험 시간과 동일한 시간에 TOEIC 모의고사를 봅니다.
4. TOEIC 시험 전날에는 TOEIC 학습을 하지 않습니다.
5. 답안지 중에 설문 조사 부분에 마킹하는 방법을 연습해 봅니다.

TOEIC 시험 당일 아침

1. 시험 시작 최소 30분 전까지는 고사장에 도착할 수 있도록 고사장으로 출발합니다.
2. 매일 아침마다 커피나 차를 많이 마신다면, 시험 시작 전에는 1컵만 마십니다.
3. 고사장으로 가는 도중에는, 영어를 듣습니다.
4. 고사장에서 시험 대기 중에는, 영어를 읽습니다.

고사장에서는 금지된 물품을 지참하지 말고, 감독관의 지시나 주의 사항에 잘 따라서,
시험 중간에 퇴장 당하는 일이 없도록 합니다.

3
CHAPTER

파트 I
Photograph 전략

Directions for this Part of the TOEIC

In this part of the test, you will hear four statements about each picture in your textbook. After listening to all four statements, you must select the one statement that best describes what you see in the picture. Then find the number of that question on the answer sheet and mark your answer. The statements will be spoken only one time, and are not printed in your text book.

Part 1 지시사항

파트 1은 제시한 사진을 올바르게 묘사한 문장을 찾는 문제로 구성되어 있습니다. 방송으로 사진에 대한 4개의 짧은 설명문을 한번 들려줍니다. 4개의 설명문은 문제지에 인쇄되어 있지 않습니다. 4개의 설명문을 잘 듣고 그 중에서 사진을 가장 정확하게 묘사하고 있는 문장을 선택하면 됩니다.

CHAPTER 3

1 Photograph 접근법

1 Main Noun(주요 명사)의 추측

- **질문하기:** 사진에서 Main Noun(주요 명사)들은 무엇입니까?
- **질문하기:** 사진에서 어떤 명사들이 "Center of attention(관심의 중심)" 또는
- "Focus(초점)"입니까?
- **생각하기:** 주요 명사들의 **유의어로 가능한 단어들**은 무엇이 있는지 생각합니다.
- **인칭대명사**("he", "she", "they")들은 주요 명사들이 될 수 있습니다.

2 Main Action(주요 행동)의 추측

- **질문하기:** 주요 명사가 **분명하게 하고 있는 행동**은 무엇입니까?
- 사진에서 **주요하지 않은 행동들**은 무시합니다.

3 Relationship(관계)과 Locations(장소)의 추측

- **질문하기:** 사진이 찍힌 **장소**는 어디입니까?
- **질문하기:** 다른 명사들과 관계된 주요 명사들은 어디에 있습니까?
- 배경에 있는 명사들은 장소뿐만 아니라 많은 것을 추론할 수 있는 실마리를 제공합니다.

4 Condition(상태)의 추측

- **질문하기:** 어떤 형용사들이 주요 명사들을 **가장 잘 설명합니까?**
- **인물이 없는 사진:** 사진 속의 주요 명사들은 잘 **정돈되어 있습니까 아니면 어지럽게 있습니까?**

5 각 선택지를 듣고 트릭은 정답에서 제외

- **질문하기:** 각각의 선택지에서 틀린 것은 무엇입니까?
- 모든 선택지는 **문법적으로는 맞습니다.**

Photograph 접근법 1 설명: Main Noun(주요 명사)의 추측

- **질문하기:** 사진에서 주요 명사들은 무엇입니까?

- **질문하기**: 사진에서 어떤 명사들이 **"관심의 중심"** 또는 **"초점"**입니까?
- **생각하기**: 주요 명사들의 **유의어들로 가능한 단어들**은 무엇이 있는지 생각합니다.
- **인칭 대명사**("he", "she", "they")들은 주요 명사들이 될 수 있습니다.

사진을 처음 보게 되면, 어떤 명사들이 보이는지 생각합니다. 몇몇 사진들에서는, 명사들(사물들 혹은 사람들)이 많이 있을 수 있습니다. 그러나, 주요 명사들은 몇 개 밖에 없습니다. 사람들이 쳐다보고 있는 것, 들고 있는 것들이 주요 명사입니다. 가장 중요한 명사들은 보통 사진의 중앙에 위치합니다. 이런 명사들이 **"관심의 중심"** 또는 **"초점"**입니다.

인칭대명사들은 주요 명사들이 될 수 있습니다.

Example

What Nouns can you see in this photo?
(어떤 명사들이 이 사진 안에서 보입니까?)

▶ screen, people, table, pencil, laptop, phone, pitcher, glasses, graph or chart, wall, women, man

Which of those Nouns seem to be important?
(which Nouns are the "center of attention" or "focus" ?)
(그 명사들 중에서 어느 것이 중요합니까? (어느 명사들이 "관심의 중심" 또는 "초점" 입니까?))

▶ screen, people, table, graph, chart

선택지들을 청취하는 중에 여러분이 생각할 단어는 they, man, table, television screen, chart 이 6개일 것입니다. 정답은 이 주요 명사들 중의 하나이거나 또는 2~3개가 될 것입니다.

[예제]

What Nouns can you see in this photo?
(어떤 명사들이 이 사진 안에서 보입니까?)

Which of those Nouns seem to be important?
(Which Nouns are the "center of attention" or "focus" ?)
(그 명사들 중에서 어느 것이 중요합니까? (어느 명사들이 "관심의 중심" 또는 "초점" 입니까?))

Photograph 접근법 2 설명: Main Action(주요 행동)의 추측

● **질문하기**: 주요 명사가 **분명하게 하고 있는 행동**은 무엇입니까?
● 사진에서 **주요하지 않은 행동들은 무시**합니다.

사진을 처음 보게 되면, 주요 명사들이 하고 있는 행동들이 무엇인지를 나타낼 수 있는 동사들을 생각해봅니다. 다음과 같은 사진들에서는, 쉽게 나타나는 "행동" 이 없습니다. 다음 사진에서 나오는 사람들은, 먹고 있는 것도, 웃고 있는 것도, 달리기를 하거나, 건물을 세우고 있는 것도 아닙니다. 그러나, 무엇인가는 하고 있는 중입니다.

Example

What Verbs are the Main Nouns possibly doing?
(주요 명사들이 아마도 하고 있는 동사들은 무엇입니까?)

▶ sitting, meeting, smiling, hanging, gesturing

Which of those Verbs seem to be most clear?
(그 동사들 중 가장 분명하게 보이는 것은 어느 것입니까?)

▶ sitting, smiling

정답이 가장 많이 되는 것은 가장 명확한 동사입니다. 사람들은 분명히 앉아 있으며(sitting), 이야기 중이거나, 혹은 무엇인가를 토론하고 있는(talking or discussing something) 단서들이 있는데, 그것은 우측의 여성은 손으로 동작을 취하고 있고, 다른 두 사람은 그녀를 쳐다보고 있는 것입니다. 사진에서 분명하게 보이는 동사들에 집중합니다. 다른 동사들도 맞는 것일 수 있습니다. 그러나 확실한 단서가 없거나 거의 없습니다. 예를 들면, 사람들이 무엇인가를 기다리고 있을 수(waiting) 있습니다만, 위의 사진 속에서는 명확하지가 않습니다.

[예제]

What Verbs are the Main Nouns possibly doing?
(주요 명사들이 아마도 하고 있는 동사들은 무엇입니까?)

Which of those Verbs seem to be most clear?
(그 동사들 중 가장 분명하게 보이는 것은 어느 것입니까?)

사람이 나오지 않는 사진들은 보통은 명확한 동작이 보이지 않습니다. 대신 물체들 또는 장소만 보여줄 수 있습니다. 그런 사진들에서는, 정답은 be 동사(즉, "is", "are")의 형식을 사용할 것입니다. 이때에는 형용사들이나 전치사들을 예측하는데 집중합니다.

Photograph 접근법 3 설명: Relationship(관계)과 Location(장소)의 추측

- **질문하기:** 사진이 찍힌 **장소**는 어디입니까?
- **질문하기:** 다른 명사들과 관계된 주요 명사들은 어디에 있습니까?
- **배경에 있는 명사들은 장소뿐만 아니라 많은 것을 추론할 수 있는 단서**를 제공합니다.

사진을 처음 보게 되면, 사진이 보여주고 있는 장소를 생각해 봅니다. 또, 주요 명사 두 개 사이의 관계를 알려줄 수 있는 전치사들을 생각합니다.

Example

Where are the Main Nouns?
(주요 명사들은 어디에 있습니까?)

▶ in a room, conference room,
  meeting room

Where are the Main Nouns in Relation to other Nouns?
(주요 명사들은 다른 명사들과 관계되어 어디에 있습니까?)

▶ at the table, on the table,
  next to the table,
  in the middle of the table,
  next to the screen, on the wall,
  in front of the woman

사진을 볼 수 있는 시간은 몇 초에 불과하기 때문에, 모든 관계들이나 장소를 추측할 수는 없을 것입니다. 그렇지만, 나레이터가 말하는 것을 들으면서, 사진에 있는 명사들을 설명할 수 없는 전치사들이 혹시나 나오지는 않는지 집중해서 듣습니다. 만약 이런 것들이 들린다면, 그 설명문이 오답일 것입니다.

정답을 찾는 것 보다 오답을 찾는 것이 더 쉽다는 것을 기억하기 바랍니다.

[예제]

What is the location of the photograph?
(사진의 장소는 어디입니까?)

Where are the Main Nouns in relation to each other?
(주요 명사들은 각각 어떤 명사에 관계되어 어디에 있습니까?)

TIP

주요 명사들의 관계에 대해 틀리게 설명하는 것이 분명한 전치사들이 들리지는 않는지 주의합니다. 보통 이것들은 정답이 아닙니다.

Photograph 접근법 4 설명: Condition(상태)의 추측

- **질문하기**: 어떤 **형용사들이** 주요 명사들을 **가장 잘 설명합니까?**
- **인물이 없는 사진**: 사진 속의 주요 명사들은 잘 **정돈되어 있습니까 아니면 어지럽게 있습니까?**

Example

What words best describe the Main Nouns?　　　　　▶ happy
(어떤 단어들이 주요 명사들을 가장 잘 묘사합니까?)

분명한 형용사가 없는 사진들도 많다는 것에 유의합니다. 이런 경우에는, 정답은 사진에서 보여지고 있는 행동에 관한 것일 것입니다.

인물이 없는 사진

사진 속에 사람이 없을 때는, 다음과 같이 질문해 봅니다. 사진 속의 물체들은 "neatly(깔끔하게)" 정돈되어 있습니까? 아니면, "disorganized(정리가 안 된)" 입니까? 종종 이런 형용사들의 하나(또는 이런 단어들의 유의어 하나)가 정답인 경우가 많습니다.

What words best describe the Main Nouns?
(어떤 단어들이 주요 명사들을 가장 잘 묘사합니까?)

TIP

사람의 감정을 설명하는 것도 정답이 될 수 있습니다. 그러나 그 감정이 사진 안에서 명확하게 나타나 있어야만 합니다.

2 Photograph 트릭들

각 선택지를 듣고 트릭은 정답에서 제외

- 질문하기: 각각의 선택지에서 틀린 것은 무엇입니까?
- 모든 선택지는 **문법적으로는 맞습니다.**

- 사진 묘사 문제에서 자주 나오는 트릭의 종류

> Extreme Inference(극단적 추론)
> Wrong Action(틀린 행동)
> Wrong Relation/Location(틀린 관계/위치)
> Similar-Sounding Word(유사한 발음의 단어)
> Wrong Condition(틀린 상태)
> Topic-Related Word(주제와 관련된 단어)
> Wrong Object(틀린 목적어)

위의 사진을 보고 다음의 트릭들을 사용한 오답 선택지들을 직접 만들어 봅시다.

1. Wrong Object	▶ The copier is on the table.
2. Wrong Action	▶ They are arriving at a meeting.
3. Similar-Sounding Word	▶ They are meeting around the cable.
4. Wrong Condition	▶ The screen is broken.
5. Wrong Relationship/Location	▶ The television screen is on the table.
6. Extreme Inference	▶ They are negotiating a deal.
7. Topic-related Word	

많은 트릭들이 사진의 주제와 관련된 단어들을 사용합니다. 예를 들면, "negotiating", "deal" 과 같은 단어들은 사람들이 만나는 상황과 관련이 있습니다.

TIP

- Photograph 문제의 정답은 과거에 일어난 일에 대해 이야기하는 경우가 거의 없습니다.
- Photograph 문제의 정답은 미래에 발생할 일에 대해 이야기하는 경우가 거의 없습니다.
- Photograph 문제의 정답은 사진에서 명확하게 보이는 것을 설명하는 것입니다.

[예제]

위의 사진을 보고 아래의 트릭들을 사용한 오답 선택지들을 직접 만들어 봅시다.

1. Wrong Object
2. Wrong Action
3. Similar-Sounding Word
4. Wrong Condition
5. Wrong Relationship/Location
6. Extreme Inference
7. Topic-Related Word

3 Photograph 추가 전략

- **선택지에서, 무엇이 맞는지가 아니라, 무엇이 틀렸는지를 듣습니다.** 가끔은 선택지들 어느 것도 정답이 아닐 것 같은 때가 있습니다. 이때에는, 선택지에서 무엇이 틀렸는가를 찾는 것이 더 쉽다는 것을 기억합니다. 언제나 자신에게 "이 선택지에서는 무엇이 틀렸지?" 라고 물어봅니다. 어느 한 선택지에서 확실하게 틀린 것이 하나도 들리지가 않는다면, 아마 이 선택지가 정답일 것입니다.

- **배경이 되는 물체들은 추론을 하거나 장소를 결정하는데 유용합니다.** 그러나, 배경 물체를 묘사하는 단어들은 정답에서는 사용되지 않는 것이 보통입니다. 오답 선택지들이 자주 이런 물체들을 언급합니다.

- **추론(추측)은, 확실한 단서들이 있지 않는 한, TOEIC Photograph 문제에서는 보통은 오답입니다.** 만약 사진 속에서 확실하게 나타나지 않은 내용이라면, 그것이 그럴 듯하거나 가능성이 있게 보인다고 해서, 사실이라고 단정하면 안 됩니다. 추론(추측)하는 경우를 정답으로 하는 경우는 나머지 다른 3개의 선택지가 분명히 오답일 때로만 한정합니다.

- **나레이터가 지시 사항을 읽는 동안에 사진들을 봅니다.** 나레이터가 지시 사항을 읽는 동안에는 지시 사항을 같이 따라 읽지 않습니다. 대신 이 시간을 활용해서 사진들을 봅니다. 그러나, 처음 페이지에 있는 사진 두 개만 보아야지 그 이상을 보려고 페이지를 넘기면 안 됩니다. 페이지를 넘기라는 말을 듣기 전에는 페이지를 넘기면 안 됩니다.

- **사진 속의 작은 행동들은 무시합니다.** 작은 행동들이란 배경 속의 행동이거나 또는 사진 속에서 초점을 받지 않는 사람들이 하는 행동을 말합니다. 이것들은 정답에서는 언급되지 않을 것입니다.

- **정답은 언제나 주요 명사들 중 하나를 설명하거나 그것에 관해 이야기하는 것입니다.** 또 정답은 거의 언제나 **동사의 시제가 단순 현재나 현재 진행형**입니다.

- **오답 선택지들을 포함하여, 모든 선택지들은, 문법적으로는 맞습니다.** 여러분이 생각하기에 문법적으로 틀린 것 같이 보인다고 해서 그 선택지를 정답에서 제외해서는 안 됩니다. 이는 TOEIC의 다른 모든 파트에서도 마찬가지입니다.

- **지나치게 전문적/기술적이거나 거의 사용되지 않는 단어들은** 선택지에 잘 나오지 않습니다.

4 Photograph 연습 문제

 정답의 추측

아래의 Photograph 문제들을 보고, 다음 질문들에 대해 2~3개의 단어들로 자신의 답을 적어봅니다.

> 1. 주요 목적어들은 무엇입니까?
> 2. 주요 행동은 무엇입니까?
> 3. 주요 목적어들의 관계와 위치를 적어봅니다.
> 4. 상태/형용사들을 적어봅니다.

 정답과 트릭

> 1. 아래 Photograph 문제들의 선택지들을 듣고 정답을 찾아냅니다.
> 2. 오답 선택지들에서는 무엇이 틀렸는지 찾아봅니다.
> 3. 어떤 트릭을 들었습니까?

Wrong Object
Wrong Action
Similar-Sounding Word
Wrong Condition
Wrong Relationship/Location
Extreme Inference
Topic-Related Word

Part 1 연습문제의 오디오 파일은 http://englishmaster.co.kr => "자료실" 또는 http://englishmaster.co.kr/bbs/board.php?bo_table=data&wr_id=3&page=0 에서 다운받을 수 있습니다.

PART 1

Directions: In this section, you will hear four statements about each picture in your test book. After listening to all four statements, you must select the one statement that best describes what you see in the picture. Then find the number of that question on your answer sheet and mark your answer. The statements will be spoken only one time and are not printed in your test book.

1

②

③

6

7

8

9

10

파트 2
Question-Response
전략

Directions for this Part of the TOEIC

In this part of the test, you will hear a question or statement followed by three responses spoken in English. They will not be printed in your text book and will be spoken only one time. Select the best response or statement and mark the letter (A), (B), or (C) on your answer sheet.

Part 2 지시사항

파트 2는 질문에 대한 올바른 답을 찾는 문제로 구성되어 있습니다. 방송을 통해 질문과 질문에 대한 3개의 응답문을 각 한 번씩 들려줍니다. 질문과 응답문은 문제지에 인쇄가 되어 있지 않으며 질문에 대해 가장 어울리는 응답문을 답으로 선택하면 됩니다.

1 Question-Response 접근법

① 문제 유형 확인

● 일반적 문제 유형

why	where	who	when	opinion
request	yes/no	duration	what action	method
choice	statement	amount		

● 질문의 **처음 1~2번째 단어**에 **주의를 집중**하여 문제 유형을 확인합니다.
● 문제 유형을 확인할 수 있는 단어들이 **질문의 중간에** 오는 경우도 있습니다.
● **부가의문문은** Yes/No 문제입니다.

② 질문이 무엇을 묻고 있는지 결정

● **주어, 목적어, 주제와 행동을 알려주는 키워드들**에 주의하여 듣습니다.
● 질문에서 **부정의 의미를 갖고 있는 단어들**에 주의하여 듣습니다.
● **동사의 시제**에 주의하여 듣습니다.
● **부가의문문에 대한 대답**은 반드시 **주 문장에 대한 대답**이어야 합니다. 부가의문 자체에 대한 대답이 아닙니다.

③ 대답을 듣고 트릭은 정답에서 제외

● 정답은 보통의 경우 키워드를 반복하지 않습니다. 단 질문 자체에서 다시 한 번 명확하게 말해달라는 요청이 있는 경우는 예외입니다.
● 일부 정답은 Context(문맥) 상으로만 질문과 연관을 맺고 있습니다.

2 Question-Response 문제 유형

Question-Response 접근법 1 설명: 문제 유형 확인

- 일반적 문제 유형:

why	where	who	when	opinion
request	yes/no	duration	what action	method
choice	statement	amount		

- 질문의 처음 1~2번째 단어에 주의를 집중하여 문제 유형을 확인합니다.
- 문제 유형을 확인할 수 있는 단어들이 질문 중간에 오는 경우도 있습니다.
- 부가의문문은 Yes/No 문제입니다.

문제 유형의 예

Why: 원인이나 이유에 관한 문제. 대답은 "because" 를 사용하지 않을 수도 있음.
- **Example:** Why did you apply for your current position?

why 질문의 부정 형태에 주의해서 듣습니다.
- **Example:** Why didn't you apply for your current position?

Where: 장소나 위치에 관한 문제
- **Example:** Where were you yesterday?

Who: 사람, 단체, 조직 또는 직위에 관한 문제
- **Example:** Who is your supervisor?

When/What time: 시간에 관한 문제
- **Example:** What time does the train leave?

Opinion: 누군가의 의견에 관한 문제
- **Example:** What do you think of the new boss?

Request: 어떤 사람에게 어떤 것을 해달라고 요구하거나 또는 어떤 것을 할 수 있도록 승인을 바라는 것에 관한 문제. 이에 대한 대답은 요청을 받아들이거나 또는 거절, 아니면 승인하거나 승인 하지 않는 것임.

- **Example:** Can you open the door for me, please?

"yes" 또는 "no" 아니면 유사한 단어로 대답을 해야 하는 문제. 부가 의문문도 있음.

- **Example:** You are not going to resign, are you?

Duration: 어떤 행동의 기간에 관한 문제

- **Example:** How long are you going to stay in Tokyo?

What action: 어떤 행동에 관한 문제

- **Example:** What did you do yesterday?

Method: 과정이나 방법에 관한 문제

- **Example:** How did you get to work?

Choice: "or" 를 사용하는 문제로, 대답은 여러 개의 choice들 중에서 하나를 선택하는 것임.

- **Example:** Will you come Wednesday or Thursday?

Statement: 같은 주제 또는 같은 긍정적/부정적 감정에 관한 문제. 문맥을 잘 듣고 논리를 사용하여 정답을 선택 해야 함.

- **Example:** Q: Hey, the printer is out of ink.
  R: Well then, we'll have to order some.

Amount: 어떤 것의 수량에 관한 문제

- **Example:** How much paper will we need to buy?

질문의 처음 1~2번째 단어를 잘 듣는 것이 가장 중요합니다. 이들이 어떤 유형의 문제인지를 대부분 결정하기 때문입니다.

> Example
>
> **"Did you make a dinner reservation?"**
> **문제 유형:** yes/no("did")

때로는 질문 중간에 있는 단어들이 문제 유형을 확인하는데 도움을 주기도 합니다.

> Example
>
> **"What are you going to do after the meeting?"**
> **문제 유형:** what action("what", "do")

만약 문제 유형을 알고 있다면, 오답 선택지들을 좀 더 쉽게 들을 수 있습니다. 모든 오답 선택지들의 약 30%가 문제 유형에 맞지 않는 답변이기 때문입니다.

그러나 주의할 것은, 몇몇 문제들에서는 문제 유형을 질문 후반에서야 정확하게 알 수 있다는 것입니다.

> Example
>
> **"Do you want to go to the store tomorrow OR today?**

위의 예에서, 문제가 처음에는 Yes/No 문제처럼 보이지만, 마지막에 가서야, 문제가 choice에 관한 것을 묻는다는 것이 확인됩니다.

부가 의문문은 전부 Yes/No 질문이라는 것을 명심합니다.

> Example
>
> **"These instructions are difficult to understand, aren't they?**
> **문제 유형:** yes/no("are", "aren' t they")

 **[예제1]** 아래의 질문들을 알맞은 문제 유형과 연결해봅니다.

1. Who is your supervisor?	(A) Amount
2. What did you do yesterday?	(B) Choice
3. Can you open the door for me, please?	(C) Duration
4. Why didn't you apply for your current position?	(D) Method
5. What do you think about the new boss?	(E) Request
6. Will you come Wednesday or Thursday?	(F) Statement
7. How did you get to work?	(G) What Action
8. How long are you going to stay in Tokyo?	(H) When / What time
9. Where were you yesterday?	(I) Where
10. How much paper will we need to buy?	(J) Who
11. Is this computer working?	(K) Why
12. Hey, the printer is out of ink.	(L) Yes/No
13. What time does the train leave?	(M) Opinion

아래는 어떤 문제 유형입니까? 어떻게 그것을 알 수 있습니까?

14. "When the boss gets here, can you take her to the meeting?"

아래는 처음 볼 때는 어떤 유형의 문제로 보입니까? 그러나 실제로는 어떤 유형의 문제입니까?

15. "Do you want to go to the store tomorrow or today?"

[예제 1 정답]

1. J	2. G	3. E	4. K	5. M
6. B	7. D	8. C	9. I	10. A
11. L	12. F	13. H	14. Yes/No	15. Choice

질문에 대한 답변이 문제 유형에 맞지 않는 답변이기 때문에 오답이 되는 경우가 전체 오답의 약 1/3입니다.

Question-Response 접근법 2 설명: 질문이 무엇을 묻고 있는지 결정

- **주어, 목적어, 주제와 행동을 알려주는 키워드**들에 주의하여 듣습니다.
- 질문에서 **부정의 의미를 갖고 있는 단어**들에 주의하여 듣습니다.
- **동사의 시제**에 주의하여 듣습니다.
- **부가의문문에 대한 대답**은 반드시 **주 문장에 대한 대답**이어야 합니다. 부가의문 자체에 대한 대답이 아닙니다.

문제 유형을 확인하는 동시에, 키워드들을 듣고 기억해 놓아야 됩니다. 대답들을 듣고 있는 동안에 기억해 놓은 키워드들을 오답 선택지들을 확인하는데 사용합니다.

문장의 주어, 목적어가 키워드가 됩니다.

Example

"What are <u>YOU</u> going to do after the meeting?"
"Did you fix the <u>COPIER</u>?"

문장의 주제가 키워드가 됩니다.

> **Example**
>
> "What are you going to do **AFTER** the **MEETING**?"

문장의 행동이 키워드가 됩니다.

> **Example**
>
> "What are you **GOING TO DO** after the meeting?"

 [예제2] 아래 질문 16~20에서
주어(Subject)는 무엇입니까?
목적어(Object)는 무엇입니까?
행동(Action)은 무엇입니까?
주제(Topic)는 무엇입니까?

16. "What are you going to do after the meeting?"

17. "Did you fix the copier yesterday?"

18. "How did you arrive at the conference so quickly?"

19. "When you get to the office, can you call me?"

20. "Who do we need to send to the Cincinnati branch office?"

[예제 2 정답]

16. **Subject**= you, **Object**= nothing, **Action**= going to do,   **Topic**= after meeting
17. **Subject**= you, **Object**= copier,   **Action**= did fix,   **Topic**= fix copier
18. **Subject**= you, **Object**= nothing, **Action**= how arrive,   **Topic**= arrive at conference
19. **Subject**= you, **Object**= me,   **Action**= get to office, call, **Topic**= call
20. **Subject**= we, **Object**= who,   **Action**= need to send,   **Topic**= send to branch office

Tag Question(부가 의문문)

- 부가 의문문이란 무엇입니까?
- 부가 의문문의 목적, "역할"은 무엇입니까?

문장의 끝에 있는 부가 의문문이 갖는 단 하나의 목적은 앞의 주 문장에 대해 동의 또는 반대를 요청하는 것입니다. 부가 의문문에 대답을 할 때는, 주 문장에 초점을 맞춥니다. 정답은 주 문장에 동의하는지 아니면 반대하는지 입니다. 대답 전체, 즉 "Yes" 또는 "No", 그리고 콤마 다음에 나오는 내용은 주 문장에 대한 동의/반대입니다. 부가의문에 대한 동의/반대가 아닙니다.

 **[예제3]** 아래 문제에서 어느 선택지가 정답입니까? 그 이유는 무엇입니까?

21. "These instructions are difficult to understand, aren't they?"
   (A) Yes, they are pretty hard.
   (B) Yes, they are pretty easy.
   (C) No, they are pretty hard.
   (D) No, they are pretty easy.

[예제 3 정답]

21. A와 D

(B) Yes, they are pretty easy. ▶ **Incorrect.** "Yes" 는 주 문장에 동의하는 것이지만, 나머지는 반대하는 내용임.

(C) No, they are pretty hard. ▶ **Incorrect.** "No" 는 주 문장에 반대하는 것이지만, 나머지는 주 문장에 동의하는 내용임.

(D) No, they are pretty easy. ▶ **Correct.** "No" 는 주 문장에 반대하는 것이고, 나머지도 주 문장에 반대하는 내용임.

TIP

Yes / No 질문이라도 "Yes" 또는 "No" 로 대답하지 않을 수 있는 것도 있습니다.

Question-Response 접근법 3 설명: 대답을 듣고 트릭은 정답에서 제외

- 정답은 보통의 경우 키워드를 반복하지 않습니다.
  단 질문 자체에서 다시 한 번 명확하게 말해달라는 요청이 있는 경우는 예외입니다.
- 일부 정답은 Context(문맥) 상으로만 질문과 연관을 맺고 있습니다.

질문에 대해 대답을 하는 것이 아니라, 말하는 사람이 왜 그 질문에 대한 대답을 할 수 없는 지를 설명하는 것이 정답인 때가 가끔 있습니다. 이런 유형의 문제는 아주 어렵습니다. 그 이유는 정답을 찾아내기가 힘들기 때문입니다. 이럴 때는 선택지를 오답으로 만드는 것이 무엇인지를 파악하는 데에 집중한다는 것을 잊지 않습니다.

Example

Can you tell me how to get to the station?　◀ "Request+Method" 문제
　　　　　　　　　　　　　　　　　　　　　　　　　　　("Can you…how")

(A) The train comes every 30 minutes.　◀ 틀린 문제 유형("Duration")
(B) I am too tired to walk to the station.　◀ 틀린 주어("I")
(C) I am not sure. I'm a stranger here.　◀ 정답

Example

Have you finished the report yet?　◀ Yes/No 문제 ("Have you")

(A) It was difficult.　◀ 틀린 문제 유형("Opinion")
(B) Oh, no! I forgot to do it.　◀ 정답
(C) We'll need to report on it tomorrow.　◀ 단어 반복 ("report")

 [예제4] 아래 문제는 문제 유형이 무엇입니까? 정답은 무엇입니까?
자신이 예상했던 것과 정답이 어떻게 다릅니까?

22. "Will you get me the notebook over there?"
　　(A) Yes, it is pretty notable.
　　(B) Do you mean the red notebook?
　　(C) No, I will.

[예제 4 정답]

22. B

3 Question–Response 트릭들

1 **Similar-Sounding Words**(발음이 유사한 단어들) 거의 동음이의어처럼 들리는 단어들에 주의해서 듣습니다. (예. "freeze", "sneeze"). 만약 단어가 이상하게 들린다면, 오답일 수도 있습니다.

> Example
>
> **Q:** Can you take the <u>boss</u> to tomorrow's meeting?
> **R:** I don't know when the <u>bus</u> leaves.

2 **Topic-Related Words / Wrong Topic**(주제 관련 단어/틀린 주제) 이런 트릭의 오답들은 질문의 주제와 관련된 단어들을 사용하지만, 질문에서 요구하지 않은 정보를 줍니다.

> Example
>
> **Q:** Can you drive the boss to tomorrow's meeting?
> **R:** We need to discuss the sales report.

3 **Word-Repetition**(단어의 반복) TOEIC의 다른 파트들에서와 마찬가지로, 이런 트릭의 오답에서는 질문에서 나온 단어들이나 구를 반복하는 것들이 많습니다. 영어에서는, 질문에서 나온 중요한 단어들은 답변에서는 반복되어 나오지 않는 것이 보통입니다. 뿐만 아니라, 하나의 단어가 명사도 될 수 있고 동사도 될 수 있다는 것에 주의합니다. (예. "can")

> Example
>
> **Q:** Can you drive the boss to tomorrow's meeting?
> **R:** The meeting was very informative.

4 **Wrong Question Type**(틀린 문제 유형) 틀린 문제 유형 트릭은 질문에 있는 정보들을 사용하지만, 이 정보들은 다른 문제 유형에 대한 답변인 것입니다. (예. "where" 대신에 "who")

Example

Q: Can you drive the boss to tomorrow's meeting?
R: It's at the branch office.

5 **Wrong Subject/Object**(틀린 주어/목적어) 맞는 문제 유형을 사용하지만, 질문과는 다른 주어와 목적어 (예: "someone" 을 묻는 질문에 "something" 으로 대답하는 것)를 언급하여 오답이 되는 선택지를 말합니다.

Example

Q: Can you drive the boss to tomorrow's meeting?
R: She would happy to.

6 **Wrong Verb Tense**(틀린 동사 시제) 동사의 시제가 틀린 선택지를 말합니다. 예를 들면, 질문은 미래에 관한 것이지만, 대답은 과거 시제를 사용하는 것입니다.

Example

Q: Can you drive the boss to tomorrow's meeting?
R: Yes, I drove him to the meeting.

4 Question-Response 추가 전략

● 선택지에서 무엇이 맞는지 보다는, 무엇이 틀린 지에 주의하여 듣습니다. 선택지들 중 어느 것도 정답으로 마음에 들지 않을 때가 자주 있습니다. 이때는 선택지에 잘못된 것이 있는 것을 듣는 것이 더 쉬울 수 있다는 것을 잊지 않습니다. "이 선택지에서는 무엇이 틀렸지?"라고 언제나 자문합니다. 그 선택지가 혹시 추론 문제에 대한 답변일 수 도 있을 것이라는 것을 제외하고는 아무런 틀린 점도 찾아낼 수 없다면, 그 선택지에 마킹합니다. 정답일 것입니다.

● 모든 선택지들은, 오답이라고 해도, 문법적으로는 맞습니다.

● 만약 첫 번째 선택지 듣는 것을 놓쳤더라도, 포기하지 않고 계속 듣습니다. 만약 다른 두 개의 선택지를 정답에서 제외할 수 있다면, 아직 정답을 맞출 수 있는 기회가 있는 것이기 때문입니다.

● 어떤 Yes/No 질문은 "yes" 또는 "no" 없이도 대답을 할 수 있습니다.

> **Example**
>
> **Q:** Can you take the boss to tomorrow's meeting?
> **R:** I'll have to ask my supervisor.

● 어떤 Yes/No 질문은 "when"으로 시작하기도 합니다.

> **Example**
>
> **Q:** When the boss gets here, can you take her to the meeting?

5 Question-Response 연습 문제

연습1 **문제 유형과 키워드 찾기**

1. 질문을 듣고 문제 유형과 키워드들을 찾습니다.

why	where	who	when	opinion
request	yes/no	duration	what action	method
choice	statement	amount		

2. 다른 사람들은 어떻게 답하였는지 비교합니다.

연습2 **정답과 트릭들**

1. Question-Response를 듣고 정답을 선택합니다.
2. 오답 선택지들에서는 어떤 트릭들이 사용되었는지 확인합니다.

> Similar-Sounding Words(발음이 유사한 단어들)
> Topic-Related Words / Wrong Topic(주제 관련 단어/틀린 주제)
> Word Repetition(단어 반복)
> Wrong Question Type(틀린 문제 유형)
> Wrong Subject / Object(틀린 주어/목적어)
> Wrong Verb Tense(틀린 동사 시제)

3. 다른 사람들은 어떻게 답하였는지 비교합니다.

연습 시작

파트 2 연습문제의 오디오 파일은 http://englishmaster.co.kr => "자료실" 또는 http://englishmaster.co.kr/bbs/board.php?bo_table=data&wr_id=4에서 다운 받을 수 있습니다.

PART 2

> Directions : In this section, you will hear a question or statement followed by three responses spoken in English. They will not be printed in your text book and will be spoken only one time. Select the best response or statement and mark the letter (A), (B), or (C) on your answer sheet.

5
CHAPTER

파트 3
Short Conversation
전략

Directions for this Part of the TOEIC

In this part of the test, you will hear some conversations between two people. You will be asked to answer three questions about what the speakers say in each conversation. Select the best response to each question and mark the letter (A), (B), (C) or (D) on your answer sheet. The conversation will not be printed in your test book and will be spoken only one time.

Part 3 지시사항

파트 3은 짧은 대화문을 듣고 이에 대한 문제를 푸는 형식으로 구성되어 있습니다. 먼저 방송을 통해 짧은 대화를 들려준 뒤 이에 해당하는 질문을 들려줍니다. 문제지에는 질문과 4개의 보기가 인쇄되어 있으며 문제를 들은 뒤 제시된 보기 중 가장 적당한 것을 선택하면 됩니다.

1 Short Conversation 접근법

1 질문을 스캔해서 키워드 찾기

- 각각의 질문에서 2, 3개의 키워드들을 찾습니다. 선택지들은 보지 않습니다.
- 키워드들 중의 하나가 문제 유형을 확인시켜 줄 것입니다.

2 대화에서 주요 문제 / 이슈가 무엇인지 확인

- 모든 대화에 있어서, 최소한 한 명은
  문제를 해결해야 하거나
  무엇인가를 필요로 하거나
  또는 어떤 **주제에 대해 강한 의견**을 가지고 있습니다.
- 대화하는 사람들이 **강조하는 단어**들이나 **어조**들을 잘 듣습니다.

3 선택지들을 스캔하여 정답 추측

- 어느 한 선택지를 다른 **나머지 3개의 선택지와 다르게 만들어 주는 키워드들**(명사, 동사, 형용사)에 집중합니다.
- 정답은 대화에서 나온 단어들의 **유의어**를 자주 사용합니다.
- 정답은 대화에서 말해진 것과는 다른 구절들을 자주 사용합니다.

4 Inference Question(추론 문제)에 주의

- 대화를 듣는 동안에는 답지에 마킹하지 않습니다.
- 대화가 종료되기 전까지는 선택지들을 스캔하지 않습니다.
- 자신이 들은 것을 바탕으로 정답을 추측하거나 추론합니다.

5 트릭들을 정답에서 제외

Short Conversation 접근법 **1** 설명: 질문을 스캔해서 키워드 찾기

- 각각의 질문에서 2, 3개의 키워드들을 찾습니다. 선택지들은 보지 않습니다.
- 키워드들 중의 하나가 문제 유형을 확인시켜 줄 것입니다.

대화가 시작되기 전에 질문들을 볼 수 있는 시간은 단 몇 초 밖에 되지 않습니다. 이 몇 초 동안에, 3개의 질문을 스캔해서 어떤 유형의 문제인지 확인합니다.

● 일반적 문제 유형

Who	What	What Time	When	Where	Why
Which	How long(Duration)	How much(Amount)	Which		
How do/does/did	Inference	Method	Opinion		

문제 유형은 보통 질문의 첫 번째 단어로 확인되지만, 때로는 질문이 "According to the man…", 또는 "According to the woman…" 과 같은 구(phrase) 다음에 나오기도 합니다.

Example

"According to the man, when will he leave for work?"

만약 질문에 "According to," 가 있다면, 어떤 person이 그 구(phrase)에서 언급되고 있는 지를 기억해 놓습니다. (예: "man" 또는 "woman") 이 사람이 그 질문에 대해 대답을 해야만 하는 사람이기 때문입니다.

손가락이나 연필로 각 문제의 단어 위를 짚어가며 신속하게 움직입니다. 질문 전체를 다 읽지 않습니다! 대신, 문제 유형을 확인시켜주고 질문의 주제를 알려줄 것 같은 1, 2개의 키워드에 집중합니다.

Example

1. Where does the woman want to go?   ▶ **Key Words:** where, woman, want
2. Why can't she find the place?   ▶ **Key Words:** why, can' t, find
3. What does the man suggest?   ▶ **Key Words:** man, suggest

 **[예제1] 아래의 문제들의 키워드들에 밑줄을 칩니다.**
어떤 유형의 문제입니까?
어떤 질문들이 듣기가 쉽겠습니까? 그 이유는 무엇입니까?

1. According to the man, what is wrong with the computer?

(A) Its hard drive is damaged.

(B) It needs more memory.

(C) It has a virus.

(D) It is missing important software.

2. When will the computer be ready?

(A) Tomorrow

(B) Next week

(C) Later in the day

(D) 3 days from now

3. What has the man probably already done to try to fix the computer?

(A) Reinstalled existing software

(B) Updated old software

(C) Taken it to a repair center

(D) Asked a colleague to fix it

TIP

대화, 질문, 선택지들에서 부정의 단어들("no," "not" , "can't" , "won't" 등)에 주의해서 듣거나 잘 살펴봅니다.

Short Conversation 접근법 2 설명: 대화에서 주요한 문제 / 이슈가 무엇인지 확인

● 모든 대화에 있어서, 최소한 한 명은
  문제를 해결해야 하거나
  무엇인가를 필요로 하거나
  또는 어떤 **주제에 대해 강한 의견**을 가지고 있습니다.
● 대화하는 사람들이 **강조하는 단어**들이나 어조들을 잘 듣습니다.

대화를 들으면서, 대화하는 사람 중의 한 명이 가지고 있는 문제나 필요로 하는 것, 또는 대화를 하는 사람들이 가지고 있는 강한 의견 같은 것에 집중해서 듣습니다. 아직은 선택지들은 쳐다보지 않습니다.

● 만약 대화자 한 명이 **문제**에 대해 말을 하는 것을 듣는다면, 상대방 대화자가 **해결책**을 제시하는 것을 잘 듣습니다. "should", "could", "might try" 같은 단어들이 해결책이 제시되기 바로 직전에 사용될 것입니다. 때로는, 해결책을 제시하는 대신, 상대방 대화자는 단지 동정심만을 보여 줄 수도 있습니다. (예: "I'm sorry you feel that way.")

- 만약 대화자 한 명이 **무엇인가 필요로 하고 있는 것**을 말하는 것을 듣는다면, 상대방 대화자의 대답을 잘 듣습니다. 대답은 그 필요를 충족시키는데 도움을 줄 수 있는 것입니까? 때로는 상대방 대화자의 대답은 필요에 대한 도움이 되지 않는 것일 수도 있습니다.

- 만약 **문제나 필요한 것에 관해 듣지 못한다면**, 최근에 변화되었거나 변화되려고 하는 어떤 것에 관한 정보를 잘 듣습니다. 대화자들 중의 한 명 또는 둘 다 그 주제에 대해 강한 의견을 제시할 것입니다.

형용사들에 주의합니다. 형용사들은 대화자들이 그들이 토론하고 있는 주제에 대해 어떻게 느끼고 있는지에 관한 단서가 됩니다.

대화자들의 감정을 잘 듣습니다. 행복합니까? 화가 나 있습니까? 낙담해 있습니까? 아니면 걱정하고 있습니까? 이런 것들이 질문에 답을 하는 데 도움이 됩니다. 예를 들어, 만약 대화자들이 화가 난 것 같다면, 긍정적인 선택지들은 아마 정답이 아닐 것입니다.

대화자들은 자주 **대화에서 중요한 단어들을 강조**합니다. "**길게 늘여 발음**" 하거나 대화자가 목소리를 높인 단어는 질문에 대답하는 데 도움을 줄 수 있는 중요한 단어입니다.

[예제2]

Conversation 1

<u>What is the main problem or issue?</u>

<u>Woman:</u> Good morning, sir. Are you checking in?
<u>Man:</u> Yes, but I can't seem to find my reservation number.
<u>Woman:</u> That's no problem. If you can provide me with some photo ID and a credit card I'm sure I can find you in our system.
<u>Man:</u> Great! For a minute there I thought I would have to reserve a second room.

* photo ID: 사진이 부착된 신분증

Did the other person help them?

대화 1

주요 문제/ 이슈는 무엇입니까?

여자: 안녕하세요. 체크인 하십니까?

남자: 예, 하지만 나의 예약 번호를 찾을 수 없을 것 같습니다.

여자: 그건 문제가 아닙니다. 사진이 있는 신분증과 신용 카드를 제게 제시한다면 우리 시스템에서 찾을 수 있습니다.

남자: 좋네요! 잠깐 동안 방 하나를 더 예약해야만 하나 생각했습니다.

상대방은 그들에게 도움을 주었습니까?

Conversation 2

What is the main problem or issue?

Woman: Can you help me with this report? I'm having a hard time formatting it.

Man: Well, I don't know much about that program you're using, but Robert might be more help. He's great at making documents look their best.

Woman: Thanks! I'll give him a call right now. My deadline for it is tomorrow's meeting.

Man: Oh no, that reminds me - I need to print my report for a meeting in an hour!

---

 * format: 서식을 만들다   * That reminds me: 그리고 보니 생각난다.

Did the other person help them?

대화 2

주요 문제/ 이슈는 무엇입니까?

남자: 이 보고서를 도와 줄 수 있나요? 서식을 만드는 데 어려움을 겪고 있습니다.

여자: 그게, 나는 당신이 사용하고 있는 프로그램에 대해 많이 알지 못합니다. 그렇지만 Robert는 더 도움이 될지 모릅니다. 그는 서류들이 최고로 보이게 만드는 걸 잘합니다.

남자: 고맙습니다! 바로 그에게 전화를 걸겠습니다. 내일 회의가 이 보고서의 마감일입니다.

여자: 오, 이런, 그러고 보니 생각납니다. 나의 회의용 보고서를 한 시간 안에 인쇄해야 합니다.

상대방은 그들에게 도움을 주었습니까?

Conversation 3

What is the main problem or issue?

Man: Learning this new accounting software is taking forever.
I'm just too old to learn this.

Woman: What do you mean? You were able to figure out how to use that new projector last year. Don't give up - it's hard for anyone to learn a complicated new program.

Man: I know. It just feels like every year I have to relearn my job. Why can't we pick one kind of software to use here and stick with it?

Woman: We need to keep up with new industry standards and regulations -our old software is outdated.

* figure out: 계산해 내다, 생각해 내다, 이해하다   * stick with: 고수하다

Did the other person help them?

대화 3

주요 문제/ 이슈는 무엇입니까?

> **남자:** 이 새로운 회계 프로그램을 배우는데 너무 오래 걸립니다.
> 이걸 배우기에 나는 너무 나이가 많습니다.
> **여자:** 무슨 말이에요? 당신은 작년에 새 프로젝터 사용 방법을 알아 낼 수 있었습니다. 포기하지 마세요.
> 복잡한 새 프로그램을 배우는 것은 누구에게나 어렵습니다.
> **남자:** 압니다. 단지 매년 나의 일을 다시 배우는 느낌입니다.
> 왜 우리는 여기에서 사용할 소프트웨어를 하나 선정해서 그것만 고수할 수 없을까요?
> **여자:** 우리는 새로운 업계 표준들과 규정들에 맞춰 가야만 하는데, 우리의 이전 소프트웨어는 구식입니다.

상대방은 그들에게 도움을 주었습니까?

Short Conversation 접근법 3 설명: 선택지들을 스캔하여 정답을 추측

- 어느 한 선택지를 다른 **나머지 3개의 선택지와 다르게 만들어 주는 키워드들**(명사, 동사, 형용사)에 집중합니다.
- 정답은 대화에서 나온 단어들의 **유의어**를 자주 사용합니다.
- 정답은 대화에서 말해진 것과는 다른 구절들을 자주 사용합니다.

대화를 다 들은 후에, 선택지들을 스캔하기 시작합니다. 신속하게 눈을 한 선택지에서 다른 선택지로 움직입니다. 나레이터는 정답을 찾아서 답안지에 마킹하는데 한 문제 당 약 8초간의 시간을 준 후에 다음 질문을 합니다.

대화를 듣는 중에 선택지들을 쳐다보게 되면, 효과적으로 듣는 것이 어려울 수 있습니다. 대화가 끝나기를 기다렸다가 선택지들을 봅니다.

각 선택지를 **다른 선택지들과는 다르게 만들어 주는 키워드들**에 집중합니다. 모든 선택지에서 반복되는 단어들(대명사나 전치사 같은 것들)은 무시합니다. 그리고 "a" 나 "the" 같은 단어들도 무시합니다.

수험생들이 하는 가장 큰 실수는 선택지 전부를 다 읽으려고 시도하는 것입니다. 이럴 시간이 없습니다. 대신, 각 선택지에서 찾은 키워드들에 집중합니다. 키워드들은 확실하게 오답인 선택지들을 정답에서 제외시키는 데 도움을 줄 것입니다. 뒤에 나오는 Short Conversation의 트릭들을 참조하시기 바랍니다.

Example

1. Where does the woman want to go?
   A. To the store
   B. To the gas station
   C. To bed
   D. To the produce section

     ▶ Key Words: where woman want
     ▶ Key Words: store
     ▶ Key Words: gas
     ▶ Key Words: bed
     ▶ Key Words: produce

2. Why can't she find the place?
   A. She is new to town.
   B. She forgot the address.
   C. She was given the wrong address.
   D. She lost the directions.

     ▶ Key Words : why can' t find
     ▶ Key Words : new
     ▶ Key Words : forgot
     ▶ Key Words : wrong
     ▶ Key Words : lost directions

3. What does the man suggest?
   A. Turn left at First Street.
   B. Take the bus.
   C. Ask the clerk at the store
   D. Follow him down the street

     ▶ Key Words : man suggest
     ▶ Key Words : left First
     ▶ Key Words : bus
     ▶ Key Words : ask clerk store
     ▶ Key Words : follow him

* produce: 농산물

 [예제3] 아래의 대화를 읽고, 각 선택지를 다른 선택지와 다르게 만들어 주는 키워드들에 밑줄을 칩니다. 정답은 무엇입니까?

Woman: Good morning, sir. Are you checking in?

Man: Yes, but I can't seem to find my reservation number.

Woman: That's no problem. If you can provide me with some photo ID and a credit card I'm sure I can find you in our system.

Man: Great! For a minute there I thought I would have to reserve a second room.

1. Where is this conversation probably taking place?
   (A) A conference check-in counter
   (B) A hotel front desk
   (C) A corporate front lobby
   (D) A museum ticket office

2. What was the man worried about?
   (A) He thought he might have lost his photo ID
   (B) He might not have made a reservation
   (C) He reserved a second room
   (D) He would need to purchase a second room

3. What does the woman need from the man?
   (A) Photo identification and credit card
   (B) Picture ID and reservation number
   (C) A hotel room
   (D) A check

Man: Excuse me, I'm looking for a copy machine which can do both color and black and white.

Woman: Well, we have a number of great models for you to choose from. We just go this one in - the Tri-Hue X3. We've received great feedback from people who've bought it.

Man: Hmm, I hope its user manual is easy to read - the last machine I bought was really complicated.

---

4. Where does the conversation most likely take place?
   (A) An auto repair shop
   (B) A coffee shop
   (C) A photographer's studio
   (D) An office supply store

5. What is the man looking to buy?
   (A) A coffee machine
   (B) A video camera
   (C) A copier
   (D) A user manual

6. What does the woman say about the Tri-Hue X3?

    (A) It is not the latest model

    (B) It has an extended warranty

    (C) Past customers have praised it

    (D) It does not print in color

남자: 실례합니다만, 칼라 그리고 흑백도 가능한 복사기를 찾고 있습니다.

여자: 자, 우리는 당신이 선택할 수 있는 좋은 모델을 많이 가지고 있습니다.

    이것은 바로 들어 온 것인데, Tri-Hue X3입니다. 이걸 구입한 사람들로부터 아주 좋은 평가를 받았습니다.

남자: 흠, 사용자 설명서가 쉽기를 바랍니다. 지난번 구입한 기계는 정말 복잡했거든요.

[예제 3 정답]

1. B   2. D   3. A   4. D   5. C   6. C

REMEMBER

질문과 선택지의 키워드들의 동의어들을 주의해서 듣습니다.

Short Conversation 접근법 4 설명: Inference Question(추론 문제)에 주의

- 대화를 듣는 동안에는 답지에 마킹하지 않습니다.
- 대화가 종료되기 전까지는 선택지들을 스캔하지 않습니다.
- 자신이 들은 것을 바탕으로 정답을 추측하거나 추론합니다.

Inference Question(추론 문제)

TOEIC Short Conversation Part. 3에서는 Inference Question(추론 문제)이라는 새로운 문제 유형이 나옵니다. 추론 문제는 또 Part 4. Short Talk와 Part 7. Reading Comprehension에서도 나옵니다.

"What will the woman most likely to do next?　　▶ **Key Words:** will, woman, do

추론 문제를 구별할 수 있게 해주는 단어들은 다음과 같습니다.

infer	might	probably	most likely
imply	may	probable	could

위의 단어들이 들어 있는 추론 문제에 대한 정답은 대화에서는 바로 주어지지 않습니다. 들은 것에서부터 추론을 해야만 됩니다. "추론"이란 정보를 읽거나 들은 후에 추측을 하거나 결론을 내리는 것입니다. 대화 내용 안에 정답에 대한 단서가 있지만, 아주 작은 단서일 수 있습니다.

추론 문제에 대한 정답을 찾는데 도움을 얻으려면, 자신에게 아래와 같이 물어봅니다. 때로는, 대화를 이해했다고 하더라도, 이렇게 해보는 것이 오답을 제거하는 데 도움이 될 것입니다.

대화하는 둘 사이에는 무슨 관계가 있을까?
대화자 사이가 어떤 관계인지 알고 있다면 정답을 고르는데 단서가 됩니다.

대화하는 둘은 대화의 주제에 대해 어떤 기분인가? 부정적인가 아니면 긍정적인가?
만약 이를 안다면, 대화자들의 감정에 맞지 않는 선택지들은 정답에서 제외하면 될 것입니다.

하나 또는 두 개의 선택지를 신속하게 정답에서 제외한 후에, 남은 두 개의 선택지를 세밀하게 보면서, 나머지 두 개의 선택지를 서로 다르게 만드는 것은 무엇인지 결정합니다. 어느 선택지가 대화의 상황, 또는 대화에서 들은 감정에 좀 더 논리적으로 부합하는 지를 결정합니다.

How does the woman feel about the conference?

A. She regrets not going.　　▶ **Emotion:** negative

B. She is happy she didn' t go.　　▶ **Emotion:** positive AND negative

C. She wants to go to the next one.　　▶ **Emotion:** positive

D. She wishes it was longer.　　▶ **Emotion:** negative

위의 질문에서, 만약 대화 내에서 여자가 하는 말이 긍정적으로 들렸다면, 선택지 (A), (B), (D)는 오답일 가능성이 높습니다. (B)와 (D)는 선택지에 긍정적인 단어들("happy", "wishes")가 있어도, 선택지 안의 나머지 내용은 conference에 대해 긍정적이지 않습니다.

 **[예제4]** 아래의 대화에서 각 선택지의 감정은 어떻습니까? 정답은 무엇입니까?

Man: Learning this new accounting software is taking forever. I'm just too old to learn this.

Woman: What do you mean? You were able to figure out how to use that new projector last year. Don't give up - it's hard for anyone to learn a complicated new program.

Man: I know. It just feels like every year I have to relearn my job. Why can't we pick one kind of software to use here and stick with it?

Woman: We need to keep up with new industry standards and regulations -our old software is outdated.

---

7. How does the man feel about the new software?

    (A) He is happy to learn it.

    (B) It is too old.

    (C) He wants to stick with it for another year.

    (D) It is very difficult to understand.

8. How does the woman feel about the new software?

    (A) She does not understand what it does.

    (B) It is necessary for their work.

    (C) It is outdated.

    (D) It is similar to the projector software.

[예제 4 정답]

7. D   8. B

CHAPTER 5

2 Short Conversation 트릭들

Extreme Inference(극단적 추론)
Incorrect Paraphrase(틀린 부연 설명)
Similar-Sounding Word(유사한 발음의 단어)
Similar Tone(유사한 어조)
Topic-Related/Wrong Topic(주제 관련 / 틀린 주제)
Wrong Action/Detail(틀린 세부 사항)
Wrong Person(틀린 사람)

Sample Short Conversations(아래의 트릭들을 학습하기 위한 예제 대화)

Man: Can you help me with this report? I'm having a hard time formatting it.

Woman: Well, I don't know much about that program you're using, but Robert might be more help. He's great at making documents look their best. He knows how to fix reports up quick.

Man: Thanks! I'll give him a call right now. My deadline for it is tomorrow's meeting.

Woman: Oh, no, that reminds me - I need to print my report for a meeting in an hour!

① Wrong Person: 대화에서 들은 정보들이 맞기는 하지만, 말한 사람이 틀린 트릭입니다.

Example

Q: What will the man do next?
R: He will print a report.   ▶ **Wrong:** The woman will print a report.

2 **Incorrect Paraphrase:** 대화에서 나온 단어들과 아이디어들이지만 설명을 살짝 바꾸는 트릭입니다. 틀린 숙어("take over" vs "take out")를 사용하거나, 극단적인 단어(예 "never" 또는 "always")를 추가하거나 하여 그 선택지를 오답으로 만듭니다.

> **Example**
>
> Q: Why can' the woman help the man?
> R: She doesn't like working with a particular program.
> ▶ **Wrong:** She is not good with a particular program.

3 **Topic-Related:** 대화의 주제와 관련이 있는 단어들을 사용하지만, 대화에서는 말하고 있지 않는 정보에 대해 이야기하는 트릭입니다. 수험생들은 자주 이런 종류의 선택지에 의해 속게 되는데, 그 이유는 대화에서 나온 정보가 아니라 개인적인 경험이나 지식을 바탕으로 문제를 풀기 때문입니다.

> **Example**
>
> Q: What will the man do next?
> R: Go on a coffee break.   ▶ **Wrong:** something people do at work

4 **Wrong Action/Detail:** 대화에서 들은 단어들을 많이 사용하여 정답인 것처럼 들리지만, 틀린 행동을 묘사하는 트릭입니다.

> **Example**
>
> Q: Why is the man asking for help?
> R: It's too hard to fix a program.   ▶ **Wrong:** "fix"

5 **Similar-Sounding Words:** 거의 동음이의어와 같은 단어들("please", "sneeze")에 주의해서 듣습니다. 만약 단어가 이상하게 들린다면, 아마 틀린 단어일 것입니다!

> **Example**
>
> Q: What is Robert good at doing?
> R: He's good at taking a rest.   ▶ **Wrong:** "best" vs "rest"

6 **Similar Tone:** 대화에서 나온 단어들의 어조와 유사한 긍정적/부정적 어조를 사용하지만, 이런 단어들을 부정확하게 사용하는 트릭입니다.

> **Example**
>
> Q: How does the woman feel about helping the man?
> R: She is sorry to help him.   ▶ **Wrong:** she is sorry she can' t help him.

7 **Extreme Inference:** 이런 트릭의 오답들은 가능할 수도 있는 결론을 주기는 하지만, 이 결론을 뒷받침할 만한 정보가 대화 안에는 아무것도(혹은 거의) 없는 경우입니다.

Example

Q: What will the man do next?
R: Ask his boss for an extension.　　　　　▶ **Wrong:** boss에 관한 언급은 없음

[예제5] **위의 예제 대화를 다시 읽고 아래 질문에 대한 선택지들과 트릭들을 연결합니다.**

Question: "Why is the woman not able to help the man with his report?"

( ) 1. She needs to print a report.　　　　　(A) Extreme Inference

( ) 2. She thinks the copier is broken.　　　　(B) Incorrect Paraphrase

( ) 3. She formatted a previous report incorrectly.　(C) Similar-Sounding Word

( ) 4. She is calling Robert now.　　　　　(D) Similar Tone

( ) 5. She has a hard time formatting her report.　(E) Topic-Related

( ) 6. She doesn' t like using a particular program.　(F) Wrong Detail

( ) 7. She doesn' t know how to fax the report.　(G) Wrong Person

---

[예제 5 정답]

1. F　2. E　3. G　4. B　5. A　6. E　7. C

3 Short Conversation 추가 전략

● 만약 몇 개 대화들을 들은 후에 듣는 것이 갑자기 지겨워지거나 싫어진다면, 듣기를 중단하고 듣기를 중단한 그 대화에 대한 3개의 정답들을 대충 추측한 후에, 다음 대화의 질문들을 보기 시작합니다.

● 질문들에 대한 정답들은 페이지에 쓰여 있는 순서대로 대화에서 나타나는 것이 아닙니다. 따라서 정보 하나를 놓쳤다는 것을 알아차렸다 하더라도, 계속 들어야 합니다. 아직은 오답들을 제거할 기회가 남아 있을 것입니다.

● 대화, 질문, 선택지에서 부정의 단어들을 잘 듣고 잘 찾습니다.

● 듣기 능력 향상을 원한다면 www.npr.org에 가서 다양한 종류의 뉴스 자료를 청취하기 바랍니다. NPR 청취 방법은 챕터 1을 참조하시기 바랍니다.

4 Short Conversation 연습 문제

Exercise 1: 질문과 선택지에서 키워드 찾기

1 각 질문과 선택지의 키워드들에 밑줄을 칩니다.

Example
Which flight is she taking? A. The one to **San Francisco** B. The **midnight** flight C. The first flight **tomorrow morning** D. The one to **Seattle**

2 각 문제에서, 어떤 질문들은 더 주의 깊게 들어 들어야 하는지, 대화가 종료될 때까지 보지 않아도 좋은 질문은 무엇인지 결정합니다.

Exercise 2: 주요 아이디어 듣기와 추론 연습

1 각 Short Conversation(짧은 대화)을 들은 후, 아래의 질문에 답합니다.

- 대화하는 두 사람은 무슨 관계입니까?
- 논의되고 있는 주요 문제 또는 주제는 무엇입니까?

2 자신의 답과 다른 사람들의 답을 비교해봅니다.

Exercise 3: 정답 결정과 트릭 확인

1 정답 선택지는 무엇입니까?

2 오답 선택지들에서 사용된 트릭은 무엇입니까?

Extreme Inference (극단적 추론)
Incorrect Paraphrase (틀린 부연 설명)
Similar-Sounding Word (유사한 발음의 단어)
Similar Tone (유사한 어조)
Topic-Related/Wrong Topic (주제 관련 / 틀린 주제)
Wrong Detail (틀린 세부 사항)
Wrong Person (틀린 사람)

3 자신의 답과 정답을 비교해봅니다.

연습 시작:

파트 3 연습문제의 오디오 파일은 http://englishmaster.co.kr => "자료실" 또는http://englishmaster.co.kr/bbs/board.php?bo_table=data&wr_id=5에서 다운받을 수 있습니다.

Directions: In this section, you will hear some conversations between two people. You will be asked to answer three questions about what the speakers say in each conversation. Select the best response to each question and mark the letter (A), (B), (C) or (D) on your answer sheet. The conversation will not be printed in your test book and will be spoken only one time.

41. What is the man formatting?

(A) A news report

(B) A computer program

(C) A professor's paper

(D) A financial report

42. What is Robert good at doing?

(A) He is good at taking a rest.

(B) He is good at formatting programs.

(C) He is great at making a mess.

(D) He formats documents well.

43. When does the man need the document done?

(A) Earlier that day

(B) Tomorrow

(C) This afternoon

(D) In one hour

44. Why is the woman confused?

(A) She didn't read a memo sent last week.

(B) She didn't receive a memo today.

(C) She doesn't know what website to visit.

(D) She doesn't understand a computer program.

45. How does one use the new invoice filing system?

(A) Go to the home office

(B) Ask the man to access a program

(C) Go to a website and log into a program

(D) Send a message to the home office

46. What is probably true?

(A) The man works in the home office.

(B) The man read the memo sent last week.

(C) The old invoice filing system was confusing.

(D) The new invoice filing system is confusing.

47. Why does the man need certain paper supplies?

    (A) He needs to restock the supply room.

    (B) He is going to send out a mass mailing.

    (C) He needs to send a letter overseas.

    (D) He is conducting an inventory.

48. What does the woman recommend to the man?

    (A) Ask a coworker if he has any extra paper and envelopes

    (B) Order more paper and envelopes

    (C) Ask Michael to send the letter for him

    (D) Send an email instead of a letter

49. What does the man think happened to the box of paper supplies?

    (A) It was sent to China.

    (B) A client took it.

    (C) The woman took it.

    (D) Michael took it.

50. Why is the woman upset?

    (A) No one is replying to a survey.

    (B) They are not making enough money selling their products.

    (C) They don't have enough products to sell.

    (D) They don't have many past customers.

51. Why does the man recommend not increasing advertising?

    (A) There may be another reason for low sales.

    (B) More ads will not solve the problem.

    (C) They do not have enough money now.

    (D) Their ads are terrible.

52. What does the man recommend?

    (A) Increase money spent on online advertising

    (B) Send out a survey in the mail

    (C) Conduct a survey over the internet

    (D) Create more products to sell

53. Why is the woman not ready for the meeting?

    (A) The office is under reconstruction.

    (B) She needs to gather more files.

    (C) The photocopier does not work.

    (D) She accidently deleted her report.

54. According to the woman, what can the man do to help her?

(A) Gather files for her report

(B) Type her report

(C) Attend the meeting for her in the afternoon

(D) Help photocopy the report later

55. When will the woman present her report?

(A) Today after lunch

(B) An hour

(C) In two hours

(D) Tomorrow in the afternoon

56. Why is the woman waiting for a call from Computer City?

(A) She wants to know about the man's computer.

(B) She wants to know about her computer.

(C) She wants to buy a computer.

(D) She wants to copy a disk.

57. Why is the woman worried about losing the files on her computer?

(A) She needs them to cure a virus.

(B) There were company files on the hard drive.

(C) There were important files on the hard drive.

(D) She needs them to make a phone call.

58. What did Sam say was ready to be picked up at Computer City?

(A) A disk

(B) Her computer

(C) A new computer

(D) A hard drive

59. Why did Frank call Ms. Williams?

(A) To place an order

(B) To inform the woman about a completed project

(C) To ask about a delivery he is expecting

(D) To set up a shipment

60. Why did Frank probably not know that he needed the delivery?

(A) A salesperson filled out the P.O. incorrectly.

(B) Ms. Williams did not fill out a P.O.

(C) Ms. Williams filled out the P.O. incorrectly.

(D) Ms. Williams changed her mind.

61. What day does Ms. Williams say she wants the bookcase and desk delivered?

(A) Today

(B) Tomorrow

(C) Thursday

(D) Friday

62. Why does the woman want to talk with Peter?

(A) She is making a report on his trip.

(B) She wants him to take a business trip.

(C) She thinks he filled out a report wrong.

(D) She wants to give him a reimbursement check.

63. Why does the woman think the expense report is wrong?

(A) Peter didn't turn it in on time.

(B) Some items on the report are illegal.

(C) Some items on the report aren't reimbursable expenses.

(D) Peter turned the report in to the wrong office.

64. How does Peter explain his high dinner expenses?

(A) He didn't know how much the meals cost.

(B) He was eating at expensive places.

(C) He was dining with his wife.

(D) He was treating company clients.

65. Why does the man have to leave?

(A) He needs to meet campus security.

(B) He has a medical appointment.

(C) He needs to buy a new cell phone.

(D) He needs to attend a meeting.

66. What will Rachel do later today?

(A) Go on a date

(B) Call campus security

(C) Pick up her parking permit

(D) Clean the house

67. Why does the man want Rachel to be at the house?

(A) He wants to go to dinner with her.

(B) He is expecting a delivery.

(C) He wants her to set up an appointment.

(D) He is expecting a call.

68. When did the man last talk with the IT department?

(A) Last weekend

(B) Yesterday

(C) Today

(D) A week ago

69. What does the man think of the new website?

(A) It is slower than the current one.

(B) It is better than the current one.

(C) It has too many features.

(D) It has too few pages.

70. According to the man, why is the website not yet ready?

(A) It does not run smoothly.

(B) There are some links that need to be fixed.

(C) The IT department needs to add more pages.

(D) The IT department needs to add more customer features.

6
CHAPTER

파트 4
Short Talk 전략

Directions for this Part of the TOEIC
In this part of the test, you will hear some talks given by a single speaker. You will be asked to answer three questions about what the speaker says in each talk. Select the best response to each question and mark the letter (A), (B), (C) or (D) on your answer sheet. The talks will not be printed in your text book and will be spoken only one time.

Part 4 지시사항
파트 4는 설명문 또는 이야기를 방송을 통해 듣고 이에 대한 문제를 푸는 형식으로 구성되어 있습니다. 먼저 나레이션과 같은 짧은 설명문 또는 이야기를 방송을 통해 들려준 후 이에 해당하는 질문을 들려주게 됩니다. 설명문 또는 이야기는 문제지에 인쇄되어 있지 않으며 문제지에 인쇄된 4개의 보기 중에서 가장 적당한 것을 선택하면 됩니다.

1 Short Talk 접근법

1 질문들을 스캔해서 키워드 찾기

- 질문들에서 2-3개의 키워드들을 찾습니다. 선택지들은 보지 않습니다.
- 키워드들 중의 하나는 문제 유형을 확인시켜 줍니다.
- 손가락을 사용하여 질문들의 키워드들을 따라갑니다.

2 질문들의 키워드들에 주의해서 Talk 듣기

- Talk에서 질문의 키워드들을 들으면, 그 질문의 선택지들을 스캔하기 시작합니다.
- 하나의 선택지를 다른 3개의 선택지들과 다르게 만드는 명사, 동사, 형용사에 집중합니다.
- 추론, 주제 또는 목적을 묻는 질문들에 대한 대답들은 주의해서 듣지 않아도 됩니다.
  이런 것들에 대해서는 Talk가 끝난 후에 정답을 찾습니다.

3 질문을 듣고 선택지들을 스캔

- 질문을 듣는 중에는 답안지에 마킹하지 않습니다.
- 하나의 선택지를 나머지 3개 선택지와는 다르게 만들어 주는 명사, 동사, 형용사에 집중합니다.
- 정답은 Talk에서 사용된 단어들의 유의어를 자주 사용합니다.
- 정답은 Talk에서 말한 것과는 다른 방법으로 말을 돌려서 하는 경우가 자주 있습니다.

Short Talk 접근법 1 설명 설명: 질문을 스캔해서 키워드 찾기

- 각 질문들에서 2-3개의 키워드들을 찾습니다. 선택지들은 보지 않습니다.
- 선택지들 중의 하나는 문제의 유형을 확인시켜 줍니다.
- 손가락을 사용하여 질문들의 키워드들을 따라갑니다.

1 Talk가 시작되기 전에 질문들을 볼 수 있는 시간은 몇 초에 불과합니다. 이 몇 초 동안에,

3개의 질문들을 스캔하고 어떤 유형의 문제인지를 확인합니다.

- 일반적 문제 유형

| Who | What | What time/When | Where | Why |
| How long | How much | Which | How do/does/did | |

- 드물게 나오는 문제 유형

| Topic | Purpose | Inference |

② Detail(상세 사항)들을 묻는 질문들에 집중합니다. 만약 어떤 질문이 Short Talk의 목적이나 주제에 관해 묻는 것이라면, 그 질문에 대한 대답은 정확하게 들을 수 없는 것이 보통입니다. 따라서, 목적과 주제에 관한 질문은 Short Talk가 끝날 때까지는 무시합니다.

③ 손가락이나 연필을 사용하여 각 질문의 단어들의 위를 이동합니다. 질문 전체를 읽지 않습니다! 대신, 문제 유형을 확인시켜주거나 질문이 무엇에 관해 묻는지 알려주는 것 같이 보이는 1, 2개의 키워드에 집중합니다.

Example

1. What is the purpose of the notice? ▶ **Key Words:** what, purpose
2. Who qualifies for this benefit? ▶ **Key Words:** who, qualifies
3. What must they do to qualify? ▶ **Key Words:** what, do, qualify

---

[예제1] 키워드 찾기 / 문제 유형 결정하기

아래의 문제들에서 질문의 키워드들 위에 동그라미를 치고, 문제 유형은 무엇인지 확인합니다.

1. What is the goal of the speech?
   (A) To announce a marketing campaign
   (B) To award a colleague
   (C) To celebrate reaching a sales goal
   (D) To welcome a new staff member

2. Why did the company have difficulties in its first year?

   (A) Lack of funding

   (B) Only one store

   (C) An accident in its warehouse

   (D) Too few trained staff

3. What is the company now known for?

   (A) Customer satisfaction

   (B) Technological inventions

   (C) Effective overseas marketing projects

   (D) Innovative sales techniques

어떤 유형의 문제가 가장 듣기 쉽습니까? 그 이유는 무엇입니까?

[예제 1 정답]

1. purpose   2. why   3. what

"NOT"문제

1 어떤 문제는 Talk에서 나오지 않은 내용이 어느 선택지에 있는지를 찾아내는 것일 수 있습니다. 보통 이런 문제들은 질문 안에 대문자 또는 소문자로 "NOT"이 들어 있습니다.

Example

Who would NOT benefit from this information?

Who is probably not allowed at the meeting?

2 만약 Talk에서 "not"를 듣지 못한다면, Talk에서 언급되지 않은 내용이 있는 선택지를 찾습니다. 이런 질문들을 빨리 맞추려면, 각 선택지의 키워드들에 집중해야 합니다.

3 만약 Talk에서 "not"를 듣고, 선택지 하나에서 키워드(또는 키워드의 유의어)를 듣는다면, 그 선택지가 아마도 정답일 것입니다.

주제, 목적, 추론 문제

1 종종, Talk를 이해했다 하더라도, 질문에 대한 대답을 듣지 못하는 때가 있습니다. 이것은 선택지들 중 하나에서 유의어를 사용했거나, 아니면 미처 자신이 알지 못하는 숙어를 사용하기 때문입니다. 그리고 또 그 질문이 주제, 목적, 추론의 문제이기 때문일 수도 있습니다.

2 만약 그렇다면, 아마도 오답 선택지들을 제거하는 데 도움이 되는 방법들은 아래와 같습니다.

아래와 같이 자신에게 묻습니다.

- **이 Talk는 어디에서 들을 수 있을까?** 이 Talk를 현실 세계에서 듣고 있다고 상상해봅니다. 어디에서 누가 이런 Talk를 하는 것을 들을 수 있을까요? 공항, 기차역, 회의실 아니면 사무실입니까?

- **누가 말하고 있는가?** 대부분의 Talk는 누가 말하고 있는 중인지 알려주지 않습니다. Talk에서 단서를 찾아 추측해야만 됩니다. 예를 들어, 화자가 해외로 가는 승객들에게 정보를 주고 있는 것이라면, 화자는 아마도 공항 또는 항공사의 직원일 것입니다.

- **누구에게 말하고 있는가?** Talk에 나오는 정보를 듣고 도움을 받을 수 있는 사람들은 누구인가요? 예를 들어, 만약 Talk가 장난감 상점에서 방송하는 내용이라면, 그 방송은 아마도 부모와 그들의 아이들을 위한 것일 것입니다.

추론 문제에 답하는 방법

1 추론 문제에 대한 정답은 대화 안에서 바로 주어지지 않습니다. 들은 것에서 추정("단서를 사용하여 추측")해야만 합니다.

2 추론 문제임을 확인할 수 있는 단어들을 보통 다음과 같습니다.

infer	might	probably	most likely
imply	may	probable	could

3 정답 선택지를 찾는 데 필요한 단서들은 대화 안에 있습니다. Short Talk가 완료될 때까지는 추론 문제들은 무시합니다.

Example

"Who would probably be interested in this notice?" ▶ **Key Words:** who, probably, interested

---

4 대부분의 문제들과 마찬가지로, 추론 문제를 풀 때는, 정답을 찾기보다는 오답을 찾는 편이 더 쉬울 때가 자주 있습니다. 선택지에서 오답이라는 것을 알게 해주는 단어를 찾습니다. 만약 확실하게 오답이라는 것을 알게 해주는 단어를 찾지 못한다면, 아마도 그 선택지가 정답일 것입니다.

Short Talk 접근법 2 설명 │ 설명: 질문의 키워드들을 주의해서 Talk 듣기

- Talk에서 질문의 키워드들을 들으면, 그 질문의 선택지들을 스캔하기 시작합니다.
- 하나의 선택지를 다른 3개의 선택지들과 다르게 만드는 명사, 동사, 형용사에 집중합니다.
- 추론, 주제 또는 목적을 묻는 질문들에 대한 대답들은 주의해서 듣지 않아도 됩니다.
  이런 것들에 대해서는 Talk가 끝난 후에 정답을 찾습니다.

1 질문들을 스캔해서 어떤 종류의 정보를 듣게 될 것인가에 대한 대략적인 아이디어를 얻게 될 쯤이면, Talk는 시작될 것입니다. 나레이터는 Talk가 시작되기 직전에 어떤 종류의 Talk를 듣게 될 것인지 이야기를 해 줄 때도 자주 있습니다.

2 Short Talk는 보통 아래 종류들 중의 하나입니다.

Introductory speech(소개 연설)	News report(뉴스 보도)
Phone message(전화 메시지)	Advertisement(광고)
Business report(경제 보도)	Automated message(자동응답 메시지)
Passenger announcement(승객 안내 방송)	
Store announcement(매장의 안내 방송)	
Meeting speech(회의에서의 연설)	
Public service announcement(공익 광고 방송)	

3 어떤 종류의 Talk를 듣게 될 것인가를 미리 아는 것은 Talk를 더 잘 이해할 수 있게 도와줍니다. 따라서 나레이터의 말을 잘 듣습니다.

4 Talk를 듣는 중에, 질문들을 계속 스캔하고 질문들의 키워드들에 주의해서 듣습니다.

5 만약 질문의 키워드를 듣게 되면, 즉시 그 질문으로 가서 선택지들을 스캔합니다.

6 그 질문의 각 선택지에서 다른 선택지들과는 다른 단어에 집중합니다. 모든 선택지에서 반복되는 단어들은 무시합니다. 또, "a"나 "the"와 같은 중요하지 않은 단어들도 무시합니다.

7 때로는 다른 3개의 선택지와는 다른 독특한 키워드들(하나의 선택지에만 있는 키워드)을

듣지 않고도 정답을 찾아낼 수 있습니다.

Example

A. London Paris Berlin, Moscow   ▶ **Unique Key Words:** Berlin, Moscow
B. London, Paris, Oslo, Rome   ▶ **Unique Key Words:**
C. London, Madrid, Oslo, Rome   ▶ **Unique Key Words:** Madrid
D. London, Dublin, Athens, Rome   ▶ **Unique Key Words:** Dublin, Athens

---

만약 위의 예에서 "Berlin", "Moscow", "Madrid", "Dublin", "Athens" 를 듣지 못한다 해도, B가 정답일 수밖에 없습니다.

TIP

강조되는 단어들을 주의해서 듣습니다. 강조되는 단어들은 정답을 선택하는 데 도움을 주는 중요한 정보인 경우가 많습니다.

[예제2] **Short Talk의 종류 확인**

Talk 1

Please be advised that the passenger elevator to platform 3 is not in service at this time. Passengers with disabilities who need to go to that platform can use the street-level causeways to reach either platform 1 or 2, both of which connect to platform 3. Passengers may also ask any station staff person to help them use one of our staff-only elevators. All other passengers may still reach platform 3 via the main stairway from the central ticket office. If this technical issue causes you to miss your train we will be happy to help you reserve another seat on a later departure. We regret any inconvenience this may cause you and are working on restoring direct elevator service to platform 3 as soon as possible.

* causeway: 둑길[방죽길]

1. What type of Talk is this?
2. Where would this Talk be heard?
3. Who are they talking to?
4. What details are similar to other details in the Talk?

Good afternoon ladies and gentlemen. Before we break up into different discussion groups, I would like to take a minute to talk about how today will go. The first two hours we have six rooms set up for six different panel discussions. You will want to attend one panel for the first hour then switch to another room to listen to another panel. Next will be a brief lunch break - there are various food carts outside the hotel with a lot of delicious choices. We'll start the afternoon sessions promptly at 1:00 p.m. As with the morning discussion panels, you can move to a new panel every hour, which means that by the end of the day you should be able to attend all the panels we have set up for today. Alright, if there are no questions, please make your way to one of the panel rooms.

1. What type of Talk is this?
2. Where would this Talk be heard?
3. Who are they talking to?
4. What details are similar to other details in the talk?

[예제 2 해석]

Talk 1

3번 승강장의 승객용 엘리베이터가 현재 사용할 수 없음을 알려드립니다.
그 승강장으로 가야만 하는 장애인 승객들은 길 높이의 둑길을 사용하여 1번 또는 2번 승강장으로 가시면, 그 두 곳에서 3번 승강장으로 연결됩니다. 또한 역 직원 아무에게나 직원 전용 엘리베이터를 사용할 수 있도록 도움을 요청할 수 있습니다.
다른 모든 승객들은 또 중앙 매표소부터의 주 계단을 통해 3번 승강장으로 가실 수 있습니다. 이 기술적 문제가 여러분이 기차를 놓치게 되는 원인이 된다면 후에 출발하는 다른 좌석을 기꺼이 예약해 드릴 것 입니다. 우리는 이것이 여러분에게 끼칠지 모르는 어떤 불편에 대해 유감이며 가능한 빨리 3번 승강장 직통 엘리베이터를 복구하려고 작업 중입니다.

1. Talk의 종류는 무엇입니까?
2. 이 Talk는 어디에서 들을 수 있습니까?
3. 누구에게 말하고 있는 중입니까?
4. Talk에서 어떤 상세사항들이 다른 상세사항들과 유사합니까?

Talk 2

신사 숙녀 여러분 안녕하십니까?
우리가 여러 토론 그룹으로 갈라지기 전에, 오늘 어떻게 진행될 지에 대해 잠깐 말을 하고 싶습니다. 처음 두 시간은 6개의 다른 패널 토론을 위한 6개의 방이 준비되어 있습니다. 여러분들은 첫 번째 시간에 한 패널에 참가한 후에는 다른 방으로 옮겨 다른 패널을 들을 수 있습니다. 그 다음에는 짧은 점심 시간인데, 호텔 밖에 여러 맛있는 특선 요리들의 음식 수레들이 있습니다. 오후 세션들은 정확히 오후 1:00에 시작할 것입니다. 아침의 패널 토론과 마찬가지로, 매 시간 새 패널로 이동할 수 있는데, 이는 오늘을 마칠 때면 우리가 오늘 준비한 모든 패널들에 참석할 수 있다는 의미입니다. 좋습니다. 질문이 없다면, 패널이 있는 방들 중 하나로 가주시기 바랍니다.

1. Talk의 종류는 무엇입니까?
2. 이 Talk는 어디에서 들을 수 있습니까?
3. 누구에게 말하고 있는 중입니까?
4. Talk에서 어떤 상세사항들이 다른 상세사항들과 유사합니까?

Short Talk 접근법 3 설명 설명: 질문을 듣고 선택지들을 스캔

- 질문을 듣는 중에는 답안지에 마킹하지 않습니다.
- 하나의 선택지를 **나머지 3개 선택지와는 다르게 만들어 주는 명사, 동사, 형용사**에 집중합니다.
- 정답은 Talk에서 사용된 단어들의 **유의어**를 자주 사용합니다.
- 정답은 Talk에서 말한 것과는 **다른 방법으로 말을 돌려서** 하는 경우가 자주 있습니다.

1 질문을 다 들은 후에, 선택지들을 스캔하기 시작합니다. 하나의 선택지에서 다음 선택지로 눈을 빠르게 움직입니다. 나레이터는 하나의 질문에 대한 정답을 찾은 후 답안지에 정답을 마킹하는 까지 약 8초간의 시간을 줍니다.

2 질문에 대한 선택지들에서 그 선택지를 다른 선택지들과 다르게 만드는 키워드들에 집중합니다. 모든 선택지들에서 반복되는 단어들(예를 들어 대명사나 전치사들)은 무시합니다. 물론 "a"나 "the"같은 단어들도 무시합니다.

3 수험생들이 하는 가장 큰 실수는 선택지 전체를 다 읽으려고 하는 것입니다. 이렇게 하고 있을 시간이 없습니다. 대신, 각 선택지의 키워드들에 집중한다면, 오답 선택지를 골라내는데 도움이 될 것입니다.

Example

What cities does the tour go to?

A. London, Paris Berlin, Moscow
B. London, Paris, Oslo, Rome
C. London, Madrid, Oslo, Rome
D. London, Dublin, Athens, Rome

위의 예에서, "London" 은 무시해야 되는데, 모든 선택지에서 다 나오기 때문입니다.

4 TOEIC이 영어 실력을 평가하는 또 하나의 방법은 듣거나 읽은 정보를 다르게 돌려서 말하는 것입니다.

동일한 것을 여러 가지로 다르게 말하는 방법을 언제나 주의해서 찾아 봅니다. 정답은 동의어나 유사한 의미를 사용하는 것 안에 자주 숨어있습니다.

[예제3] 아래의 문제들에서 어떤 단어들이 한 선택지를 다른 선택지들과 다르게 만들고 있습니까?

5. What cities does the tour go to?

    (A) London, Paris, Berlin, Moscow

    (B) London, Paris, Oslo, Rome

    (C) London, Madrid, Oslo, Rome

    (D) London, Dublin, Athens, Rome

6. What does the man need?

    (A) A fax number and credit card

    (B) A fax number and check

    (C) A phone number and check

    (D) Photo ID and a credit card

[예제4] 질문과 선택지들을 활용하여 정답을 예측합니다.
아래 3개의 문제에서 어느 선택지들이 다른 문제들의 선택지들을 뒷받침 또는 보완해 줍니까?

7. Who is speaking?

    (A) A foreign ambassador

    (B) A teacher assistant

    (C) A university president

    (D) A company CEO

8. Where does Mrs. Thule work?

    (A) At an employment center

    (B) At a government research center

    (C) At a non-profit organization

    (D) At a stock investment company

9. What will happen next?

    (A) A package will be delivered

    (B) An award will be given

    (C) A treaty will be signed

    (D) A class will begin.

TIP

질문의 순서와 정답이 Talk 또는 지문에서 나오는 순서와 언제나 일치하는 것은 아닙니다. 어떤 질문들을 주의 깊게 들은 것인지를 선택한 후, 나머지는 무시합니다.

[예제5]

Over the last 2 weeks, with falling temperatures and home heating costs rising, city officials are reaching out to the public to ask for support for the neediest citizens of our fair city. Local food shelters are asking all citizens to open their hearts to the thousands of their homeless and poor neighbors and donate canned food, warm clothes and toys and make this holiday season a time of joy for everyone living here. You can donate directly to any local food shelter or charity-run store, or bring any donations to our lobby here at our station. If you have any questions about how to help, don't hesitate to call into our program - we'll be devoting the next hour talking to the city mayor, who is here in the studio to talk more about what the food shelters need and answer any questions our callers might have.

10. What kind of announcement is this?

    (A) A request for donations

    (B) An announcement of a mayoral election

    (C) A request for callers

    (D) An announcement of a new program

11. Who is the likely audience of this announcement?

(A) Poor families

(B) Radio announcers

(C) Food shelters

(D) City populace

12. When would you likely hear this announcement?

(A) Spring

(B) Summer

(C) Fall

(D) Winter

[예제 5 정답]

10. A.   11. D.   12. D

[예제 5 해석]

지난 2주 동안, 떨어지는 온도와 가정 난방비의 상승으로 공무원들은 우리의 좋은 도시에서 가장 도움이 필요한 시민들을 지원해달라고 요청하기 위해 대중들에게 다가가고 있습니다. 지역의 무료급식소들은 모든 시민들에게 수천의 노숙자와 가난한 이웃들에게 마음을 열고 통조림 식품이나, 따듯한 의류들과 장난감들을 기부하여 이 휴가 시즌을 여기에 살고 있는 모든 이에게 기쁨의 시간으로 만들어 달라고 부탁하고 있습니다. 여러분들은 지역 무료 급식소 어느 곳이나 또는 자선단체에서 운영하는 가게에 직접 기부하거나, 아니면 우리 방송국 로비에 어떤 기부물품이라도 가져올 수 있습니다. 만약 돕는 방법에 대해 어떤 질문이라도 있다면, 주저 없이 우리 프로그램에 전화를 주세요. 우리는 다음 시간 전체를 시장과 대화할 것인데, 그는 여기 스튜디오에서 무료급식소가 원하는 것이 무엇인지에 대해 이야기를 더 할 것이고 전화하시는 분들이 가지고 있을 어떤 질문에도 답변할 것입니다.

* **reach out**: (대중에게) 연락을 취하려 하다, 관심을 보이다, 접근하다
* **food shelter**: 무료급식소(음식 구호소)   * **holiday season**: 축제 시즌(추수감사절에서 신년 초까지의 축제일 기간)
* **charity-run**: 자선단체가 운영하는

10. 이것은 어떤 종류의 안내 방송입니까?

(A) 기부 요청

(B) 시장 선거의 발표

(C) 전화를 걸어달라는 요청

(D) 새 프로그램의 발표

11. 이 방송의 청취자는 누구일 것 같습니까?

(A) 가난한 가정들

(B) 라디오 아나운서들

(C) 무료 급식소들

(D) 시의 주민들   * **populace** [명] (특정 국가·지역의 모든) 대중들[서민들]

12. 이 안내 방송을 당신은 언제 들을 것 같습니까?

(A) 봄   (B) 여름   (C) 가을   (D) 겨울

2 Short Talk 트릭들

* **keynote speaker:** 기조 연설자

① Incorrect Paraphrase(틀린 부연 설명)

Talk에서 나온 단어들이나 아이디어들을 사용하지만 자주 살짝 변화를 주어, 틀리게 만드는 트릭입니다. "never" 나 "always" 같은 단어들을 자주 추가합니다.

Example

Q: What will Mr. Oliveri talk about?
R: How to become an online customer ▶ **Wrong:** he will talk about creating online ads.

② Similar Types of Detail(유사한 형태의 상세 사항)

날짜, 시간, 또는 장소가 나올 때는, 유사한 형태의 정보에 주의해서 듣습니다. Short Talk에서는 수험생들을 혼동시키기 위해, 보통은 같은 형태의 정보 2~3개가 나옵니다. (위의 예에서는 four years, a decade)

Example

Q: How long did Mr. Oliveri design web pages?
R: Four years ▶ **Wrong:** he designed web pages for 10 years.
He did something else for 4 years.

③ Extreme Inference(극단적 추론)

이런 트릭의 오답 선택지들은 가능할 수도 있는 결론을 주고는 있지만, 대화 내용 안에는 그 결론을 뒷받침하는 정보가 없거나, 아주 적은 것들입니다.

Example

Q: How long did Mr. Oliveri design web pages?
R: 14 years   ▶ **Wrong:** it is clear he did 10 years of webpage design, but it is not clear that he still does.

---

④ Topic-Related(주제 관련)

이런 트릭의 오답 선택지들은 Talk의 **주제나 상황에 맞을 수도 있는** 행동들이나 이유들에 관한 것이지만, 그러나 Talk 안에는 **없는** 정보들입니다. 예를 들면, Talk는 "호텔 예약을 변경하는 것에 관한" 전화이지만, 선택지는 "불평을 하는" 것인 경우입니다. 이 두 행동들(예약의 변경, 불평)은 사람들이 호텔에 전화를 하는 일반적인 이유이기 때문입니다.

Example

Q: What did Mr. Oliveri do for the last four years?
R: Speak at sales conferences.   ▶ **Wrong:** it is possible he spoke at other conferences, but the Talk does not say so.

---

⑤ Word Repetition(단어 반복)

이런 트릭의 오답 선택지들은 Talk에 있는 단어나 구절들을 반복하지만 정답은 아닌 것들입니다. 숫자들이 연결되어 있는 명사들에 주의해서 듣습니다. (예: "people" vs. "days").

Example

Q: How many years has he been working in online marketing?
R: Five years   ▶ **Wrong:** he will talk about a 5-step plan.

---

⑥ Wrong Detail(틀린 상세 사항)

이런 트릭의 오답 선택지들은 Short Talk에서 들린 올바른 정보를 주기는 하지만, 그 정보가 실제 질문에 대한 대답은 아닙니다.

Q: What did Mr. Oliveri create at Apple?
R: A 5-step plan for online ads.　　▶ **Wrong:** he will talk about a 5-step plan.
　　　　　　　　　　　　　　　　　　　　　　He created something else at Apple.

Small Talk (트릭들을 이해하기 위한 예문) 해석

여자: 안녕하십니까, 신사 숙녀 여러분. 저는 올해 영업 회의의 기조 연설자를 여러분들에게 소개하고자 합니다. Daniel Oliveri는 지난 4년간 넘게 온라인 마케팅 분야에서 여론을 선도하였으며, 업계의 표준들이 된 많은 혁신적 전략들을 개발하였습니다. 그 전에는 Mr. Olivieri는 웹 페이지 디자인 분야에서 10년을 보냈는데, Apple Computer에서 일하면서, 사용하기 쉽고, 내용이 풍부하고, 예술적으로 디자인된 웹사이트들을 구축하면서, 회사들에게 그들의 고객들에게 더 잘 봉사할 수 있도록 도움을 주는 정보를 제공하였습니다. 오늘 밤 그는 이번 회의의 주제인 온라인 광고를 통하여 잠재 고객들을 당신의 웹사이트에 끌 수 있는 5단계 방법을 창조하는 방법에 관해 말할 것입니다.
모두 저와 함께 Daniel Oliveri를 환영해 주세요.

3 Short Talk 추가 전략

● **만약 몇 개의 Talk를 들은 후에 갑자기 듣기가 싫어지거나 피곤해진다면,** 듣기를 멈추고, 그 Talk에 대한 3개의 질문에 대한 정답은 대충 추측을 하고, 다음 Talk의 질문들을 미리 보는 것도 좋습니다.

● **문제들에 대한 정답들은 반드시 Talk나 텍스트(지문)에서 나온 순서대로 나타나는 것이 아닙니다.** 따라서 만약 정보 하나 듣는 것을 놓쳤다고 하더라도, 계속 들어야 됩니다. 그러면 오답들을 제외할 수도 있을 것입니다.

● **강조된 단어들**은 중요한 정보를 가리키는 경우가 자주 있습니다.

● Talk, 질문들, 선택지들에서 **부정적인 단어들은 주의해서 듣고, 봅니다.**

● 정답은 **2개 정보의 조합**인 경우가 자주 있습니다.

● 듣기 능력 향상을 원한다면, www.npr.org에 가서 뉴스 보도를 많이 듣습니다.

4 Short Talk 연습 문제

아래의 각 Talk에 대하여 다음 3가지의 연습합니다.

Exercise 1: 키워드의 확인

● Short Talk를 듣기 전에, 각 질문의 키워드들과 선택지들의 키워드들에 동그라미를 칩니다.
● 주제나 목적 관련 문제들을 확인합니다. 이런 문제들은 Talk를 듣고 있는 중에는 스캔하지 않는 문제들입니다.
● 자신이 동그라미를 친 키워드들을 정답 키워드들과 비교합니다.

질문의 키워드들	선택지의 키워드들
What is the **top story?**	(A) **New factories** are being built
	(B) A company's **success** in **foreign sales**
topic story	(C) The **financial failure** of a company
	(D) **New airplanes** purchased by a company

Exercise 2: 주요 아이디어와 추론

각각의 Short Talk를 들은 후에 아래의 질문들에 대답합니다.

- 어떤 형태의 Talk입니까?
- Talk는 누구를 위한 것입니까?
- 이 Talk는 어디에서 들을 수 있습니까?
- Talk에서 어떤 정보가 유사하게 표현되고 있습니까?

Exercise 3: 정답 결정과 트릭 확인

- Short Talk를 다시 들으면서, 선택지들을 스캔하고 정답을 찾습니다.
- 만약 오답 선택지에서 사용된 트릭을 확인할 수 있다면, 그 선택지 옆에 어떤 트릭인지 적습니다.

Extreme Inference	Topic-Related / Wrong Topic	Incorrect Paraphrase
Wrong Detail	Similar-Type of Detail	

- Talk를 한 번 더 들을 수 있습니다.
- 자신의 답을 정답과 비교해 봅니다.

정답	Trick(트릭)
A	Word Repetition ("factories")
B	Word Repetition ("sales")
C ∨	
D	Incorrect Paraphrase (T: "existing airplanes")
	*T는 Talk에서 나온 phrase(구)를 의미합니다.

파트 4 연습문제의 오디오 파일은 http://englishmaster.co.kr => "자료실" 또는 http://englishmaster.co.kr/bbs/board.php?bo_table=data&wr_id=6에서 다운 받을 수 있습니다.

PART 4

Directions: In this section, you will hear some talks given by a single speaker. You will be asked to answer three questions about what the speaker says in each talk. Select the best response to each question and mark the letter (A), (B), (C) or (D) on your answer sheet. The talks will not be printed in your text book and will be spoken only one time.

71. What will Mr. Oliveri talk about?

(A) How to create a blue chip company

(B) People who work at blue chip companies

(C) How to speak at sales conferences

(D) How to use internet advertising

72. How long did Mr. Oliveri work as a webpage designer?

(A) 4 years

(B) 5 years

(C) 10 years

(D) 14 years

73. What does Mr. Oliveri do now?

(A) Writes books on speaking at conferences

(B) Creates web pages for Apple Computers

(C) Creates ads for websites

(D) Writes books on internet advertising

74. What was NOT a result of the floods and mudslides?

(A) Tourists canceled flights to Hawaii

(B) Bridges were washed out

(C) People were killed or hurt

(D) Roads were damaged

75. How long is it expected to fix the damage caused by the disaster?

(A) 24 hours

(B) A week

(C) About 3 weeks

(D) Several years

76. How much money has been raised for victims in Hawaii?

(A) Only several hundred dollars

(B) Over two hundred thousand dollars

(C) Around five million dollars

(D) More than twenty-four million dollars

77. What is the main purpose of this talk?

(A) To ask listeners to sell their gold

(B) To get listeners to buy gold

(C) To ask for advice on a good investment

(D) To inform listeners of the price of gold

78. What is now causing gold to rise in price?

(A) The value of the U.S. dollar is lower

(B) The value of the U.S. dollar is higher

(C) There are few investors in gold

(D) There is increased gold mining in the U.S.

79. What must you do in order to begin investing with Goldmasters?

(A) Call Goldmasters and fill out a questionnaire

(B) Go to a website and purchase a gold brick

(C) Go to a website and download a brochure

(D) Go to a website and fill out a questionnaire

80. What will happen in about 5 minutes?

    (A) Dinner will begin.

    (B) The boat will leave the pier.

    (C) The boat will arrive at the pier.

    (D) Passengers will find a seat.

81. What is probably true?

    (A) Passengers could not leave the forward cabin during the cruise.

    (B) It is now after midnight.

    (C) There is only one exit ramp on the boat.

    (D) The boat finished the cruise at Pier 12.

82. What do passengers probably need to do to get back to their cars?

    (A) Walk south to a parking lot

    (B) Board a boat to another town at Pier 12

    (C) Take a bus to a public parking lot

    (D) Take a taxi to the next town

---

83. Why is Sunrise Hotel calling Ms. Kudron?

    (A) To inform her of a necessary change to her reservation

    (B) To confirm her reservation for next month

    (C) To offer her a discount for staying at Sunrise Hotel

    (D) To inform her that Sunrise Hotel is going out of business

84. Why is Sunrise Hotel closed?

    (A) A new hotel opened across the street.

    (B) It suffered a fire earlier in the day.

    (C) Its rooms are being renovated.

    (D) Its doors will not close properly.

85. What must Ms. Kudron do to change her reservation?

    (A) Call Quality inn and reserve a room there

    (B) Visit Sunrise Hotel's website

    (C) Find another hotel on her own

    (D) Call Sunrise Hotel before she arrives

---

86. What is the primary purpose of this talk?

    (A) To give advice on how to travel by subway or train in Japan

    (B) To outline a business trip itinerary

    (C) To plan a trip overseas

    (D) To sign people up for a job fair

87. How many meetings with study abroad agents have been planned for the trip?

(A) 2

(B) 3

(C) 5

(D) 7

88. According to the talk, what is probably true?

(A) This is the first time these people have taken a business trip to Japan.

(B) There are at least 3 people going on the trip.

(C) The agent meetings are not important.

(D) Only men are going on this trip.

89. What is NOT happening today at Sun Valley Mall?

(A) A new department store is opening.

(B) Local celebrities are attending an event.

(C) The mall is open for only 2 hours.

(D) A music band is performing in a store.

90. What will people receive for attending the grand opening?

(A) A coupon for a department store

(B) A free CD from a jazz band

(C) A tour with the city mayor

(D) An interview on the radio

91. Who is attending the grand opening?

(A) A local TV personality

(B) Three musical groups

(C) A state governor

(D) A radio show host

92. What information can you find at Paradise Travel's website?

(A) A list of extensions for advisors

(B) Advice on how to run a travel company

(C) How to contact embassies

(D) Details about a special travel program

93. What must you do in order to speak to a specific staff person
     at Paradise Travel?
   (A) Press 0
   (B) Press 1
   (C) Press 2
   (D) Go to their website

94.   Who would probably want to press 0?
   (A) Someone who wants to book a travel package
   (B) Someone who needs to talk to a particular Paradise Travel staff member
   (C) Someone who already purchased a trip through Paradise Travel
   (D) Someone who wants to become a travel advisor

95.   According to the report, why is the amusement park's attendance low?
   (A) It is now the middle of winter.
   (B) Hong Kong residents aren't familiar with Disney's theme park.
   (C) There are not enough local ads.
   (D) Hong Kong citizens don't enjoy amusement parks.

96.   How will Disney try to increase attendance at the theme park?
   (A) Add more rides
   (B) Lower the price of individual tickets
   (C) Offer a free pass for every ticket purchased
   (D) Hire experts to suggest solutions

97.   How does the Hong Kong theme park compare with Disney's other parks?
   (A) There are fewer rides at the Hong Kong park.
   (B) There are more rides at the Hong Kong park.
   (C) Admissions to the Hong Kong park is more expensive.
   (D) The other parks are more attractive.

98.   What is the purpose of this announcement?
   (A) To report a stolen vehicle
   (B) To report a speeding truck on a highway
   (C) To warn citizens of a possible robbery
   (D) To warn citizens of criminals loose in the city

99. Which of the following statements is true of the suspected robbers?

(A) They drove a white truck.

(B) They were last seen heading toward Rochester.

(C) They carried weapons when they entered the bank.

(D) They broke a window to enter the bank.

100. Who should someone call if they see the suspects?

(A) The police

(B) 1st National Bank

(C) The Rochester City Hall

(D) The Gresham City Hall

7

CHAPTER

파트 5
Incomplete Sentence
전략

Directions for this Part of the TOEIC

In each question, you will find a word or phrase missing. Four Answer Choices are given below each sentence. You must choose the best answer to complete the sentence. Then mark the letter (A), (B), (C), or (D) on your answer sheet.

Part 5 지시사항

파트 5는 불완전한 단문을 완성시키는 문제로 구성되어 있습니다. 불완전한 문장을 완성시키기 위해 4개의 보기 중에서 가장 적당한 것을 선택하면 됩니다.

1 Incomplete Sentence 접근법

① 선택지들을 비교하여 문제 유형 확인

- 대부분의 선택지들이 **유사하게 보이지만 의미들은 다르다?**   ▶ Vocabulary(어휘) 문제
- 대부분의 선택지들이 **다르게 보이지만 의미들은 유사하다?**   ▶ Context(문맥) 문제
- 대부분의 선택지들이 **같은 어근의 단어들**이다?   ▶ Grammar(문법) 문제
- 대부분의 선택지들이 **접속사, 분사, 또는 전치사들**이다?   ▶ Structure(구조) 문제
- 한 가지 이상의 문제 유형을 테스트하는 문제도 가끔은 있음

② 문장을 스킴하여 빈 칸 전후에서 단서 찾기

- 문장을 스킴하여 **문법적 단서**를 찾아, 빈 칸에 들어갈 단어의 품사를 결정합니다.
- 문장을 스킴하여 **문장의 주제**를 이해합니다.
- 빈 칸에는 **두 개의 다른 품사**의 단어들의 조합이 들어갈 수도 있다는 것을 잊지 않습니다.

③ 어떤 선택지들이 문장에 맞지 않는지 결정

- **모든 유형의 문제**에서: 알맞은 품사의 **단어**가 아닌 선택지들은 정답에서 제외합니다.
- **Vocabulary 문제**에서: 선택지들은 문장의 **주제**에 적합합니까?
- **Context 문제**에서: 선택지들은 문장의 **주제**에 적합합니까?
- **Grammar 문제**에서: 선택지들은 문장의 **동사 시제**에 적합합니까?
- **Structure 문제**에서: 문장의 두 부분(앞 절과 뒤 절)사이의 **관계**를 결정합니다.
- **기억할 것**: 한 가지 이상의 품사로 사용될 수 있는 단어들이 많이 있습니다.

Incomplete Sentence 접근법 1 설명 설명: 선택지들을 비교하여 문제 유형 확인

- 대부분의 선택지들이 **유사하게 보이지만 의미들은 다르다?**   ▶ Vocabulary(어휘) 문제
- 대부분의 선택지들이 **다르게 보이지만 의미들은 유사하다?**   ▶ Context(문맥) 문제.
- 대부분의 선택지들이 **같은 어근의 단어들**이다?   ▶ Grammar(문법) 문제.
- 대부분의 선택지들이 **접속사, 분사, 또는 전치사들**이다?   ▶ Structure(구조) 문제.
- 한 가지 이상의 문제 유형을 테스트하는 문제도 가끔은 있음

"Incomplete Sentence" 파트의 선택지들에서 사용되는 품사들

아래의 품사들의 의미는 무엇입니까? 또 이들이 영어 문장 내에서 하는 "역할"은 무엇입니까?

Noun(명사)   Verb(동사)
Adjective(형용사)   Adverb(부사)
Preposition(전치사)   Conjunction(접속사)

Vocabulary 문제

1 대부분의 선택지들이 유사하게 보이지만 그 의미들이 다르다면, Vocabulary(어휘) 지식을 테스트하고 있는 것입니다.

2 때로는 모든 선택지들이 같은 품사의 단어들처럼 보이지만, 그 중 하나는 나머지 3개의 선택지들의 품사와는 다릅니다.

Example

A. reinvestment	▶ 명사
B. investigation	▶ 명사
C. member	▶ 명사
D. remember	▶ 동사

[예제1] 아래 단어들의 품사는 무엇입니까?

    (A) limited
    (B) litigation
    (C) literal
    (D) liability

TIP

TOEIC 선택지들에서 주로 사용되는 단어의 품사는 명사, 동사, 형용사, 부사, 전치사, 접속사입니다.

Context 문제

1 만약 대부분의 선택지들이 다르게 보이지만 의미는 유사하다면, Context(문장이 말하고자 하는 주제 또는 상황에 가장 적합한 단어를 이해하고 있는지)를 테스트하고 있는 것입니다.

2 때로는 모든 선택지들이 같은 품사의 단어들처럼 보이지만, 그 중 하나는 다른 3개의 선택지들의 품사와는 다릅니다.

3 또, 2개의 선택지들은 유사한 의미를 가지고 있고, 나머지 2개의 선택지들은(아니면 1개의 선택지) 처음 2개와는 정반대의 의미를 갖고 있을 수 있습니다.

Example

A. high   ▶ 형용사, "tall" 과 유사한 의미
B. tall   ▶ 형용사, "high" 와 유사한 의미
C. deep   ▶ 형용사, "high" 와 "tall" 과는 정반대 의미
D. depth   ▶ 명사, "deep"과는 같은 어근

 [예제2] 아래 단어들의 품사는 무엇입니까? 어느 선택지들이 유사한 의미를 가지고 있습니까? 그 뜻은 어떻게 다릅니까? 어느 선택지들이 정반대의 의미를 가지고 있습니까?

(A) far from
(B) on
(C) near
(D) by

Grammar 문제

1 대부분의 선택지들이 같은 어근의 단어들 또는 유사한 의미라면, 문법 또는 품사에 관한(언제 형용사 대신에 부사를 사용하는가와 같은) 지식을 테스트하고 있는 것입니다.

2 선택지들 중 2개는 같은 품사의 단어들, 다른 2개는 또 다른 품사의 단어들이 자주 나오게 됩니다. 선택지들의 단어들이 모두 다른 품사인 경우는 드뭅니다.

3 선택지들 모두가 동사의 여러 가지 형태들(과거, 현재진행, 미래 등)이라면, 이는 Grammar(문법) 문제입니다.

4 선택지들 중 2개는 유사한 의미이고, 반면에 다른 2개의 선택지(혹은 하나의 선택지)는 정반대의 의미를 갖고 있는 경우도 볼 수 있습니다.

Example

A, remembered ▶ 동사 또는 형용사, "remember" 와 같은 어근

B, remember ▶ 동사, "remembered" 와 같은 어근

C, forget ▶ 동사, "remember" 의 정반대 의미

D, forgettable ▶ 형용사, "remembered" 의 정반대 의미

 [예제3] 아래 단어들의 품사는 무엇입니까?

(A) schedule

(B) scheduling

(C) scheduled

(D) schedulable

Structure 문제

1 대부분의 선택지들이 접속사, 분사, 또는 전치사들이라면, Structure(접속사/부사구) 또는 문장에서 두 개의 상이한 단어들 사이의 관계에 대한 이해를 테스트하고 있는 것입니다.

2 선택지 4개 모두가 동일한 품사의 단어인 경우가 많고, 때로는 한 선택지가 다른 선택지들과는 유사하게 보이지만 다른 품사인 경우가 자주 나옵니다.

3 선택지 2개는 유사한 의미이지만, 나머지 두 개 또는 한 개의 선택지가 정반대의 의미를 갖는 때도 있습니다.

Example

A, look at ▶ 명사구 또는 동사 구

B, look ▶ 명사 또는 동사

C, within ▶ 전치사

D, look within ▶ 명사구 또는 동사 구

 [예제4] 아래 단어들의 품사는 무엇입니까? 어느 선택지들이 서로 유사한 의미를 가지고 있습니까? 또 그 뜻은 어떻게 다릅니까? 어느 선택지들이 정반대의 의미를 가지고 있습니까?

(A) due to

(B) caused

(C) resulted in

(D) because

4 보통 ("take out"또는 "come about"와 같은) 숙어들은 TOEIC Part 5. Incomplete Sentences에서는 테스트하지 않습니다. 숙어들은 Part 6. Text Completion에서 테스트합니다.

 [예제5] 아래의 선택지들만을 보고 문제 유형을 찾아냅니다.

1. (A) diagnose
   (B) diagnosed
   (C) diagnosing
   (D) diagnosis

2. (A) written
   (B) rote
   (C) informational
   (D) spoken

3. (A) under
   (B) over
   (C) above
   (D) beneath

4. (A) quickly
   (B) rapid
   (C) sluggish
   (D) carefully

5. (A) receptive
   (B) reservation
   (C) received
   (D) receipt

6. (A) have been taken
   (B) has taken
   (C) is taking
   (D) takes

REMEMBER

동명사는 동사나 형용사처럼 보일 수도 있다는 것을 기억하기 바랍니다.

Incomplete Sentence 접근법 2 설명 설명: 문장을 스킴하여 빈 칸 전후에서 단서 찾기

- 문장을 스킴하여 **문법적 단서**를 찾아, 빈 칸에 들어갈 단어의 품사를 결정합니다.
- 문장을 스킴하여 **문장의 주제**를 이해합니다.
- 빈 칸에는 **두 개의 다른 품사**의 단어들의 조합이 들어갈 수도 있다는 것을 잊지 않습니다.
- **품사**가 틀린 선택지들은 정답에서 제외합니다.

1 문장을 스킴해서 문장의 빈 칸에 어떤 품사의 단어가 들어가야 하는지를 알려주는 단서를 찾습니다. 빈 칸 앞과 뒤의 2~3 단어들에 먼저 집중합니다.

Example

"Don't_____ to fill out the questionnaire before you leave the meeting"
"Don't" 와 "to fill out" 라는 단어들은 빈 칸이 동사이어야만 된다는 것을 말해줍니다.

A. remembered   ▶ 동사 또는 형용사
B. remember   ▶ 동사
C. forget   ▶ 동사
D. forgettable   ▶ 형용사, 품사가 틀림 = WRONG

 **[예제6]**   아래의 빈 칸에 들어가야만 되는 품사는 무엇입니까? 문장의 주제는 무엇입니까?

The car company is looking _____ purchasing more raw materials from East Asia.

2 빈 칸 바로 앞과 바로 뒤에 있는 단어들만 보아서는 안 됩니다. 한 가지 이상의 품사의 두 단어들이 같이 붙어 사용되는 일이 종종 있기 때문입니다. 빈 칸에 들어갈 품사가 무엇인지를 알려주는 문법적 단서가 충분하지 않을 때가 종종 있지만, 하나 또는 2개의 선택지들은 충분히 정답에서 제외할 수 있습니다.

Example

"He is_____helping us out today in the office."
만약 "is" 와 "helping" (각각은 동사이거나 동명사입니다)만 보게 되면, 빈 칸이 형용사인지 동사인지 모를 것입니다.

A. happy to   ▶ 형용사+전치사
B. happily   ▶ 부사
C. happiness   ▶ 명사= WRONG
D. hapless   ▶ 형용사

 [예제7] 어떤 시제의 동사가 빈 칸에 들어 올 수 있습니까?

We still _____ to make greater profits next year due to increased trade with Europe.

[예제 7 정답]

여러 가지 동사 시제

---

3 또, 정답 선택지는 한 단어가 아닌 경우도 있습니다. 정답 선택지는 동사 구(동사+전치사), 복합 동사(조동사+본동사 예: "have seen") 또는 접속사 구(접속사+전치사 예: "be-cause of")일 수 있습니다. 만약 한 개 이상의 단어로 된 선택지를 보게 되면, 과연 정답이 한 단어 이상을 필요로 하는 것이 맞는지 그 단서를 찾습니다.

Example

"We need to take another＿＿＿＿ the figures from last year's budget before we make any more cuts."

빈 칸의 앞 단어는 형용사("another")이고 뒤는 명사구("the figures")이기 때문에, 빈 칸에는 명사+ 전치사 둘 다 있어야 합니다.

A. look at	▶ 명사+전치사 또는 동사구
B. look	▶ 명사 또는 동사, 전치사가 없음 = WRONG
C. within	▶ 전치사, 명사가 없음 = WRONG
D. look within	▶ 명사구 또는 동사구

Context와 Grammar에 따라 보통은 셀 수 없는 명사가 셀 수 있는 명사로 될 수도 있습니다. www.englishclub.com/grammar/nouns-un-accountable.htm를 참조하세요.

Incomplete Sentence 접근법 3 설명 | 설명: 어떤 선택지들이 문장에 맞지 않는지 결정

- **모든 유형의 문제**에서: 알맞은 품사의 **단어**가 아닌 선택지들은 정답에서 제외합니다.
- **Vocabulary 문제**에서: 선택지들은 문장의 **주제**에 적합합니까?
- **Context 문제**에서: 선택지들은 문장의 **주제**에 적합합니까?
- **Grammar 문제**에서: 선택지들은 문장의 **동사 시제**에 적합합니까?
- **Structure 문제**에서: 문장의 두 부분 사이의 **관계**를 결정합니다.
- **기억할 것**: 한 가지 이상의 품사로 사용될 수 있는 단어들이 많이 있습니다.

1 문장의 빈 칸에 어떤 품사의 단어들이 들어가야만 되는지를 결정한 후, 선택지들을 다시 살펴봅니다. 많은 단어들이 한 가지 이상의 품사를 가질 수 있다는 것을 잊지 않습니다. 여러 가지 품사로 사용될 수 있는 단어들에 대한 지식을 TOEIC은 테스트합니다.

Example

"There will be brief＿＿＿＿after work to discuss next month's Holiday schedule."

빈 칸 앞의 단어는 형용사("brief")이고 뒤는 전치사구("after work")이기 때문에, 빈 칸의 단어는 명사이어야 됩니다.

A. meeting	▶ 명사
B. ceremony	▶ 명사
C. agenda	▶ 명사
D. meet	▶ 동사 또는 명사

2 Vocabulary(어휘)와 Context(문맥) 문제에서는 문장을 스킴해서, 문장의 주제를 알려주는 단어들을 찾습니다. 종종, 하나 이상의 선택지에서 같은 주제에 관련된 단어들이 나오지만, 의미는 다를 것입니다.

Example

"There will be brief_____after work to discuss next month's Holiday schedule."
"work", "discuss", "schedule" 이란 단어들은 빈 칸에 들어갈 단어가 일을 하는 중에 뭔가를 토론하는 것에 관한 것이어야만 한다는 단서들입니다.

A. meeting ▶ 명사, 직장에서 자주 있는 일
B. ceremony ▶ 명사, ceremony에서는 "discuss schedule" 을 하지 않음 = **WRONG**
C. agenda ▶ 명사, "discuss" 와 "schedule" 에 관련된 일
D. meet ▶ 동사 또는 명사, 하지만 명사로서의 "meet" 은 "경쟁" 의 의미= **WRONG**

문장의 주제를 사용하여 오답 선택지를 제거합니다.

 [예제8] 어느 선택지가 문장의 주제에 적합하지 않습니까? 그 이유는 무엇입니까?
빈 칸에 들어 갈 정답은 무엇입니까?

We need more emergency supplies if we want to get through this _____ .
(A) celebration
(B) crisis
(C) cruise
(D) conference

[예제 8 정답]
B

3 Grammar(문법) 문제에서는, 문장을 스킴하여, 문장이 과거, 현재, 미래 아니면 습관적 행동에 대해 말하고 있는지를 알려주는 동사를 찾습니다.

문맥을 잘 보고 정답의 정확한 시제를 결정합니다.

[예제9] 아래에서 어느 선택지가 문장의 시제에 적합하지 않습니까? 이유는 무엇입니까?
빈 칸에 들어 갈 정답은 무엇입니까?

> We still _____ to make greater profits next year due to increased trade
> with Europe.
> (A) expect
> (B) had expected
> (C) expected
> (D) have expected

[예제 9 정답]

A

---

4 Structure(구조) 문제에서는, 문장의 여러 부분 사이의 관계에 대해 말해주는 단서들을 찾아야 합니다.

절(Clause)이 두 개인 문장(주로 콤마로 분리됨)은, 두 개의 절이 명확하고 이해 가능한 "인과"관계가 있는지, 아니면 서로 일치/불일치의 관계에 있는지를 결정합니다.

Example

" _____ " the recent housing crisis, our home-building business is doing quite well."
콤마 앞의 절은 "housing crisis" 에 관한 것이고, 콤마 뒤의 절은 "home-building" 이 "well" 인 것에 관한 관한 것으로, 두 개의 절은 상충되어, 이 문장은 역접의 접속사가 필요합니다.

A. Because ▶ 접속사, 그러나 역접의 접속사가 아님 = **WRONG**
B. Because of ▶ 접속사, 그러나 역접의 접속사가 아님 = **WRONG**
C. Despite ▶ 접속사, 상충되는 문장에 사용 = **CORRECT**
D. Even though ▶ 접속사, 그러나 이 even though 절은 주어와 동사가 필요함 = **WRONG**

2 Incomplete Sentence 트릭들

● Incomplete Sentence 파트의 트릭 종류

> Limited Fit(제한된 적합성)
> Opposite Meaning(정반대 의미)
> Similar Meaning(유사 의미)
> Similar-Looking Word(유사하게 보이는 단어)
> Topic-Related/Wrong Topic(주제 관련/틀린 주제)
> Wrong Form(틀린 품사나 틀린 시제)

[예제] 아래의 질문에서 각 선택지에 맞는 트릭을 연결해 봅니다.

Question

"Everyone is happy they will receive a 5% _____ under the new contract."

_____ employment	(A) Limited Fit
_____ raising	(B) Opposite Meaning
_____ elevation	(C) Similar Meaning
_____ cut	(D) Similar-Looking Word
_____ down	(E) Topic-Related/Wrong Topic
_____ praise	(F) Wrong Form

❶ Topic-Related/Wrong Topic(주제 관련/틀린 주제) 이런 트릭의 오답 선택지들은 문장의 주제와 관련이 있는 단어들을 사용하지만 문장의 상황에는 알맞지 않으며, 많은 경우 문법적으로도 문장에 적합하지 않습니다.

Example

"Everyone is happy they will receive a 5%_____under the new contract."
A, employment

2 **Similar-Looking Word(유사하게 보이는 단어)** 이런 트릭의 오답 선택지들은 정답과 유사하게 보이는 단어들을 사용하지만, 어근이 다른 단어를 사용하기 때문에, 그 의미가 다릅니다.

> Example
>
> "Everyone is happy they will receive a 5%_____under the new contract."
> A. praise

3 **Similar Meaning(유사 의미)** 이런 트릭의 오답 선택지들은 정답과 유사한 의미를 갖는 단어들을 사용하지만, 문법적으로 문장에 적합하지 않거나 문장의 문맥(Context)에 맞지 않습니다.

> Example
>
> "Everyone is happy they will receive a 5%_____under the new contract."
> A. elevation

4 **Wrong Form(틀린 품사나 틀린 시제)** 이런 트릭을 쓰는 오답 선택지들은 정확한 어근을 사용은 하지만, 단어의 어미가 틀려서, 품사가 틀리거나 아니면 동사의 시제가 틀립니다. 이런 오답 선택지들은 또 틀린 전치사를 사용하기도 합니다.

> Example
>
> "Everyone is happy they will receive a 5%_____under the new contract."
> A. raising

5 **Opposite Meaning(정반대 의미)** 이런 트릭의 오답 선택지들은 정답과는 정반대의 의미를 갖는 단어를 사용하지만, 보통은 문법적으로는 문장에 적합합니다.

> Example
>
> "Everyone is happy they will receive a 5%_____under the new contract."
> A. cut

6 **Limited Fit(제한된 적합성)** 이런 트릭의 오답 선택지들은 바로 앞 또는 뒤의 단어들만 보면 적합하지만, 문장 전체에는 적합하지 않습니다.

> Example
>
> "Everyone is happy they will receive a 5%_____under the new contract."
> A. down

TIP

만약 선택지들 중에서 정답을 고를 수가 없다면, "각각의 선택지들의 의미를 서로 다르게 만드는 것은 무엇인가" 라고 자문해 봅니다.

3 Incomplete Sentence 연습 문제

● 각각의 문제에 대해 아래 3가지의 연습을 합니다. 반드시 한 문제에 대해 3가지의 연습을 전부 다 한 후에 다음 문제로 넘어갑니다.

Exercise 1: 선택지들의 품사는 무엇입니까?

● 선택지들을 보고, 각 선택지의 품사는 무엇인지 확인합니다.
  (몇몇 선택지들은 품사가 여러 개 있을 수 있습니다.)
● 만약 선택지가 동사라면, 시제는 무엇인지도 확인합니다.
● 각 선택지 옆에 답을 적습니다.
● 후에 자신의 답과 정답을 비교해봅니다.

Example

문제 유형: 어휘
(A) 명사
(B) 명사 또는 동사(진행형)
(C) 명사
(D) 명사

Exercise 2: 문장의 빈 칸에 적합한 품사는 무엇입니까?

문장을 보고 어떤 품사가 빈 칸에 적합한지 결정합니다. (빈 칸에는 한 개 이상의 품사가 들어 갈 수도 있습니다.) 자신의 답을 정답과 비교해 봅니다.

Example

품사
Question #101   형용사 또는 부사

Exercise 3: 정답은 무엇입니까? 사용된 트릭은 무엇입니까?

이제 자신의 답을 선택하고 오답들에서 사용된 트릭들은 무엇인지 확인합니다. 자신의 답을 정답과 비교해 봅니다.

Example	
정답	**Trick(트릭)**
A	Similar Meaning
B	Similar Meaning
C	Similar Meaning
D ∨	

연습 시작

PART 5

Directions: A word or phrase is missing in each of the sentences below. Four answer choices are given below each sentence. Select the best answer to complete the sentence. Then mark the letter (A), (B), (C), or (D) on your answer sheet.

---

101. The sales and marketing departments need to _____ their plans and activities to better serve the company's bottom line.

(A) nominate

(B) elevate

(C) coordinate

(D) designate

102. I thought the gift I had ordered would arrive before Christmas, but it's December 26th and it still hasn't _____up.

(A) show

(B) showing

(C) showed

(D) shown

103. _____people who enjoy their work need time to relax, it is hard to pull themselves away from their job.

(A) Also

(B) However

(C) Even though

(D) Despite

104. After the teachers found the school principal had given herself a 15% pay raise, they_____plans to hold a strike.

(A) formulate

(B) formulated

(C) formulating

(D) formula

105. We thought that our online advertising campaign would be successful, but _____ has responded to the newsletter we sent out.

(A) no one

(B) anyone

(C) someone

(D) none

106. If you don't like the oven you bought, you can always return it for a full_____.

(A) refund

(B) charge

(C) warranty

(D) rebate

107. _____the successful summer season, the manager doesn't think he can afford to add a new wing to the hotel.
(A) Although
(B) Because
(C) Due to
(D) Despite

108. Because of the snow storm, everyone at the airport_____long departure delays to their flights.
(A) anticipation
(B) anticipating
(C) anticipates
(D) was anticipated

109. The new invoicing program_____ us to more quickly send out bills and process money last year.
(A) allow
(B) will allow
(C) are allowing
(D) allowed

110. Everyone expects the new pollution laws to pass and go into_____at the end of this fiscal year.
(A) affection
(B) effective
(C) affect
(D) effect

111. Mrs. Regina's flight was postponed, enabling her to stay_____Denver one more day.
(A) on
(B) to
(C) until
(D) in

112. The staff received_____instructions not to open the conference room door until after the presentation.

(A) explicit
(B) explicitly
(C) elicit
(D) explication

113. It is very likely that because Mr. Wright cannot attend the meeting, _____ company will not receive the contract.

(A) himself
(B) his
(C) he
(D) him

114. In order to receive compensation for flood damage to your house, you need to _____ a claim with city hall.

(A) file
(B) purchase
(C) ask for
(D) receive

115. Sadly, the newspaper had to either cut its editorial staff_____reduce pay for every employee working at the paper.

(A) nor
(B) but
(C) and
(D) or

116. We are within_____of meeting our annual sales goals, thanks to our recent expansion into Asian markets.

(A) length
(B) sight
(C) distance
(D) seeing

117. In light of recent injuries, our workers need to be more_____in how they stack boxes in the warehouse.
(A) careless
(B) care
(C) carefully
(D) careful

118. _____recent developments in aviation technology, flight safety has increased dramatically for all airlines.
(A) Resulting in
(B) Because
(C) Due to
(D) Despite

119. The company CEO will be announcing new policies to all departments_____ the use of sick days.
(A) regarding
(B) among
(C) to
(D) from

120. Company profits_____by 20% since we have installed the new high-speed computer network.
(A) rise
(B) risen
(C) rising
(D) have risen

121. If you purchase a car insurance policy with Allstate, you will receive a_____ oil change with Jiffy Lube.
(A) complimentary
(B) competitive
(C) competing
(D) complementary

122. Because of technical glitches, the R & D department is _____ schedule in releasing our newest generation of cell phones.

(A) ahead

(B) ahead of

(C) behind

(D) behind a

123. There are not many people who are able to quickly set up a computer network _____ inadvertently creating numerous software and hardware problems.

(A) and also

(B) with

(C) without

(D) when

124. Federal and state regulations state that only certified nurses are able to ___ medication to patients in hospitals.

(A) administration

(B) administrative

(C) administering

(D) administer

125. Mr. Garrison is best known for having started an international shipping company all on _____ at the age of 25.

(A) his

(B) his own

(C) him

(D) himself own

126. _____ recent news reports, it is very likely the central bank will raise interest rates next month.

(A) According

(B) According to

(C) About to

(D) Accounting for

127. Bay Area Transit provides _____ service to Tiburon every hour during weekdays.

(A) routine
(B) routines
(C) routinely
(D) route

128. In order to____its new line of young adult books, the publishers will conduct book-signings in various cities.

(A) promotion
(B) promoting
(C) have promoted
(D) promote

129. Albion Automotive _____ all of its cars are free of electronic defects for one year.

(A) guarantee
(B) guarantees
(C) warranties
(D) warranty

130. Five different contractors put in bids for the remodeling_____ at Sysco's headquarters.

(A) guideline
(B) project
(C) policy
(D) itinerary

131. The branch office _____signs up the most new clients will be the recipient of the annual sales award.

(A) who
(B) where
(C) which
(D) when

132. The CEO sent a memo _____ that his company would be implementing new pollution controls during the next quarter.
(A) states
(B) statement
(C) stated
(D) stating

133. Mr. Isaak called to let the head office know that because of bad weather it was _____that he would not be able to attend the meeting.
(A) probable
(B) probability
(C) probably
(D) problem

134. When Secretary Dillon left office, the oil company was left without a good_ _____ in the government's energy department.
(A) compact
(B) contact
(C) connect
(D) communication

135. _____all of the brochures had been printed and sent to us, we paid the remaining balance to the printers.
(A) Although
(B) Except
(C) Since
(D) Despite

136. Mark Strong Elementary School welcomes all parents to donate _____ the annual fundraising campaign.
(A) to
(B) in
(C) on
(D) by

137. It took over 12 hours to get the union and company owners _____ on the terms of the new employee contracts.
(A) agree
(B) to agree
(C) to agreeing
(D) to agreed

138. _____ after receiving the phone call from his manager, Mr. Rogers ordered his staff to begin work on the new marketing campaign.
(A) Immediately
(B) Continually
(C) Effectively
(D) Reasonably

139. The interior designer gave us a rough _____ of the costs of bringing our house up to current safety standards.
(A) escalate
(B) increase
(C) esteem
(D) estimate

140. The courier had to be sent away because the package was not _____ ready to be delivered.
(A) far
(B) too
(C) now
(D) yet

파트 6
Text Completion 전략

Directions for this Part of the TOEIC

Read the texts that follow. A word or phrases is missing in some of the sentences. Four Answer Choices are given for each of the sentences. Select the best answer to complete the text. Then mark the letter (A), (B), (C), or (D) on your answer sheet.

Part 6 지시사항

파트 6는 불완전한 장문을 완성시키는 문제로 구성되어 있습니다. 각각의 공란 아래에 제시되어 있는 4개의 보기 중 가장 적당한 것을 선택하여 문장을 완성시키면 됩니다.

8

CHAPTER

1 Text Completion 접근법

① 텍스트(지문)를 스킴하여 텍스트의 주제와 주요 아이디어들을 결정

- 페이지 상단에 있는 **Heading**(머리말)과 텍스트 상자 내의 **Title**(제목)을 봅니다.
- 텍스트를 스킴하여, **Purpose Word**(목적 단어)들, **Action Verb**(행위 동사)들, **Adjective**(형용사)들 그리고 **Main Noun**(주요 명사)들을 찾습니다.

② 선택지들을 비교하여 문제 유형 확인

- 대부분의 선택지들이 **유사하게 보이지만 의미들은 다르다?**　▶ **Vocabulary**(어휘) 문제
- 대부분의 선택지들이 **다르게 보이지만 의미들은 유사하다?**　▶ **Context**(문맥) 문제
- 대부분의 선택지들이 **같은 어근의 단어들**이다?　▶ **Grammar**(문법) 문제
- 대부분의 선택지들이 **접속사, 분사, 또는 전치사들**이다?　▶ **Structure**(구조) 문제
- 어떤 문제들은 **두 가지 유형의 문제를 혼합**한 것 일 수도 있습니다.

③ 빈 칸 전후에서 단서 찾기

- 빈 칸 전후에서 Grammar와 Context의 단서를 찾습니다.
- 빈 칸에는 다른 두 개의 품사의 조합이 들어갈 수도 있습니다.
- 품사가 틀린 선택지들은 오답입니다.

④ 어떤 선택지가 문장에 적합하지 않은지 결정

- **모든 문제**에서: 품사가 틀린 선택지들은 오답입니다.
- **Vocabulary 문제**에서: 선택지들은 문장의 **주제**에 적합합니까?
- **Context 문제**에서: 선택지들은 문장의 **주제**에 적합합니까?
- **Grammar 문제**에서: 선택지들은 문장의 **동사 시제**에 적합합니까?
- **Structure 문제**에서: 문장의 두 부분(앞 절과 뒤 절)사이의 **관계**를 결정합니다.

Text Completion 접근법 1 설명 설명: 텍스트를 스킴하여 텍스트의 주제와 주요 아이디어들을 결정

- 페이지 상단에 있는 **Heading**(머리말)과 텍스트 상자 내의 **Title**(제목)을 봅니다.
- 텍스트를 스킴하여, **Purpose Word**(목적 단어)들, **Action Verb**(행위 동사)들, **Adjective**(형용사)들 그리고 **Main Noun**(주요 명사)들을 찾습니다.

1 각 페이지의 텍스트 상자 상단에는 텍스트의 유형을 설명해주는 단어가 포함되기도 하는데 이것을 Heading(머리말)이라고 합니다. 또 텍스트 상자 내에서도 제목 또는 머리말 같은 것이 있는데, 이것이 Title(제목)입니다.

Example   Heading

Question 141 through 144 refer to the following advertisement

Hawaiian Tropics Vacations Summer Sale! ← Title
Are you ready to enjoy the warm summer sun in the most beautiful place in the world? Then visit our website and...

머리말과 제목을 기억해 놓습니다. 이것들을 알고 있으면 텍스트의 문맥(Context)을 이해하는데 도움이 되고, 이는 또 주제와 관련된 단어들을 골라내는데 도움을 줍니다. 예를 들면, 만약 머리말이나 제목이 "advertisement" 라고 한다면, 다음과 같은 단어들이나 구(phrase)들을 텍스트 상자 안에서 볼 수 있을 것입니다.

free	package	discount	free of charge
offer	special	half price	half off
all-inclusive	accommodation	resort	purchase

제목과 머리말은 또 텍스트의 주제와는 관련이 없는 오답 선택지들을 제외하는 데 도움이 됩니다.

아래의 텍스트 유형들을 많이 학습해 두는 것이 TOEIC Part 6. Text Completion의 문제들을 잘 푸는데 큰 도움이 됩니다.

가장 자주 나오는 텍스트의 유형

advertisement(광고)	fax(팩스)	memo(메모)	notice(공고)
email(이-메일)	letter(편지)	news report(뉴스 보도)	

2 머리말과 제목을 본 후에는, 전체 텍스트를 빠르게 스킴하는데, 아래의 단어들에 집중합니다.

> 각 문장의 **주어**와 **목적어**,
> **행위 동사**(예: "delete" 와 같이 분명한 행동을 묘사하는 동사),
> **왜, 언제, 어디서,**
> **강조의 형용사,**
> **조동사,**
> **어떻게,**
> **강조의 부사,**
> **텍스트의 목적**을 강조하는 다른 단어들(예: "need to" , "pleased to announce")

예를 들어, 다음과 같은 텍스트를 본다고 합시다.

Example

Question 141 through 144 refer to the following email

From: f. allerton@microsoft.com
To: j.rommel@apple.com
Re: Friday Meeting
Date: 12/122

Dear Mr. Rommel,

"I am writing to get some _____details regarding your trip to Seattle for the financial meeting this Friday. We will have a company car at the airport to_____ and take you to your hotel, but we need to know at what time your flight_____, along with your flight number. A representative will wait for you at baggage claim - he will be holding a_____with your name and our company logo."

Sincerely,

Francis

위의 텍스트를 보는 것만으로도 눈이 어지럽겠지만, 스킴을 한다면, 텍스트에서 아래의 단어들을 "**추출**" 할 수 있을 것입니다.

From: f.allerton@microsoft.com
To: j.rommel@apple.com
Re: Friday Meeting
Date: 12/122

Dear Mr. **Rommel**,

"I am **writing to get** some _____**details** regarding **your trip** to **Seattle** for the financial meeting this **Friday**. We will have a company **car at** the **airport** to_____ and **take you** to your **hotel**, but we need **to know** at what **time** your **flight**_____, along with your **flight number**. A **representative** will **wait for you** at **baggage claim** - he will be **holding** a_____with **your name** and **our** company **logo**."

Sincerely,

Francis

이제 텍스트를 기억하기가 약간 더 쉬워졌습니다.

Example

"I / writing to get / details / your trip / Seattle / meeting this/ Friday / car at / airport / take you / hotel / need to know at / time / flight / flight number / representative / wait for you / baggage claim / holding / your name / our / logo."

TIP

텍스트를 스킴하는 데는 30초 정도만 사용하며, 주제, 상황, 주요 아이디어에 대한 일반적인 아이디어를 얻습니다.

● **텍스트의 일반적인 아이디어**
  어떤 유형의 텍스트입니까?
  텍스트의 주제는 무엇입니까?
  어떤 키워드들이 텍스트의 목적을 말해주고 있습니까?

그리고 나서 질문들을 보기 시작합니다.

[예제1] 아래의 텍스트를 스킴하여 텍스트의 의미를 알 수 있게 해주는 키워드들에 밑줄을 칩니다.
어떤 유형의 텍스트입니까?

텍스트의 주제는 무엇입니까?

어떤 키워드들이 텍스트의 목적을 말해주고 있습니까?

Example

Questions 145 through 148 refer to the following advertisement

Hawaiian Tropics Vacations Summer Sale!

Are you ready to enjoy the warm summer sun in the most beautiful place in the world? Then _____ our website and see the amazing deals we have for you! Find the best travel deals and cheap airline tickets to help you plan your next _____ trip. Don't forget to complement your inexpensive airfares by _____ advantage of our great prices on hotel and car rentals! Our expert travel agents are _____ to helping you with your next trip to Hawaii, getting you the best deals possible.

[예제 1 해석]

문제 145~148은 다음 광고를 참조합니다.

Hawaiian Tropics Vacations의 여름 세일!

세계에서 가장 아름다운 장소에서 따뜻한 여름을 즐길 준비가 되어 있습니까? 그렇다면 저희 웹사이트를 _____ 하여 저희가 여러분들에게 드리는 놀라운 가격을 보세요! 여러분의 다음 _____ 여행을 계획하는데 도움을 드리는 최고의 여행 가격과 저렴한 항공권들을 발견하세요. 귀하의 비싸지 않은 항공료를 저희의 좋은 호텔과 자동차 렌탈 가격의 이점을 _____ 하여 보완하세요! 우리의 여행 대행 전문가들은 귀하의 하와이로의 다음 여행에 귀하를 도와, 가능한 최고의 가격을 귀하가 얻을 수 있도록 _____ 입(합)니다.

Text Completion 접근법 2 설명 설명: 선택지들을 비교하여 문제 유형 확인

- 대부분의 선택지들이 **유사하게 보이지만 의미들은 다르다?** ▶ Vocabulary(어휘) 문제
- 대부분의 선택지들이 **다르게 보이지만 의미들은 유사하다?** ▶ Context(문맥) 문제
- 대부분의 선택지들이 **같은 어근의 단어들**이다? ▶ Grammar(문법) 문제
- 대부분의 선택지들이 **접속사, 분사, 또는 전치사들**이다? ▶ Structure(구조) 문제
- 어떤 문제들은 **두 가지 유형의 문제를 혼합**한 것 일 수도 있습니다.

Vocabulary 문제

대부분의 선택지들이 유사하게 보이지만 의미가 다르다면, Vocabulary(어휘)를 테스트하고 있는 것입니다. 때때로 모든 선택지가 같은 품사인 것처럼 보이는 경우가 있지만, 그들 중 하나는 품사가 다르고 다른 선택지와 비슷하게 보이는 것입니다.

Example

A. minimize	▶ 동사(최소화하다), "immunity" 처럼 보임
B. immunity	▶ 명사(면역력,면제)
C. enmity	▶ 명사(원한, 증오, 적대감)
D. community	▶ 명사(주민, 지역사회, 공동체)

 [예제2] 아래 단어들의 품사는 무엇입니까?

(A) regulation
(B) regular
(C) regime
(D) regimented

Context 문제

만약 대부분의 선택지들이 **다르게 보이지만 유사한 의미라면,** Context(문장의 주제가 상황에 가장 적합한 단어의 이해)를 알고 있는지를 테스트하고 있는 것입니다.

때때로 모든 선택지가 같은 품사인 것처럼 보이는 경우가 있지만, 그 중 하나는 품사가 다르면서 비슷하게 보이는 것입니다.

또 선택지들 중 두 개가 서로 유사한 의미를 가지고 있고, 나머지 다른 두 개(아니면 하나)는 정반대의 의미를 갖고 있는 경우도 볼 수 있습니다.

Example

A. go over	▶ 동사
B. explore	▶ 동사
C. examination	▶ 명사
D. discover	▶ 동사

[예제3] 아래 단어들의 품사는 무엇입니까?
어떤 선택지들이 유사한 의미를 가지고 있습니까? 의미의 차이는 무엇입니까?
어떤 선택지들이 정반대의 의미를 가지고 있습니까?

(A) affect
(B) effect
(C) consequence
(D) change

Grammar 문제

만약 대부분의 선택지들이 **같은 어근** 또는 **같은 의미**를 가지고 있다면, Grammar(문법) 또는, 예를 들면 형용사 대신 부사를 사용하는 때는 언제인가와 같은, 품사에 관한 지식을 테스트하고 있는 것입니다.

선택지 두 개가 같은 품사이고, 나머지 두 개가 같은 품사인 경우가 많습니다. 선택지 각각이 다 다른 품사를 갖는 경우는 드뭅니다.

또 두 개의 선택지가 같은 의미이고, 다른 두 개(아니면 하나)가 앞의 두 개와는 정반대의 의미를 갖는 것도 볼 수 있습니다.

Example

A. propose ▶ 동사(제안하다)
B. proposal ▶ 명사(제안)
C. proposition ▶ 명사(제의)
D. prompt ▶ 명사(프롬프트;배우의 대사를 알려주는 말), "propose" 처럼 보임

[예제4] 아래 단어들의 품사는 무엇입니까?

(A) withheld
(B) withhold
(C) withdrawn
(D) with holding

Structure 문제

만약 대부분의 선택지들이 접속사, 분사 또는 전치사라면, 구조(접속사/부사절) 또는 문장 내에서 다른 단어들 사이의 관계에 관한 지식을 테스트하고 있는 것입니다.

때때로 선택지 4개 모두가 같은 품사인 것처럼 보이는 경우가 있지만, 그 중 하나는 품사가 다른데 다른 선택지들과 비슷하게 보이는 것입니다.

또 두 개의 선택지가 같은 의미이고, 나머지 다른 두 개(아니면 하나)가 앞의 두 개와는 정반대의 의미를 갖는 것을 볼 수도 있습니다.

Example

A, toward   ▶ 전치사, "at" 과 유사한 의미
B, at   ▶ 전치사, "toward" 와 유사한 의미
C, away from   ▶ 전치사, "toward" 와 정반대 의미
D, closely   ▶ 부사, "away from" 과 정반대 의미

[예제5]

● 아래 단어들의 품사는 무엇입니까?
● 어떤 선택지들이 유사한 의미를 가지고 있습니까? 의미는 어떻게 다릅니까?

1. (A) passed by
   (B) met
   (C) seen
   (D) engaged

2. (A) although
   (B) though
   (C) since
   (D) despite

3. (A) effect
   (B) effectively
   (C) necessary
   (D) essential

아래의 선택지들만을 보고 문제 유형이 무엇인지 판단해 봅니다.

1. (A) increase
   (B) decrease
   (C) enlarge
   (D) shrink

2. (A) look out
   (B) looked in
   (C) looking over
   (D) looked at

3. (A) mediate
   (B) mediation
   (C) meditate
   (D) immediately

4. (A) Also
   (B) However
   (C) Despite
   (D) How

5. (A) father
   (B) further
   (C) near
   (D) closer

6. (A) carefully
   (B) cared
   (C) cairn
   (D) carcinogen

7. (A) and
   (B) but
   (C) excluding
   (D) plus

8. (A) himself
   (B) myself
   (C) itself
   (D) my

9. (A) at
   (B) on
   (C) over
   (D) in

10. (A) refund
    (B) rebate
    (C) warranty
    (D) reward

[예제 6. 정답]

1. Context   2. Grammar & Structure   3. Vocabulary & Grammar   4. Structure
5. Context   6. Vocabulary & Grammar   7. Structure   8. Context
9. Structure   10. Context

Text Completion 접근법 3 설명 설명: 빈 칸 전후에서 단서 찾기

- 빈 칸 전후에서 **Grammar와 Context의 단서**를 찾습니다.
- 빈 칸에는 **두 개의 다른 품사의 조합**이 들어갈 수도 있습니다.
- **품사**가 틀린 선택지들은 오답입니다.

Vocabulary(어휘)와 Grammar(문법) 문제들은 Context(문맥) 문제들에 비해 쉽습니다. 따라서 Vocabulary와 Grammar 문제들을 먼저 풀게 되면 Context 문제들을 푸는데 도움이 되는 단서를 알 수도 있습니다.

빈 칸이 있는 문장, 그리고 그 문장 전후의 문장들을 스킴해서 빈 칸에 들어갈 품사에 대한 단서를 찾는데, 빈 칸 전후의 2~3 단어들에 집중합니다. 이 단서들을 사용하여 빈 칸에 적합하지 않은 선택지들은 정답에서 제외합니다.

Structure

Example

"We are looking for volunteers to help us distribute fliers in the local _____."

* flier: 광고지, 전단지, 삐라

빈 칸 바로 앞에 있는 단어 "the" 와 "local" 은 빈 칸은 명사가 되어야만 한다는 단서입니다.

다음에는, 문장 또는 텍스트의 주제를 알려주는 단어들을 찾습니다.

"volunteers", "help distribute", "in" 이라는 단어들은 빈 칸이 "many people to pass fliers out" 할 수 있는 "large place" 를 지칭하는 것이어야만 한다는 단서들입니다.

Grammar

> ## Example
>
> "We need to take a second look_____ the figures from last year's budget before we make any more cuts."

빈 칸 앞의 단어는 동사이고 뒤의 단어는 명사구이기 때문에, 빈 칸에 들어갈 단어는 전치사가 되어야만 합니다.

다음에는, 문장 또는 텍스트의 주제를 알려주는 단어를 찾습니다.

"look", "figures" (숫자), "last year" 라는 단어들은 빈 칸에는 종이 위나 컴퓨터 파일에 있는 수치를 검토하기 위해 사용하는 전치사가 와야 한다는 단서들입니다.

Context

> ## Example
>
> "We need to_____the numbers from last year's budget one more time before we can make any decisions."

빈 칸 앞의 단어들이 "need to" 이고 뒤의 단어들은 명사구이기 때문에, 빈 칸은 동사이어야만 합니다.

다음에는, 문장이나 텍스트의 주제를 알려주는 단어들을 찾습니다.

"numbers", "last year's budget", "one more time" 은 빈 칸이 숫자를 가지고 다시 한번 무엇인가를 한다는 의미의 동사이어야만 된다는 단서들입니다. "finding numbers" 와 "looking closely at numbers" 중에 어느 것이 더 이 문장에 적합한 아이디어입니까?

**[예제7]** 아래의 문장들을 보고 각각의 문장에 대해 다음 질문에 대답합니다.

- 문장의 주제를 알게 해주는 단어들은 무엇입니까?
- 정답에 필요한 품사는 어떤 것이다라고 알 수 있게 해주는 단어는 무엇입니까?
- 빈 칸에 반드시 들어와야만 하는 품사는 무엇입니까?

1. Have you _____ the newest model of the Audi sports car?
2. The human resource _____ feels that we need to change the medical insurance plans we offer our employees.

                                                       * **human resource:** (기업체의)인사부, 인력담당
3. I had to _____the new coffee maker because it had a defective filter.
4. Do you know anyone who knows _____ turn off the fire alarm?

[예제 7 정답]

1. verb   2. noun   3. verb   4. adverb + preposition

Text Completion 접근법 4 설명 설명: 어떤 선택지가 문장에 적합하지 않은지 결정

- 모든 문제에서: 품사가 틀린 선택지들은 오답입니다.
- Vocabulary 문제에서: 선택지들은 문장의 **주제**에 적합합니까?
- Context 문제에서: 선택지들은 문장의 **주제**에 적합합니까?
- Grammar 문제에서: 선택지들은 문장의 **동사 시제**에 적합합니까?
- Structure 문제에서: 문장의 두 부분(앞의 절(구)과 뒤의 절(구)) 사이의 **관계**를 결정합니다.

아래는 오답 선택지들을 정답에서 제외하는 방법의 예입니다.

Vocabulary

Example

"We are looking for volunteers to help us distribute fliers in the local_____."

  A. minimize   ▶ 동사, 틀린 품사= **WRONG**

  B. immunity   ▶ 명사, 틀린 주제(sickness)= **WRONG**

  C. enmity   ▶ 명사, 틀린 주제(hate/dislike)= **WRONG**

  D. community   ▶ 명사, 주제에 적합= **CORRECT**

Grammar

Example

"We need to take a second look_____ the figures from last year's budget before we make any more cuts."

  A. toward   ▶ 전치사, 틀린 주제(moving to something)= **WRONG**

  B. at   ▶ 전치사, 주제와 틀리지 않음= **CORRECT**

  C. away from   ▶ 전치사, 틀린 주제(moving away from something)= **WRONG**

  D. closely   ▶ 부사, 틀린 품사, 주제에는 적합= **WRONG**

선택지 두 개를 먼저 오답으로 제외하는 것은 쉽지만, 남은 두 개의 선택지 중에서 정답을 선택하는 것은 어려운 것이 일반적입니다.

같은 품사이며 같은 주제인 두 개의 선택지 중에서 정답을 선택할 때는 **각각의 선택지들 사이의 의미를 다르게 만들고 있는 것은 무엇인가를 봅니다.**

Context

Example

"We need to _____ the numbers from last year's budget before we make any decisions."

  A. go over

  B. explore   선택지 (B)와 (D)는 둘 다 "finding" 의 과정과 관련이 있고,

  C. examination   (A)와 (C)는 "looking closely at something" 에 관련이 있음

  D. discover

  A. go over   ▶ 동사, ("go over" = "look at" / "examine")= **CORRECT**

  B. explore   ▶ 동사, (숫자들은 "explore" 될 수 없음)= **WRONG**

  C. examination   ▶ 명사, 틀린 품사= **WRONG**

  D. discover   ▶ 동사, (숫자들은 한 번 이상은 발견될 수 없음)= **WRONG**

 **[예제7]** 품사를 보고 오답을 제외하기

● 어느 선택지들이 하나 이상의 품사를 가지고 있습니까?
● 이들은 품사가 다를 때 그 의미가 어떻게 달라집니까?

1. We need to meet this week to decide how our new _____ campaign will roll out.
   (A) markets
   (B) market
   (C) marketed
   (D) marketing

   * roll out: (신상품을)출시하다; (캠페인을)시작하다

문장의 주제를 보고 오답을 제외하기
● 어느 선택지들이 문장의 주제에 맞지 않습니까? 그 이유는 무엇입니까?

2. Car prices fell over by an average of 5 percent last week due to a _____ in the cost of steel.
   (A) drop
   (B) rise
   (C) leveling
   (D) guarantee

문장의 Context(문맥)를 보고 정확한 시제 결정하기
● 어느 선택지들이 문장의 시제와 맞지 않습니까? 그 이유는 무엇입니까?

3. The company CEO doesn't know that his office _____ remodeled next week.
   (A) has been
   (B) is going to be
   (C) was going to be
   (D) is

한 문장의 두 부분 사이의 관계를 결정하기
● 문장의 첫 번째 부분과 두 번째 부분 사이의 관계는 무엇입니까?
● 아이디어 간의 잘못된 관계로 오답인 것은 무엇입니까?
● 문법이 틀려서 오답인 선택지들은 무엇입니까?

4. _____ , because my car broke down this morning, I will not be able to take you to the airport.
   (A) Unfortunately
   (B) Consequently
   (C) Admittedly
   (D) Luckily

Idiom의 중요성

- 어떤 선택지들이 문법적으로 가능합니까?
- 어떤 선택지들이 문장의 Context(문맥)에 적합합니까?
- 어떤 선택지들에 이전에 들어보았던 idiom이 있습니까?

5. I am _____ I cannot help you with this project, because it is outside my area of expertise.
   (A) happy
   (B) enjoying
   (C) afraid
   (D) unable

6. It was definitely a pleasure to _____ you at the annual conference.
   (A) talk
   (B) discuss with
   (C) show
   (D) meet

위의 질문들 대부분이 일반적인 Business Word나 Idiom들에 관한 지식을 테스트하는 것들입니다. Business Word들과 Idiom들을 학습하시기 바랍니다.

두 개의 선택지 사이에서 고르기

언제나 다음을 생각합니다.

- 어느 선택지들의 의미가 유사합니까?
- 각 선택지들의 의미를 다른 선택지와 다르게 만드는 것은 무엇입니까?

7. We need to _____ the numbers from last year's budget one more time before we can make any decisions.
   (A) go over
   (B) explore
   (C) examination
   (D) discover

2 Text Completion 트릭들

1 Topic-Related/Wrong Topic(주제 관련/틀린 주제) 이런 트릭의 오답 선택지들은 문장의 주제와 연관된 단어를 사용하지만, 문장의 상황에는 맞지 않는 단어이고, 그 문장 안에서는 문법적으로 맞지 않는 경우가 많습니다.

2 Similar-Looking Word(유사 단어) 이런 트릭의 오답 선택지들은 정답과 유사하게 보이는 단어를 사용하지만, 어근이 다르기 때문에, 그 의미가 다릅니다.

3 Similar Meaning(유사 의미) 이런 트릭의 오답 선택지들은 정답과 유사한 의미의 단어를 사용하지만, 그 문장 안에서는 문법적으로 맞지 않는데, 이는 문장 내의 전치사 또는 문장의 주어 때문입니다.

4 Opposite Meaning(정반대 의미) 이런 트릭의 오답 선택지들은 정답과는 정반대의 의미를 갖는 단어를 사용하지만, 문법적으로는 문장에 맞습니다.

5 Wrong Form(틀린 품사나 시제) 이런 트릭의 오답 선택지들은 어근은 맞지만 품사가 틀린 단어 또는 시제가 틀린 동사를 사용하기 때문에, 문장에는 문법적으로 맞지가 않습니다.

Example

"The deadline for_____for the in-house 'Innovation in Marketing' contest has been postponed until March 22nd."

____ 1. applications   (A) Similar-Looking Word

____ 2. marketers   (B) Opposite Meaning

____ 3. submits   (C) Similar Meaning

____ 4. subjecting   (D) Topic-Related / Wrong Topic

____ 5. withdrawals   (E) Wrong Form

Answer: submissions

1. **Topic-Related**   ▶ marketers
2. **Similar-Looking Word**   ▶ subjecting
3. **Similar Meaning**   ▶ applications
4. **Opposite Meaning**   ▶ withdrawals
5. **Wrong Form**   ▶ submits

* **in-house:** (명사 앞에만 씀)(회사·조직) 내부의

TIP

텍스트의 어느 한 부분에서 나온 정답들이 텍스트의 다른 부분에 대한 질문에 답하는 데 도움을 줄 수도 있습니다. 이 것을 새로운 단서로 사용하시기 바랍니다.

3 Text Completion 연습 문제

● 반드시 각 텍스트별로 아래 3가지의 연습을 전부 다 한 후에 다음 텍스트로 넘어갑니다.

Exercise 1: Skimming

● 각 텍스트들에 대하여, 먼저 **머리말과 제목**의 키워드들을 스킴합니다.
● 그 다음, 텍스트를 스킴해서, **목적 단어들, 행위 동사들, 형용사들**과 **주요 명사들**을 찾습니다.
● 자신의 답을 정답과 비교해 봅니다.

> ### Example
>
> **Heading:** fax
>
> **Title:** Friday Meeting
>
> **Text:** not sure / you, remembered / meeting on Friday · like to meet / beforehand / need / know, talking about · so / helpful / make notes / present argument / he's / difficult to persuade · so / need / have all / facts · you / 10 a.m. tomorrow? · give me / call
>
> **Purpose:** discussing the need to meet and prepare for a meeting

Exercise 2: 문제 유형, 품사, 연관 의미들

● 선택지들을 보고 **문제 유형**, 빈 칸의 **품사**를 확인합니다.
● 그리고, 선택지들 중에 서로 의미가 유사하거나 또는 정반대인 것, 품사가 틀린 것이 있는지 봅니다.
● 자신의 답을 정답과 비교해 봅니다.

> ### Example
>
> **Question Type:** Context(문맥)
>
> **Part of Speech:** adjective or verb(형용사 또는 동사)
>
> **Similar Meaning:** A & D(doing), B & C(knowing)
>
> **Opposite Meaning:** none(없음)
>
> **Wrong Part of Speech:** A(noun)(명사)

Exercise 3: 정답 결정과 트릭 확인

- 이제 각 문제에 대한 정답을 결정하고, 정답을 찾는데 도움을 주는 Context(문맥)단서가 있다면 적어봅니다.
- 오답 선택지에 사용된 트릭을 확인할 수 있다면, 트릭도 적어봅니다.
- 자신의 답을 정답과 비교해 봅니다.

Example

A ✔		"present" "persuade"
B		Similar Looking Word(유사 단어)
C		Similar Looking Word(유사 단어)
D		Wrong Form(틀린 품사/시제)

연습 시작

PART 6

Directions: Read the texts that follow. A word or phrase is missing in some of the sentences. Four answer choices are given below each of the sentences. Select the best answer to complete the text. Then mark the letter (A) (B) (C) or (D) on Your answer sheet.

Questions 141 through 144 refer to the following memo.

Date: October 16
To: All Employees
From: Janice Lee, Recycling Coordinator
RE: Recycling Program

I wanted to let you all know that currently we are doing a pretty good job recycling. However, we could be doing better. Not only is it important that we do our _____

141. (A) sharing
(B) share
(C) shared
(D) shares

to help the community we work and live in; recycling has an _____ benefit of

142. (A) more
    (B) adding
    (C) increasing
    (D) additional

reducing our company's waste disposal expenses, which helps improve our bottom line. And, of course, recycling helps preserve natural resources - every ton of paper recycled saves 17 trees!

With this in mind, I would like to _____ everyone of the recycling opportunities available.

143. (A) remember
    (B) remind
    (C) memory
    (D) memorize

The attached flyer describes what we can recycle. I encourage you to read this information carefully and actively participate in the program. In addition, if you wish to _____a recycling container for your work area, just call me.

144. (A) give
    (B) abstain
    (C) obtain
    (D) object

Questions 145 through 148 refer to the following fax.

To: All Icebreakers customers
From: Rhonda Xerxes, Icebreakers Customer Service Director
Fax: 341-987-0987
Subject: New Service Call Policy
Date: 2/2/2009

Because more customers are paying their monthly fees later and later, we are _____

145. (A) force
    (B) forceful
    (C) forcing
    (D) forced

to set down a new company policy regarding service calls. If a customer is more than 15 days late in their monthly payment and their ice machine is not working, customers will still be able to contact us to fix the machine; however, we will expect payment in full of any unpaid _____ due at the time of our visit.

146. (A) balance
     (B) revenue
     (C) income
     (D) profit

While I am sorry that we must go to such extremes as those outlined above, I am _____ that there is no alternative.

147. (A) afraid
     (B) fearful
     (C) happy
     (D) feared

This new policy will go _____ effect March 30, 2009. If there are any questions

148. (A) to
     (B) for
     (C) into
     (D) from

regarding our new policy, please give me a call.

Questions 149 through 152 refer to the following letter.

Ms. Margaret Hampton
Michigan Gas & Electric
670 SW 1st Avenue
Detroit, MI 80453

Dear Ms. Hampton,

I am excited to apply for the position of executive secretary that you advertised Sunday in the Detroit Independent _____ week.

149. (A) previous
     (B) last
     (C) next
     (D) former

As the head secretary at Renfield Real Estate, I answered to Mr. Ron Paul, the company's owner. While my normal duties were the _____ typing, and filing,

150. (A) unusual
      (B) using
      (C) usually
      (D) usual

I was also responsible for scheduling all of Mr. Paul's appointments, screening his telephone calls and visitors, and organizing his paperwork and correspondence. From working at Renfield Real Estate, I have become _____ with the duties of an executive

151. (A) learning
     (B) known
     (C) familiarity
     (D) familiar

secretary and believe I can anticipate and meet the expectations you have for a secretary. I would love the opportunity to discuss my qualifications with you in person. _____

152. (A) Even though
     (B) However
     (C) So
     (D) Despite

I am busy each morning, I am available to meet any day in the afternoon.

Warm regards,
Olga Pastrova

9

CHAPTER

파트 7
Reading Comprehension
전략

Directions for this Part of the TOEIC
In this part of the test, you will read a selection of texts, such as magazine and newspaper articles, letters, and advertisements. Each text is followed by several questions. Select the best answer for each question and mark the letter (A), (B), (C), or (D) on your answer sheet.

Part 7 지시사항
파트 7은 다양한 장르의 1개의 단일 지문, 서로 연관되어 있는 2개의 복수 지문을 읽고 질문에 답하는 문제로 구성되어 있습니다. 제시된 문장에 대해서는 몇 개의 질문이 주어지고 각 질문을 읽고 4개의 보기 중 적당한 것을 선택하면 됩니다.

1 Reading Comprehension 접근법

1 Heading(머리말)과 Title(제목)을 스킴

- 머리말과 제목을 스킴하여 **텍스트의 구조와 주제**를 결정합니다.
- **Double Text(복수 지문)**: 두 텍스트 사이의 **관계**를 확인합니다.

2 문제 유형 결정

- 어떤 문제들을 먼저 풀 것인지를 결정합니다.
- "NOT" 문제들에 주의합니다. 이런 문제들에는 3개의 "맞는" 답과 1개의 "틀린" 답이 있습니다.

3 Detail Question(상세 사항 문제)을 풀 때는?

- 텍스트 안에서 선택지와 질문의 키워드들이 언급되고 있는 위치 전부를 찾습니다.

4 Topic Question(주제 문제)을 풀 때는?

- 텍스트의 **처음 1~2 문장** 그리고 **마지막 1~2 문장**의 행위 동사가 무엇인지를 찾는데 집중합니다.
- 만약 **텍스트가 광고**라면, 텍스트의 주제는 텍스트의 한 가운데에 있을 수도 있습니다.

5 Purpose Question(목적 문제)을 풀 때는?

- 선택지들의 **행위 동사**들을 스캔합니다.

6 Inference Question(추론 문제)을 풀 때는?

- 텍스트 안에서 선택지와 질문의 키워드들이 언급되고 있는 위치 전부를 찾습니다.
- 선택지에서 **틀린 것**은 무엇인지 살펴봅니다. 어느 한 선택지가 정답일 것이라고 증명하려는 시도를 하면서 시간을 소비하지는 않습니다.

- 머리말과 제목을 스킴하여 **텍스트의 구조와 주제**를 결정합니다.
- **Double Text(복수 지문):** 두 텍스트 사이의 **관계**를 확인합니다.

텍스트 상자 위, 페이지 상단에, 텍스트의 유형을 설명해주는 단어를 포함하는 문장이 있을 수 있는데, 이를 **Heading(머리말)**이라고 합니다. 만약 텍스트의 유형을 설명하는 단어가 없다면, **Title(제목)과 텍스트의 구조**를 보고 텍스트가 무엇에 관한 것인지 확인해야 합니다.

텍스트 상자 안에는 **제목**이 있을 수 있는데, 보통은 텍스트의 본문 위에 있습니다. 메모, 편지 또는 팩스에서는, **이름 (그리고 직책), 날짜,** 텍스트의 처음 또는 마지막에 나올 수 있는 **텍스트의 주제**를 잘 봅니다.

만약 텍스트 안에 차트나 표가 있다면, 열과 행의 제목을 잘 봅니다. 이는 차트나 표가 어떤 종류의 정보를 주고 있는지를 이해하는데 도움을 줍니다. 그러나 이것들에 너무 많은 시간을 쓰지는 않습니다. 왜냐하면 질문이 이것들에 관해 묻는 것이 아니라면 그 정보를 상세하게 아는 것은 중요하지 않기 때문입니다.

Example

Questions 153 through 154 refer to the following notice. ← **Heading**

Attention Weston Mall Customers! ← **Title**
Due to a rash of thefts at the Mall over the last month, we wish to inform security measures Weston Mall will be implementing over the next few days. To provide a more safe and secure environment for our customers, we are doubling the number of our security personnel, which will enable us to have more frequent and reliable patrolling of all areas of our complex. Security cameras are being installed at all exits. While we regret this slight intrusion of privacy, know that it is for your own protection.

Preston Hughes **작성자의 이름과 직책**
CEO of Weston Mall

---

* **rash**: 1. 발진 2. 많음; 다발, 빈발   * **intrusion**: (개인 사생활 등에 대한) 침범(하는 것)

머리말, 제목, 텍스트의 작성자, 이런 정보들을 기억해 놓습니다. 이런 정보들을 알면 텍스트의 주제와 목적을 이해하는 데 도움이 되고, 이는 다시 오답 선택지들을 제외하는데 도움을 줄 것입니다.

[예제1] 아래 각 텍스트의 Heading과 Title의 키워드들에 동그라미를 칩니다.

Text 1

Walden은 무슨 회사입니까?

Questions 153 through 155 refer to the following table.

Shipping Rate for Walden Company

	Domestic Standard	International Standard
Boots	$3.99	$12.49
Sandals	$2.98	$6.89
Runners	$2.98	$12.29

Text 2

"Re" 의 의미는 무엇입니까?

Questions 173 through 176 refer to the following table.

Memo

To: All sales staff
From: Randal Smith, Head of Sales & Marketing
Re: Future sales meetings
Date: June 2nd

Last week I talked with our boss, and she agreed...

Text 3

이 편지를 보낸 사람은 누구입니까? 그는 어느 회사에서 일합니까?
이 편지를 받은 사람은 누구입니까? 그는 어느 회사에서 일합니까?

Questions 191 through 195 refer to the following letter and invoice.

Customer Service Dept.
RSL Rentals
4526 SE Stark
Portland, OR 98344

October 2, 2008
REF: #1047
Sacred Hills Wedding Chapel
12344 SE Wanda Drive
Portland, OR 98354

Dear Mr. Iglesias,
I am writing in reference to······look forward to your prompt reply.

Sincerely,

Jon Weyr
Head Service Director

Double Text(복수 지문)

Double Text로 구성된 문제에서는, 두 텍스트 사이의 관계 또는 연관성을 이해해야 됩니다.

자주 나오는 관계는 아래와 같습니다.

- Text #2가 Text #1에서 나온 **질문에 대해 답**을 함.
- Text #2가 Text #1의 **정보를 설명**함. (아니면 반대로, Text #1이 Text #2를 설명함)
- Text #2는 Text #1에서 **요청한 정보를 제공**함

텍스트 사이의 관계를 찾으려면, 각 텍스트 본문의 처음 1~2번째 문장을 먼저 읽은 후에, 각 텍스트의 마지막 1~2번째 문장을 봅니다. 이 문장들은 두 번째 텍스트가 어떻게, 왜 첫 번째 텍스트에 대응을 하고 있는지에 대한 단서를 제공하는 경우가 많이 있습니다.

> ### Example
>
> __Text#1:__ Beginning of Text: "We are writing in response to your request to change January 15th order..."
> End of Text: "...happy to do so…"
> __Text#2:__ "Thank you for changing my order; you are a lifesaver!"

위에서의 관계는 **Text #2가 Text #1을 작성한 사람에게** 주문을 변경할 수 있어서 **감사하다고** 말하는 것입니다.

 [예제2] 아래 두 개의 텍스트에서 두 텍스트 사이의 관계를 이해하는데 도움을 주는 단어들에 밑줄을 칩니다.

> Hi Margaret,
>
> Thank you for sending in your resume for the open position at RS Commerce & Exchange. After going over your resume and other documents, I believe that you are more than qualified for the position of financial department head. We were particularly impressed with the numerous recommendations from both supervisors and clients you submitted with your resume.
>
> Because we are looking to fill this position as soon as possible, I would like to schedule an interview with you next week. This interview would include Jeffrey Saks, our CEO, Rina Todd, our HR manager, and me. I could also give you a brief tour of our company facilities at that time. Because I will be out of town from Monday to Wednesday, I would be available Thursday or Friday morning.
>
> John

Hi John,

Thank you for contacting me about the position at your company. I would very much like to come and see you sometime next week, but I am currently out of town and will not be back until the week after next. I could come in for an interview either Thursday or Friday of that week. I would be free to meet you at any time on either of those days; please let me know what works best for you and I will be there. Thank you, and I look forward to meeting you and your colleague then.

Margaret

* **look to ~** (개선 방안을 찾기 위해) ~을 생각해[고려해] 보다

[해석]

안녕하세요 Magaret

RS Commerce & Exchange의 채용에 귀하의 이력서를 보내 준 것에 감사합니다. 당신의 이력서와 다른 서류들을 검토한 결과, 저는 귀하가 경리부 책임자 직위에 자격이 충분히 있다고 믿습니다. 우리는 특히 귀하의 이력서와 함께 제출한 당신의 상사들과 고객들로부터의 많은 추천서에 감명을 받았습니다.

우리는 가능한 빨리 이 빈 자리를 채우는 것을 생각하고 있기 때문에, 다음 주에 귀하와의 면접 일정을 잡고 싶습니다. 이 면접은 우리의 CEO인 Jeffrey Saks, 인사 책임자 Rina Todd, 그리고 저를 포함합니다. 제가 그 때 당신에게 우리의 회사의 시설들을 간략하게 돌아보도록 안내할 수 있을 것입니다. 제가 월요일에서 수요일까지 이 도시에 없기 때문에, 저는 목요일이나 금요일 오전에 시간이 날 것입니다.

John

안녕하세요 John,

귀 회사의 채용에 관해 제게 연락을 주셔서 감사합니다. 다음 주 중에 귀하를 찾아 뵙고 싶지만, 저는 현재 다른 고장에 와 있는데 다 다음 주까지는 돌아가지 않을 것입니다. 그 주의 목요일이나 금요일에 면접을 보러 갈 수 있을 것입니다. 그 양 일에는 어느 때라도 귀하를 만날 시간이 있을 것입니다. 언제가 귀하에게 가장 좋은지 알려주시면 그 때 가겠습니다. 고맙습니다. 그리고 당신과 당신의 동료들을 만나기를 고대합니다.

Margaret

TIP

표는 다른 종류의 텍스트들보다 이해하기 쉬울 때가 많습니다. 표나 차트와 관련된 문제들에 우선 집중하는 것도 좋은 방법입니다.

Reading Comprehension 접근법 2 설명: 문제 유형 결정

- 어떤 문제들을 먼저 풀 것인지를 결정합니다.
- "NOT" 문제들에 주의합니다. 이런 문제들에는 3개의 "맞는" 답과 1개의 "틀린" 답이 있습니다.

어떤 문제를 먼저 풀 것인가를 결정할 때는, 선택지에 가장 쉽고, 명확한 키워드가 있는 질문을 찾습니다. **유의어가 거의 없는 단어, 숫자, 날짜, 이름, 또는 강한 부정이나 긍정의 형용사나 동사들이 쉽고 명확한 키워드들**입니다.

문제 유형을 결정하기 위해서는, 질문에서 2~3개의 키워드를 고릅니다.

- 보통은 2~3개의 키워드들 중 하나가 문제 유형을 확인할 수 있게 해줍니다.
- 나머지 키워드들은 **문제의 대상이나 주제**가 무엇인지 말해 주는 단어들, (best, most, proud, difficult 같은) **형용사나 부사, 행위 동사들**(is, was, were, to be, do, does, has, have를 제외한 동사들), (will, must 같은) 조동사들입니다.

Example

"When does the renovation begin?"　　▶ **Key Words:** when, renovation, begin

---

[예제3]

- 아래의 문제들 중에서 정답을 맞추기가 쉬운 문제는 어느 것입니까?
- 그 이유는 무엇입니까?
- 질문과 선택지들의 키워드들에 밑줄을 칩니다.

1. How long was last year's marketing conference?
   (A) Less than 24 hours
   (B) 1 day
   (C) 2 days
   (D) Over 3 days

2. According to the memo, why does Williams only moderate one discussion?
   (A) He needs to finish his annual report that evening.
   (B) He needs to go home after lunch that day and take care of his children.
   (C) He is volunteering for a local charity.
   (D) He wanted to give his two afternoon discussion assignments to Gregory.

3. Which of the following is most likely true?

   (A) Phyllis wants to cancel her order.

   (B) Phyllis did not specify when she wanted the delivery.

   (C) Michael forgot to subtract the amount Phyllis repaid.

   (D) Michael didn't add the delivery fee to the invoice.

"NOT"과 "EXCEPT"문제

TOEIC에서는 **"NOT"** 문제가 많지는 않지만, 이런 문제가 출제된다는 것은 언제나 예상하고 있어야 됩니다.

"NOT" 이 **대문자**이면, 보통은 **선택지 3개**는 텍스트에서 볼 수 있는 맞는 내용이지만, 정답은 아닙니다! 텍스트에서 그 내용을 찾을 수 없는 **하나의 선택지가 "NOT"문제의 정답**입니다.

> **Example**
>
> **"What will NOT happen at the meeting?"**

그러나 "not" 이 **소문자**로 들어있는 문제들도 있습니다.

> **Example**
>
> **"What will not happen at the meeting?"**

소문자 "not" 문제의 정답은 보통은 텍스트 내에서 찾을 수 있습니다. 따라서 이런 문제들은 일반적인 상세 사항 문제와 같아서, 3개의 선택지들의 내용은 텍스트 상에서는 찾을 수 없고, 하나의 선택지 내용만 텍스트 상에서 찾을 수 있습니다. 질문에서 키워드들에 가까이 있는 "not" 에 주목합니다.

 **[예제4] 아래 질문들의 차이점은 무엇입니까? 무엇을 하라고 요구하고 있는 것입니까?**

   1. What is Lyle NOT requesting?

   2. Verna is concerned about all the following issues EXCEPT..

   3. What is Albert not asking about?

TIP

> 대문자 "NOT" 문제와는 달리, 소문자 "not" 문제는 보통은 텍스트에서 직접 언급되고 있는 무엇인가에 대하여 질문을 하고 있는 것입니다.

● 텍스트에서 선택지와 질문의 키워드들이 언급되고 있는 곳 모두를 찾습니다.

상세 사항 문제의 일반적인 종류에는 어떤 것들이 있습니까?

상세 사항을 묻는 문제가 가장 풀기 쉬운 문제입니다. **상세 사항 문제란 텍스트 안에 나와 있는 구체적인 정보를 찾으라고 하는 것입니다. 상세 사항 문제는 who, what, which, when, where, how 와 같은 단어로 시작합니다.**

Example

"When does the renovation begin?"

상세 사항 문제에 대한 정답을 찾기 위해서는

① 질문과 선택지들을 스캔하여 키워드들을 찾습니다.

Example

1. When does the renovation begin?
  A. Next week
  B. After financial review
  C. When the CEO returns from vacation
  D. Next year

▶ **Key Words:** when, renovation, begin
▶ **Key Words:** next week
▶ **Key Words:** after, review
▶ **Key Words:** CEO, returns, vacation
▶ **Key Words:** next year

---

② 선택지들에서 찾은 가장 쉽고 가장 명확한 키워드들을 텍스트에서 스캔합니다.
예를 들면, 위의 선택지들의 "next week", "review", "vacation", "next year"를 텍스트 안에서 찾아봅니다. 또, 키워드들의 동의어를 찾습니다. 예를 들면, 위의 문제에서는, "holiday"(vacation), "boss"(CEO)가 텍스트 안에 있는지 봅니다.

③ 선택지에서 키워드들을 찾을 때는, 키워드의 전후를 스킴해서 그 문장의 의미를 좀 더 명확하게 이해합니다. 질문의 키워드가 선택지에도 있는지 봅니다. 만약 있지 않다면 그 선택지가 아마 정답이 아닐 것입니다.

④ 만약 모든 선택지들을 보았는데도 정답 선택지가 없는 것 같다면, 아마 선택지 키워드의 유의어를 놓쳤기 때문일 것입니다. 이때는 오답이 확실한 선택지를 먼저 제외한 다음, 남아있는 선택지들의 정보를 비교하여, 텍스트에서 말하고 있는 의미에 가장 가까운 선택지는 무엇인지 알아냅니다.

⑤ 상세 사항 문제로 보이는 문제가 실제로는 추론 문제일 수 있다는 것을 염두에 둡니다. 어떤 문제가 상세 사항 문제인지 또는 추론 문제인지를 알 수 있게 해 주는 방법은 없습니다. 기억할 것은 만약 정답을 빨리 발견할 수 없다면, 아마도 추론 문제일 것이라는 것이고, 그렇다면 그 문제의 정답을 찾는 것

을 멈추고 다른 문제들을 먼저 풉니다.

추론 문제라는 것을 확인해 줄 수 있는 단어들은 꼭 학습해 놓기 바랍니다. 질문에서 그런 단어를 본다면, 추론 문제일 가능성이 높습니다.

[예제5]

> You are ready to enjoy the warm summer sun in the most beautiful place in the world. You deserve to spend your vacation swimming among turtles and walking along a warm tropical beach without a care in the world. You want to visit Hawaii, but don't feel you can afford the trip?
>
> ### You can!
>
> **HonoluluHighlights.com** is the best place to go to live your tropical dreams. Visit our website and see the amazing deals we have for you! Find the best travel deals and cheap airline tickets to help you plan your next trip to the Hawaiian Isles. Whether you plan on a visit to historic Oahu, hike through Kawai, or surf the waves of Maui, we are here to help. Don't forget to complement our inexpensive airfares by also taking advantage of our great prices on hotel and car rentals! We also offer discounts on special shows and outdoor excursions on every major Hawaiian island.

1. What can you find at this website?
    (A) Information on Hawaiian history
    (B) Discount airline tickets
    (C) A list of the best Hawaiian beaches
    (D) Maps of hiking trails

2. What does this website NOT offer?
    (A) Flights tickets
    (B) Discounts on car rentals
    (C) Cheap prices on hotels
    (D) Cruise ship tickets

* excursion: (보통 단체로 짧게 하는) 여행

[예제 5 정답]

1. B   2. D

[해석]

> 당신은 세상에서 가장 아름다운 곳에서 따듯한 여름의 태양을 즐길 준비가 되어 있습니다. 당신은 거북이들 사이에서 수영을 하면서 세상에 대한 걱정 하나도 없이 따듯한 열대의 해변을 따라 걸으면서 휴가를 보낼 자격이 있습니다. 당신은 하와이를 방문하고 싶은데, 여행할 여유가 있다고 느끼지 못합니까?
>
>

할 수 있습니다!

>
> **HonoluluHighlights.com**은 당신의 열대의 꿈을 실현시키기 위해 가야 할 최고의 장소입니다. 우리의 웹사이트를 방문하여 우리가 당신을 위해 마련한 놀라운 가격들을 보십시오! 귀하가 하와이 군도로의 다음 여행을 계획하는 데 도움을 줄 최고의 여행 가격과 저렴한 항공권을 찾아보세요. 역사적 장소인 Oahu 방문, Kwawai 트레킹, Maui 파도의 서핑, 어떤 것을 계획하더라도, 우리는 도와드립니다. 우리의 비싸지 않은 항공료에 우리의 좋은 가격의 호텔과 자동차 임대를 이용하면 금상첨화라는 것을 잊지 마세요.! 우리는 특별 공연들과 모든 주요 하와이 섬으로의 야외 여행에도 할인을 제공합니다

1. 이 웹사이트에서 당신이 볼 수 있는 것은 무엇입니까?
   - (A) 하와이 역사에 관한 정보
   - (B) 항공권 할인
   - (C) 최고로 좋은 하와이 해변 목록
   - (D) 하이킹 코스 지도

2. 이 웹사이트기 제공하지 않는 것은 무엇입니까?
   - (A) 항공권
   - (B) 자동차 임대 할인
   - (C) 저렴한 호텔 가격
   - (D) 유람선 티켓

TIP

일부 추론 문제들은 상세 사항 문제와 유사하게 보입니다. 만약 상세 사항 문제에서 정답을 찾기가 어렵다면, 그 문제가 사실은 추론 문제이기 때문일 것입니다.

Reading Comprehension 접근법 4 — 설명: Topic Question(주제 문제)을 풀 때는?

- 텍스트의 **처음 1~2 문장** 그리고 **마지막 1~2 문장**의 행위 동사가 무엇인지를 찾는데 집중합니다.
- 만약 **텍스트가 광고**라면, 그 텍스트의 주제는 텍스트의 한 가운데에 있을 수도 있습니다.

무엇이 주제 문제일까요?

주제 문제는 약간 더 어렵습니다. 주제 문제란, 예를 들면, 광고, 공고, 뉴스 보도, 메모 등, **텍스트의 유형과 주제 또는 다루어지고 있는 문제(Subject)**를 찾는 문제입니다.

주제 문제는 보통 "What type…"또는 "What kind…"같이 시작합니다.

Example

"What type of advertisement is this?

주제 문제에 대한 정답을 찾기 위해서는

❶ 질문과 선택지들을 스킴해서 키워드들을 찾아냅니다.

Example

1. What kind of advertisement is this? ▶ **Key Words:** what kind, advertisement
   A. A job posting ▶ **Key Words:** job
   B. A computer class ▶ **Key Words:** class
   C. An ad for an online electronics store ▶ **Key Words:** online, electronics
   D. A technology conference ▶ **Key Words:** conference

---

❷ 텍스트의 제목과 머리말을 살펴봅니다.

❸ 텍스트의 첫 번째, 두 번째 문장을 스캔하면서, 선택지들에서 찾은 가장 명확하고 이해하기 쉬운 키워드들이 들어 있는지 봅니다. 위의 예에서는, "job", "class", "online", "conference" 가 텍스트에서 찾을 키워드들입니다.

❹ 만약 처음 1~2 문장에서 주제가 명확하지 않으면, 텍스트의 마지막까지 스킴하는데, 선택지들의 키워드들에 집중합니다. 특히 텍스트의 마지막에서 1~2번째 문장이 선택지들의 키워드들을 언급합니까? 그렇다면 이 부분을 사용하여 오답 선택지들을 제외합니다.

REMEMBER

만약 텍스트가 광고라면, 보통은 텍스트의 중간까지는 그 주제가 명확하지 않습니다.

You are ready to enjoy the warm summer sun in the most beautiful place in the world. You deserve to spend your vacation swimming among turtles and walking along a warm tropical beach without a care in the world. You want to visit Hawaii, but don't feel you can afford the trip?

You can!

HonoluluHighlights.com is the best place to go to live your tropical dreams. Visit our website and see the amazing deals we have for you! Find the best travel deals and cheap airline tickets to help you plan your next trip to the Hawaiian Isles. Whether you plan on a visit to historic Oahu, hike through Kawai, or surf the waves of Maui, we are here to help. Don't forget to complement our inexpensive airfares by also taking advantage of our great prices on hotel and car rentals! We also offer discounts on special shows and outdoor excursions on every major Hawaiian island.

What is this advertisement trying to sell?
(A) Beautiful tropical beaches
(B) Job at a travel agency
(C) Affordable tickets for flights to Hawaii
(D) Discounted houses for sales on Hawaii

[예제 6 정답]
C

Reading Comprehension 접근법 5 설명: Purpose Question(목적 문제)을 풀 때는?

● 선택지들에서 행위 동사들을 스캔합니다.

무엇이 목적 문제일까요?

목적 문제란 누군가가 말하고, 원하고 또는 무엇을 한 것에 대한 이유나 목적을 묻는 것입니다. **목적 문제는 보통 "Why…"로 시작합니다.**

Example

"Why must people turn off the lights at night?"

목적 문제들은 어려울 수 있습니다. 목적 문제의 질문에 대한 대답이 텍스트 내 어떤 곳에서도 있을 수 있기 때문입니다.

목적 문제의 정답을 찾기 위해는

1 **질문과 선택지들을 스캔해서 키워드들을 찾습니다.**

2 **그리고, 텍스트를 스킴해서, 먼저 질문의 키워드들을 찾습니다.** 위의 예에서는 "turn off", "lights", "night" 를 텍스트에서 찾습니다.

3 텍스트에서, 질문의 키워드들을 찾은 다음에는, 그 질문의 키워드들의 전후를 스킴하여, **선택지들의 키워드들**을 찾습니다. 추가로, 동사들에 집중합니다.

4 **because, for, so, in order to, as** 와 같은 접속사들이 근접해 있는지 봅니다. 이것들은 **특정 행위에 대한 이유들을 강조**해 줍니다. 따라서 만약 이런 접속사들을 발견할 수 없다면, 텍스트에서 언급되지 않는 키워드들을 포함한 선택지들을 오답으로 제외하는데 집중합니다.

5 만약 질문의 키워드들 가까이에서 선택지의 키워드를 찾을 수 없다면, 이 문제에서 시간을 더 소비할 것인지 아닌지를 결정합니다. 때로는 목적이 텍스트 마지막에서야 나오는 경우가 있습니다. 이때에는 텍스트의 나머지 전체를 스킴하면서, 선택지들의 키워드들을 찾는데 집중합니다.

[예제7]

You are ready to enjoy the warm summer sun in the most beautiful place in the world. You deserve to spend your vacation swimming among turtles and walking along a warm tropical beach without a care in the world. You want to visit Hawaii, but don't feel you can afford the trip?

You can!

HonoluluHighlights.com is the best place to go to live your tropical dreams. Visit our website and see the amazing deals we have for you! Find the best travel deals and cheap airline tickets to help you plan your next trip to the Hawaiian Isles. Whether you plan on a visit to historic Oahu, hike through Kawai, or surf the waves of Maui, we are here to help. Don't forget to complement our inexpensive airfares by also taking advantage of our great prices on hotel and car rentals! We also offer discounts on special shows and outdoor excursions on every major Hawaiian island.

Why does this ad recommend visiting the website?

(A) To learn why Hawaii is famous

(B) To learn more about the website's offers

(C) To discover where you can swim with turtles

(D) To learn how to set up a travel discount website

[예제 7 정답]

B

REMEMBER

키워드들의 유의어를 찾는 것을 잊지 않습니다! TOEIC은 자주 키워드들의 유의어를 사용해서 정답을 숨겨놓습니다. 만약 정답을 찾을 수 없다면, 유의어를 찾지 못했기 때문일 수도 있습니다.

Reading Comprehension 접근법 6 │ 설명: Inference Question(추론 문제)을 풀 때는?

- 텍스트 내에서 선택지와 질문의 키워드들이 언급되고 있는 위치 전부를 찾습니다.
- 선택지에서 틀린 것은 무엇인지 살펴봅니다. 어느 한 선택지가 정답일 것이라고 증명하려는 시도를 하면서 시간을 소비하지는 않습니다.

어떤 단어들이 추론 문제임을 알 수 있게 해줍니까?

추론 문제들은 텍스트의 정보를 바탕으로 **결론을 내도록 요구**하는 문제들입니다. **추론 문제를 구별하게 해주는 단어들은 다음과 같습니다.**

infer	might	probably	most likely	would imply	may
probable	could				

추론 문제라 하더라도 위의 단어들을 가지고 있지 않는 경우가 많은데, 그러면 문제가 실제로는 상세 사항 문제처럼 보입니다. 이때에는 정답을 찾기 시작하기 전까지는 이 문제가 추론 문제라는 것을 알지 못합니다.

Example

"Who would most likely be interested in this news release?"

위의 질문은 분명히 추론 문제입니다. 하지만, 다음 질문은 어떨까요?

Example

"When does the renovation begin?"

위의 질문은 상세 사항 문제의 질문처럼 보입니다만, 또한 추론 문제일 수도 있습니다. 정답을 찾기 시작한 후에야 추론 문제라는 것을 발견할 수 있습니다.

TIP

추론 문제에서 가장 중요하게 기억할 것은 어느 선택지가 정답이다라는 것을 증명하려고 하기 보다는 어떤 선택지가 틀린 것인가를 찾는 것이 쉽다는 것입니다. 추론 문제의 정답 선택지는 보통은 유의어를 사용하여 정답을 숨기고 있기 때문입니다.

추론 문제에서 정답을 찾기 위해서는

1 **질문과 선택지들을 스킴하여 키워드들을 찾습니다.**

Example

1. Who would be interested in this news release?   ▶ **Key Words:** who, interested, news
    A. Security guards   ▶ **Key Words:** guards
    B. People going to dinner   ▶ **Key Words:** people, dinner
    C. Shoppers at Weston Mall   ▶ **Key Words:** shoppers
    D. The CEO of Weston Mall   ▶ **Key Words:** CEO

---

2 **다음으로, 텍스트를 스킴하여 선택지들에서 찾은 가장 쉽고 가장 명확한 키워드들을 찾습니다.** 예를 들면, 위의 선택지들의 키워드인 "guards", "dinner", "CEO" 같은 단어를 텍스트에서 찾습니다. 또한 이런 단어들의 유의어들도 찾는데, 예를 들면, 위의 예에서는, "patrol" ("guards"), "boss" ("CEO") 같은 단어를 찾는 것입니다.

3 **텍스트에서 어떤 선택지의 키워드들을 찾았다면, 그 키워드들 전후를 스킴하여, 다시 질문의 키워드를 찾습니다.** 만약 질문의 키워드가 가까이 있지 않다면, 그 선택지는 아마도 정답이 아닐 것입니다.

다른 유형의 문제들과 마찬가지로, 만약 모든 선택지들이 정답이 아닌 것 같다면, 아마 선택지 한 키워드의 유의어를 놓쳤을 것이기 때문입니다. 그렇다면 확실하게 오답인 선택지들을 먼저 제외한 후에, 남아있는 선택지들의 정보를 비교하여 텍스트에서 말하고 있는 의미와 가장 근접한 선택지는 무엇인지 알아냅니다.

추론 문제는 가장 풀기 어려운 문제입니다. 또한, **정답의 단서들이 텍스트 여기 저기에 흩어져 있습니다.** 질문의 키워드들을 찾아낸 후에, 계속해서 텍스트의 마지막까지 스캔합니다. 이렇게 하지 않으면, 추론 문제를 푸는데 도움을 주는 모든 단서들을 찾아낼 수 없을 것입니다.

[예제8]

You are ready to enjoy the warm summer sun in the most beautiful place in the world. You deserve to spend your vacation swimming among turtles and walking along a warm tropical beach without a care in the world. You want to visit Hawaii, but don't feel you can afford the trip?

You can!

HonoluluHighlights.com is the best place to go to live your tropical dreams. Visit our website and see the amazing deals we have for you! Find the best travel deals and cheap airline tickets to help you plan your next trip to the Hawaiian Isles. Whether you plan on a visit to historic Oahu, hike through Kawai, or surf the waves of Maui, we are here to help. Don't forget to complement our inexpensive airfares by also taking advantage of our great prices on hotel and car rentals! We also offer discounts on special shows and outdoor excursions on every major Hawaiian island.

Who is probably not interested in this advertisement?
(A) Someone who wants to go on a vacation
(B) Someone not living in Hawaii
(C) Someone who enjoys the outdoors
(D) Someone who does not like to fly

[예제 8 정답]
D

2 Reading Comprehension 트릭들

● Reading Comprehension 트릭의 종류

> **Extreme Inference**(극단적 추론)
> **Incorrect Paraphrase**(틀린 부연 설명)
> **Similar Type of Detail**(유사 상세 사항/정보 형태)
> **Topic-Related / Wrong Topic**(주제 관련/틀린 주제)
> **Wrong Detail**(틀린 상세 사항)
> **Word Repetition**(단어 반복)

Sample Text(트릭들을 설명하기 위한 예제 텍스트입니다):

To: All sales staff
From: Randal Smith, Head of Sales & Marketing
Re: Future sales meeting
Date: June 2nd

Because last month's sales meeting ran over its scheduled time by over an hour, we will be instituting new procedures regarding agenda. These changes will help us keep our meetings to their normal 2 hours. Please read the new procedure below.

1. Sales staff must write any topics they wish to discuss at the sales meeting on the agenda sheet posted in the main office before the day of the meeting. Only 3 topics can be added to the agenda sheet by any sales staff person. Two additional topic slots will be reserved for myself.

2. Only topics already on the agenda can be discussed at monthly sales meetings.

These changes will take effect for our June meeting. If you have any questions regarding these changes, don't hesitate to contact me, but know that these changes will occur. Thank you for your cooperation.

* institute: 도입하다

수신: 전 영업 직원
발신: Randal Smith, 영업 & 마케팅 책임자
제목: 앞으로의 영업 회의
일자: 6월 2일

지난달의 영업 회의가 예정된 시간을 1시간 넘겼기 때문에, 우리는 안건에 관해 새로운 절차를 도입할 것입니다. 이 변화들은 우리의 회의 시간을 정상적인 2시간 이내로 유지하는 데 도움을 줄 것입니다. 아래의 새로운 절차를 읽기 바랍니다.

　　1. 영업 직원들은 영업 회의에서 토론하고 싶은 주제를 회의 전날 본사에 부착된 안건 용지에 적어야만 됩니다. 3개의 주제만을 영업 직원이 추가할 수 있습니다. 2개의 추가 주제 빈 칸은 나에게 예약된 것입니다.

　　2. 안건에 있는 주제들만이 월례 영업 회의에서 토의될 것입니다.

이런 변화들은 우리의 6월 회의부터 발효합니다. 만약 이런 변화들에 대해 질문이 있다면, 주저 없이 제게 연락하세요, 하지만 이런 변경들은 일어날 것입니다. 협조에 감사합니다.

① Wrong Paraphrase(틀린 부연 설명): 이런 트릭의 오답 선택지들은 텍스트에 있는 단어들이나 아이디어들을 사용은 하지만 조금 변경해서, 틀리게 만듭니다.

Example

Q: How can someone add a topic to June's meeting agenda?
R: Add to agenda email　　　　　▶ WRONG: add to agenda sheet in main office

② Similar Type of Detail(유사 상세 사항/정보 형태): 날짜, 시간 또는 장소들과 같은 정보가 나올 때는, 유사한 정보 형태가 아닌지 주의합니다. 보통은 유사한 형태의 정보 3개가 나옵니다.

Example

Q: How many topics can be added by any sales staff person?
R: 2　　　　　▶ WRONG: Mr. Smith can add 2 topics

③ Topic Related/Wrong Topic(주제 관련/틀린 주제): 이런 트릭의 오답 선택지는 텍스트의 주제와 관련된 단어들을 사용하지만, 텍스트에서는 나와 있지 않은 정보를 줍니다. 수험생들은 텍스트에 있는 정보가 아닌 수험생 자신의 지식/경험에 바탕을 두고 문제를 풀기 때문에 이런 함정에 빠지기 쉽습니다.

"NOT" 문제들은 정답을 감추기 위하여 이 트릭을 잘 사용합니다.

4 **Word Repetition(단어 반복):** TOEIC의 다른 파트와 마찬가지로, 파트 7에서도 오답 선택지들은 텍스트에 있는 단어나 구를 반복하지만 정답은 아닙니다.

Example

Q: How long did May's sales meeting lasts?
R: An hour.   ▶ **WRONG:** It lasted an hour longer.

5 **Wrong Detail(틀린 상세 사항):** 이런 트릭의 오답 선택지는 텍스트에 있는 맞는 상세 사항을 사용하여 다른 정보와 관련된 질문에 대답하는 것입니다. 따라서, 그 질문에서는 정답이 아닙니다.

Example

Q: How can someone add a topic to June's meeting agenda?
R: Contact Mr. Smith.   ▶ **WRONG:** contact Mr. Smith if the staff has questions

6 **Extreme Inference(극단적 추론):** 많은 오답들은 강한 의미의 부사("never", "always", "too"), 조동사("must", "cannot", "need to") 또는 강한 의미의 형용사("happy", "broken", "tall")를 사용하는데, 이런 종류의 단어들은 "극단적 단어"라고 생각해야 됩니다. 극단적 단어들은, 그 이외의 나머지 단어들이 다 맞는 단어라 하더라도, 그 선택지를 오답으로 만들어 버립니다.

선택지에서 극단적 단어를 보게 되면, 텍스트에도 그 단어(또는 그 단어의 유의어)가 있는지 찾아봅니다.

Example

Q: Why are the changes taking place?
R: Mr. Smith was angry at the length of the last meeting.
▶ **WRONG:** no information is given about his emotions

[예제9]

- 다음의 지문을 읽고 아래의 문제들에 대해 틀린 답안들을 만듭니다.
- 그 답안들을 옆 사람과 비교합니다.

● 각각의 답안들의 대해 옆 사람이 사용한 트릭은 무엇인지 확인해 봅니다.

Hi Margaret,

Thank you for sending in your resume for the open position at RS Commerce & Exchange. After going over your resume and other documents, I believe that you are more than qualified for the position of financial department head. We were particularly impressed with the numerous recommendations from both supervisors and clients you submitted with your resume.

Because we are looking to fill this position as soon as possible, I would like to schedule an interview with you next week. This interview would include Jeffrey Saks, our CEO, Rina Todd, our HR manager, and me. I could also give you a brief tour of our company facilities at that time. Because I will be out of town from Monday to Wednesday, I would be available Thursday or Friday morning.

John

---

1. What is the purpose of this email?
   (A) _____
   (B) _____
   (C) _____

2. When is John available to meet Margaret?
   (A) _____
   (B) _____
   (C) _____

3. According to the email, why did John think Margaret's resume was exceptional?
   (A) _____
   (B) _____
   (C) _____

TIP

만약 두 개의 선택지 중에서 정답을 고르기가 어렵다면… "두 선택지들 사이의 의미를 다르게 만드는 것을 무엇인가?" 라고 자문해 봅니다.

3 Reading Comprehension 추가 전략

- 정답을 찾는 것이 어렵다면, 가능한 많은 선택지들을 오답으로 제외한 다음에, 남은 선택지 중 하나를 정답으로 선택합니다.

- 정답처럼 보이는 선택지는 2개가 있는 것이 보통입니다. 이런 경우에는, 텍스트에서 찾기 쉬울 것 같은 극단적 단어를 가지고 있는 선택지가 있는지 보고, 또 두 선택지 간의 차이는 만드는 것은 무엇인지 확인합니다.

- 텍스트의 길이가 짧다고 해서 이해하기가 더 쉬운 것은 아닙니다. Double Text(복수 지문)로 되어 있는 질문들이 오히려 더 쉬운 편입니다. 따라서 Double Text의 문제들을 먼저 풀고, Single Text(단일 지문) 문제들은 나중에 푸는 것도 고려합니다.

- 표나 차트가 텍스트보다 더 쉬운 경우가 많습니다. 표나 차트가 있는 텍스트의 문제를 푸는 것에 우선 먼저 집중합니다.

- 만약 시간이 부족하다면, 남아 있는 텍스트들을 빨리 살펴보고, 보다 명확한 질문, 선택지, 텍스트 구조를 갖고 있는 문제들을 우선 먼저 해결합니다.

4 Reading Comprehension
텍스트의 유형

TOEIC 파트 7 (그리고 파트 6)에서는, 아래와 같은 여러 유형의 텍스트(지문)들을 보게 될 것이고, 이런 유형의 텍스트들에서 머리말과 제목들을 빠르고 쉽게 찾아낼 수 있어야만 합니다. 텍스트의 주제와 목적이 텍스트의 어느 부분에 있을 것인지 또한 잘 알고 있어야 합니다. 다음은 TOEIC에서 볼 수 있는 여러 유형의 텍스트들에 대한 설명입니다. 각 텍스트들에 대한 설명과 텍스트 안 상자 속의 정보를 잘 학습해 놓아야 됩니다.

텍스트의 유형

Advertisement(광고)	Email(이-메일)	Fax(팩스)	Invoice(송장)
Job Advertisement(구인 광고)	Letter(편지)	Memo(메모)	
News Report(뉴스 보도)	Notice(공지)	Phone Message(전화 메시지)	
Purchase Order(구매 주문서)	Schedule(일정)	Table(표)	

Advertisement(광고)

광고는 다른 유형의 텍스트, 즉 편지, 공지 사항처럼 보이는 경우가 종종 있지만, 광고 특유의 정보를 포함하고 있습니다.

Are you paying too much calling overseas?

> **Teaser:** 광고의 제목을 종종 "teaser" 라고 부르기도 하는데, 무엇인가를 판매하는 것을 암시는 하지만, **직접적으로 말하고 있지는 않음.**

Do you feel that with the money you spent calling a friend or loved one in another country you could have flown to see them?

> 광고의 처음 1~2 문장은 광고의 Main Idea나 목적에 대한 정보를 주지는 않고, 암시만 함.

Don't let that happen to you!

Save 50% on your next international phone call when you switch to CONNEXUS, the leading international telecommunication company in over 30 countries. Simply call 1-800-CONNEXUS, and tell us which country you call the most - and lock in a 50% discount for all calls to that country for the next year! We will even help you in switching from you current international call carrier to us by contacting your current carrier and doing all the work for you! It's never been more easy or rewarding to join CONNEXUS!

> **Call to Action:** 이곳이 이 광고의 Main Idea로, 읽는 사람에게 어떤 행동을 해야만 하는지 말하고 있음.

We understand that with family and friends all over the world, you need an inexpensive and reliable service to help you keep in touch with those you love--CONNEXUS, with over 10 years' experience and one of the most advanced networks on the planet, is there for you.

Why Us?: 광고의 이 부분이 읽는 사람에게 왜 이 상품이나 회사를 이용해야만 하는지를 설명.

Email

이메일에는 여러 가지 다양한 형태와 스타일이 있지만, 구조는 보통 아래와 같습니다.

From: polly.w@organics.ne.com
To: tim.r@organics.ne.com
CC: zack.t@ organics.ne.com
BCC: mary.n@ organics.ne.com
Re: Holiday Hours
Date: 12/1/13
Attachments: 13holidaywksch.doc

Email 발송인
Email 주 수신인
"CC": Email 참조인(Carbon copy). Email의 복사본을 받고 있으며, 수신인도 이를 알고 있음.
"BCC": Email 비밀 참조인(Blind carbon copy). Email의 복사본을 받고 있지만, 수신인은 이를 모름.
"Re": "Regarding", "Related", 또는 "About" 의 의미. Email의 주제 또는 제목임.
"Re" 는 "replying to" 의 의미가 아님. 혼동하지 않도록 주의할 것.

Hi Tim,

I just wanted to get back to you regarding your work schedule during the upcoming Christmas break. As we discussed, we will have reduced hours during the last two weeks of December, and will need someone to be in every weekday morning (save for Christmas Day, of course) to open the display store and help us get ready for the day. I talked with Zack about how to accommodate your request to have as much time off as possible, and to possibly let you take a day off on Christmas Eve. Zack said he could help open up on Christmas Eve; however, because you've used up your Personal Days for this year, you will need to take a "Sick Day" for Christmas Eve - Mary in Human Resources can help you with that, if you need to know how to record that information on your timesheet to make sure you get paid the correct amount.

Email 작성의 목적 또는 주제는 거의 언제나 Email 본문의 1~2번째 문장에 있음.

Let's meet next week and go over the schedule for those weeks - I'll ask Zack to be at the meeting, too. Let me know if you have any questions.

Email 본문의 마지막 문장은 다음에는 무슨 일이 있을 것인지 또는 발송인이 다음에는 무슨 일이 있었으면 좋겠다고 바라는 내용이 자주 나옴.

Polly

팩스에는 다양한 형태와 스타일이 있기 때문에, 이 페이지에서 보는 팩스의 구조는 TOEIC 시험 당일에 볼 수 있는 것과 같지 않을 수 있고, 여기 있는 정보가 모든 팩스에 다 포함되지 않을 수 있고, 순서도 다를 수 있지만, 동일한 형태의 정보 대부분은 포함되어 나올 것입니다.

가끔은 팩스가 편지처럼 보일 때도 있지만, 팩스에서는 주소 대신에 팩스 번호가 나옵니다.

Date: 1/2/2013   ← Fax 송신 일자
To: Reservation Agent, Linton Hotel   Fax 수신인
Fax: 904-234-2123   Fax 수신인의 Fax 번호

From: Raylene Urich   Fax 발송인
Fax: 341 -987-0987   Fax 발송인의 Fax 번호
Subject: Reservation Confirmation   Fax의 주제 또는 제목
Pages: 1   Fax 페이지 번호. 이 번호는 추론 문제에 도움이 될 수 있음

I am just writing to confirm my room reservation, which I made over the phone earlier this week. To restate my reservation, I will be arriving on May 12th and leaving the morning of May 18th. I also asked for a non-smoking room with a Queen-sized bed, kitchenette, and ocean-view; from your website, it looks like this describes most of your rooms, so I hope these requests can be met. As I told the reservation agent I talked with, I will arrive very early that morning (at 7:00 a.m.) and would like to leave my bags with you during the morning hours until check-in (which, if I remember, is 4:00 p.m.). In addition, because my flight leaves so late on May 18th, I would like to leave my bags at the front desk until 8:00 p.m. that day - is that okay?

Fax 발송의 목적은 언제나 Fax 본문 1~2 번째 문장에 나옴.

Please send me a fax or email reconfirming my reservation and room requests. I look forward to your reply.

Fax 본문의 마지막 문장은 다음에는 무슨 일이 있을 것인지 또는 발송인이 다음에는 무슨 일이 있었으면 좋겠다라고 바라는 내용이 자주 나옴

Sincerely,

Raylene Urich   ← Fax 발송인. (위의 From 줄의 인물과 동일 인물)

Invoice(송장)

Invoice(송장)란 재화나 서비스에 대한 대금 지불을 요구하는 양식입니다. 이는 회사가 대금을 지불해야 하는 사람에게 보내는 것이고, 그 사람이 구입한 품목들의 목록을 포함합니다.
Invoice는 Purchase order(주문지시서)의 머리말에 있는 단어들을 같이 사용하기 때문에, Purchase Order의 머리말도 학습을 해야 합니다.

Invoice 발송 회사 또는 조직의 명칭

Regency Sound & Lighting Rentals
4526 SE Stark
Portland, OR 98344

Order Date: 8/10/13
Invoice #: 1047
P.O.#: N/A

이 송장을 참조할 때 사용할 번호들. "P.O." 는 Purchase Order의 약자

Bill To:
Sacred Hills Wedding Chapel
ATTN: Bill Iglesias

Invoice에 대해 지불해야 하는 사람의 이름

Deliver To:
12344 SE Wanda Drive
Portland, OR 98354
513-1 23-4567

물품이 배달될 주소. 물품 대금을 지불할 사람의 주소일 때가 많음

Delivery Date: 8/17/13
Due Date: 8/30/13

하기의 물품이 고객에게 배달될 일자
지불 만기 일자

품목별 구입 수량

Description	Qty	Unit Cost	Amount
Boom Microphone (incl. cables & stands)	4	$35.00	$140.00
Speakers (incl. cables)	4	$45.00	$180.00
Sound Mixer with Amp	1	$150.00	$150.00
CD & MP3 Player (incl. cables)	1	$20.00	$20.00
		Subtotal	$490.00
		Sales Tax (4.5%)	$22.05
		Total	$512.05
		Payments/Credits	$250.00
		Balance Due	$262.05

Unit Cost: 단가
Amount: 송장 1개 품목 총액
Subtotal: 상기 품목 전체 합계 금액
Sales Tax: Subtotal에 추가된 판매세
Payments/Credits: 송장 작성전 고객이 선지급한 금액
Balance Due: 고객이 추가로 지불해야 할 차액

이 유형의 텍스트는 어떤 회사에 일자리가 있다는 것을 광고하는 것입니다. 구인 광고는 때로는 "Classified Ad", "Want Ad", "Job Ad", "Seeking Applicants", "Open Position" 라는 제목으로 나오기도 합니다. 이 유형의 텍스트는 보통 아래의 정보를 포함하고 있습니다.

Position Offered `직책`

Data and Electronic Service Librarian

Libraries and information Services, Yorktown College Library ← `채용을 원하는 회사 또는 조직의 명칭`

RESPONSIBILITIES ← `업무 내용 및 책임에 관한 간단한 설명`

This position will work under the direction of the Director of the Social Science Libraries and Information Services (SSLIS). This position's responsibilities are:

- Develop, maintain and provide service for the library's Data Archive.
- Collaborate with the Social Science department on building college information databases.
- Develop and provide coordinated services to meet the full range of data needs at Yorktown in the Social Science department.
- Work with other Yorktown College staff and faculty to plan and implement a means of developing, maintaining and providing access to the Data Archive.

QUALIFICATIONS ← `직무 수행에 필요한 필수 자격 요건`

Required:

1. Masters of Library Science or related field.
2. Minimum of two years of relevant professional experience.
3. Knowledge of various kinds of academic and/or government documents.
4. Experience using library catalog software and internet-based information systems.
5. Systematic approach to work, attention to detail, and ability to manage a broad variety of tasks and shifting priorities.
6. Demonstrated ability to work effectively with others.

Preferred: ← `직무 수행에 우선 선호되는 자격 요건`

1. Experience in collection development, reference, and instruction in an academic or research library.

If you wish to apply for this position, please mail your resume along with a cover letter to Hermione Ploggins, Yorktown College Human Resources Dept., Campus Box 157, Yorktown, IL 84023, by April 1, 2013.

← `응모 방법`

Letter(편지)

편지는 TOEIC에서 가장 많이 출제되는 텍스트 유형입니다. 편지는 여러 가지 목적에 사용되지만, 고객이나 다른 회사들에게 무언가 정보를 전하기 위해, 또는 어떤 사람에게 정보, 도움 또는 서비스를 요청할 때 가장 많이 사용됩니다.

중요 정보의 위치를 잘 알아 놓으면 문제들을 푸는데 많은 도움을 줄 것입니다.

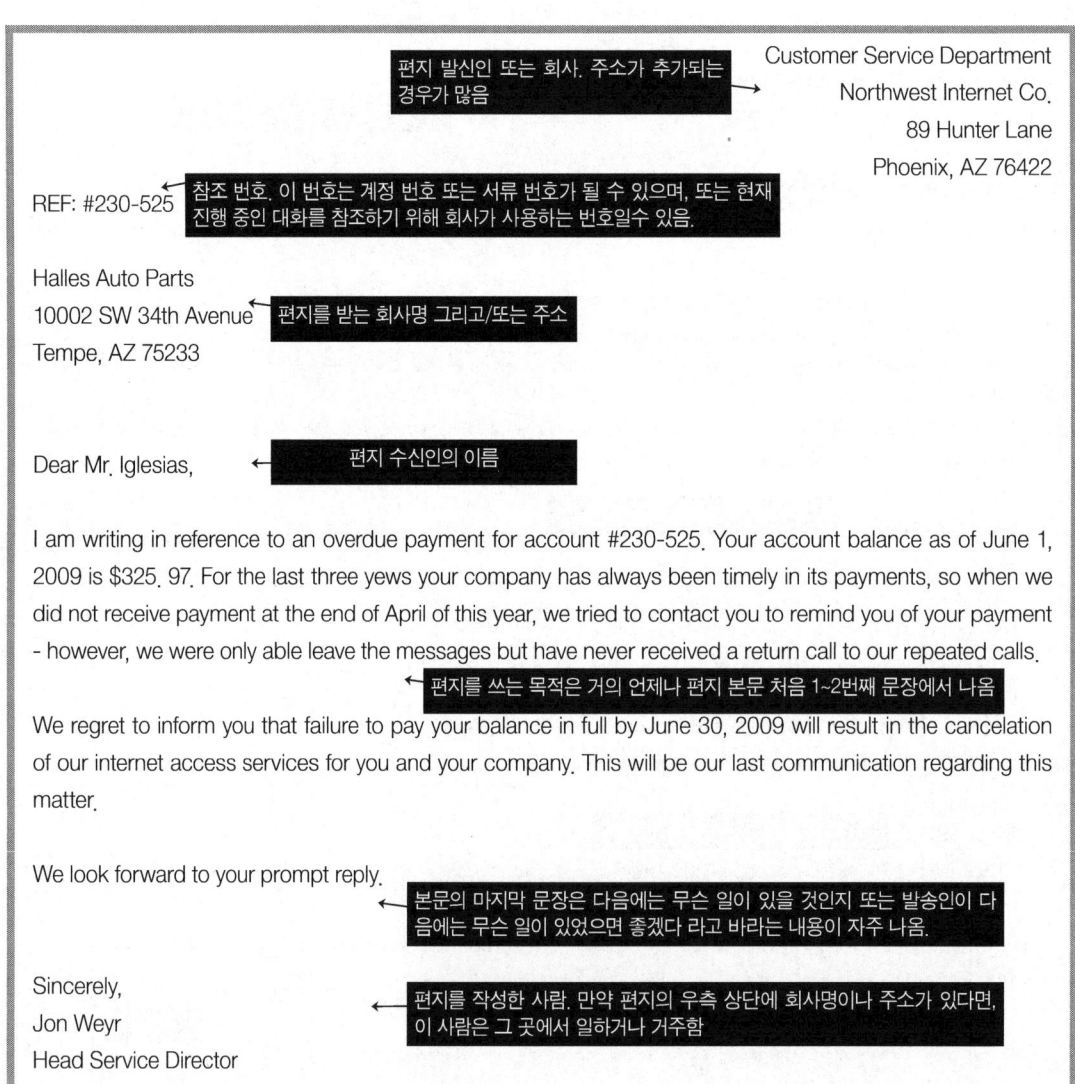

<u>Memo(메모)</u>

메모는 몇몇 광고 또는 일부 공고와 마찬가지로 직원 1명, 또는 어느 부서의 직원, 또는 전체 직원들에게 정보를 제공하기 위해 사용됩니다. 또 메모는 Email과 비슷하게 보이기도 합니다.

직원들에게 정보를 제공하기 위해 사용될 때는, 공고가 메모처럼 보일 때도 있습니다.

To: All sales staff ← 메모 수신인

From: Randal Smith, Head of Sales & Marketing ← 메모 발신인

Re: Future sales meetings

"Re": "Regarding", "Related", 또는 "About" 의 의미. Email의 주제 또는 제목임
"Re" 는 "replying to" 의 의미가 아님. 혼동하지 않도록 주의할 것

Date: June 2nd

Date는 추론 문제 또는 상세 사항 문제에 도움이 됨.

Last week I talked with our boss, and she agreed that something needs to be done about our monthly sales meetings. Because last month's sales meeting ran over its scheduled time by over an hour, Flora suggested we institute new procedures regarding meeting agendas. After consulting with the head of the Human Resources office, I've come up with what I believe are a number of changes to how we currently plan and run meetings. These changes will hopefully help us keep our meetings to their normal 2 hours. Please read the new policies below.

메모의 목적은 언제나 메모 본문 1~2번째 문장에 나옴.

1. Sales staff must write any topics they wish to discuss at the sales meeting on the agenda sheet posted in the main office before the day of the meeting. Only 3 topics can be added to the agenda sheet by any sales staff person. Two additional topic slots will be reserved for myself and Flora.

2. Only topics already on the agenda can be discussed at monthly sales meetings.

3. Discussion of any single agenda item will be limited to 20 minutes. Nancy has volunteered to keep track of the time. If a discussion hits 20 minutes, then it will be added to next month's agenda.

These changes will be in effect for our June meeting. If you have any questions regarding these changes, don't hesitate to contact me, but know that these changes will occur. Thank you for your cooperation.

신문기사는 신문이나 뉴스 웹 사이트용으로 위해 작성된 기사입니다. 가장 중요한 정보("주요 아이디어" 또는 "주요 주제")는 언제나 처음에 나오게 됩니다. 기사의 후반부로 갈수록, 주요 아이디어나 주요 주제에 대해 점점 더 중요하지 않은 정보들이 나오게 됩니다. 그러나, TOEIC은 기사에서 덜 중요한 사항들에 대해서도 질문할 수도 있습니다.

보도자료는 신문기사와 아주 비슷하게 보입니다. 신문과의 차이는 보도자료는 **회사나 조직의 발표문이 뉴스 기자에게 제공되어** 그 내용을 대중들에게 알리기 위한 것입니다.
일부 보도자료에서는, 정보 제공자와 정보 수신자의 이름이 포함되지 않는 경우가 있습니다.

NEWS RELEASE

City Club of Akron
Akron, Ohio 75243
Yasmine Ulrich, Publicity Director
Fax: (804) 771 -1222

> 기자에게 정보를 송신하는 사람의 이름과 조직

Alice Wrigley, Editor
Akron Sentinel
Fax: (804) 757-4534

> 정보를 수신하는 기자

FOR IMMEDIATE RELEASE

> 정보가 즉시 대중에게 보도되어야 한다고 수신인에게 말하고 있음

Akron, Ohio, September 10, 2013. Herbert Walker, former president and CEO of Medco Digital, Inc., was named "Citizen of the Year" at the annual City Club of Akron Honors Night on September 9. During his two years since leaving Medco Digital, Mr. Walker has been involved in dozens of philanthropic endeavors throughout the region, with a majority of those activities centered in Akron itself.

> 첫 번째 문장이 이 보도 자료에서 가장 중요한 정보를 주고 있음

In accepting the award, Mr. Walker announced the kick-off of a new fundraising drive for the Akron Economic Opportunities Movement (AEON), dedicated to reducing the number of homeless living downtown. To help the drive for donations, Mr. Walker promised that he would match every individual donation of $500 or more, declaring that, "It is up to us, the fortunate members of the Akron community, to help lift up those among us less fortunate."

At the awards ceremony, Mr. Walker, aged 67, stated his never-ending desire to work on behalf of others, mainly due to his desire to help other achieve economic security and prosperity. He explained that, "My hometown has given me so much over the years," and that he has been "blessed with opportunities and aid which have helped [me] achieve many things in business."

A native of Akron, Mr. Walker created Medco Digital in 1974, building it up to be a national leader in the electronic medical equipment industry. He has been a longtime supporter of many local charities and nonprofit organizations, helping out through personal donations, volunteering and fundraising campaigns. The list of his humanitarian activities was so long that according to Philip Regence, Akron City Club President, "It would have taken over 10 minutes to list all the things Herbert has done for our city and the state."

Notice(공지, 공고)

공지는 (안내방송과 마찬가지로) 직원들, 고객들 또는 특정 장소 내(예: 공항, 쇼핑몰, 웹 사이트)의 모든 사람들에게 정보를 전달하기 위해 사용됩니다. 공지를 읽어야 할 사람들을 "Audience(청중)" 라고 합니다.

직원들에게 정보를 전달하기 위한 공지는 메모처럼 보이는 경우가 많습니다.

Notice to Passengers

> 이 Title이 Audience에게 이 공지에 관한 단서를 제공해 줌

Pacific Airways would like to inform passengers of a change in our baggage check-in policy - this policy takes effect March 1, 2013. ← 공지의 목적은 언제나 본문 첫 번째 문장에 나옴.

As of March 1, 2013, for bags weighing more than 40 lbs, a $50 over-weight fee will be added to the normal $20 check-in luggage fee.

This change in check-in policy is to aid Pacific Airways in speeding-up the loading and unloading of baggage onto airplanes. Studies conducted by several independent system analysis companies have found that large, heavy bags slow down the loading and unloading of airplanes, resulting in frequent flight delays. The overweight bag fee is designed to encourage passengers to pack multiple pieces of luggage instead of one large piece - even with more small bags, studies have shown that there is no appreciable delay in loading and unloading airplanes.

> 공지를 하는 이유에 대한 추가 설명이 공지의 중간 또는 마지막에서 자주 나옴.

We hope that this change will result in fewer flight delays, increasing the reliability of Pacific Airways arrival and departure times, so you can be confident in making connections and arriving at your desired destinations when you expect.

> 원하는 결과나 목표는 공지의 마지막에 자주 나옴.

Phone Message(전화 메시지)

전화 메시지 (또는 "메시지")는 당신이 부재중이었거나 다른 일로 바빴을 때에 누군가가 당신에게 이야기하려고 했던 것을 알려주는 데 사용되는 짧은 노트입니다.

WHILE YOU WERE OUT

메시지를 받을 사람

TO Amanda Pratt   **DATE** 2/11/13   메시지를 받은 시간   **TIME** 3:33 PM

메시지를 남긴 사람

FROM Isaac Zimmerman   **OF** United Tax Specialists

전화한 사람이 속한 회사나 조직의 이름

PHONE 1-800-533-2334 ext. 20   **FAX** 1-800-2347

전화한 사람이 이야기한 상세 내용의 정보가 있는 곳

_____ Came to See You	**REMARKS** Isaac called to apologize for not returning your call
__V__ Telephoned	last week and to say that your 2012 tax forms are ready -
_____ Will Call Again	he just needs to know whether to send them by courier or if
__V__ Please Phone	you will pick them up yourself. It you give him a call by 4:45 he
	have a courier get them to us by 5:30 today.

전화한 사람이 부재중이었던 사람과 어떻게 연락을 하려고 했는지
그리고 다음에는 어떻게 할 것인지, 어떻게 했으면 좋겠는지를 설명

SIGNED David Kline

전화를 받고 위의 내용을 적은 사람

Purchase Order(발주서, 구매 주문서)

Purchase Order(발주서, 주문서, 또는 P.O)는 상품이나 서비스를 주문할 때 사용되는 양식입니다. Purchase Order는 Invoice와 아주 비슷합니다. Purchase Order의 구조는 각양각색이지만, 어느 양식이든 아래와 같은 필요 정보들은 거의 다 보여주고 있습니다.

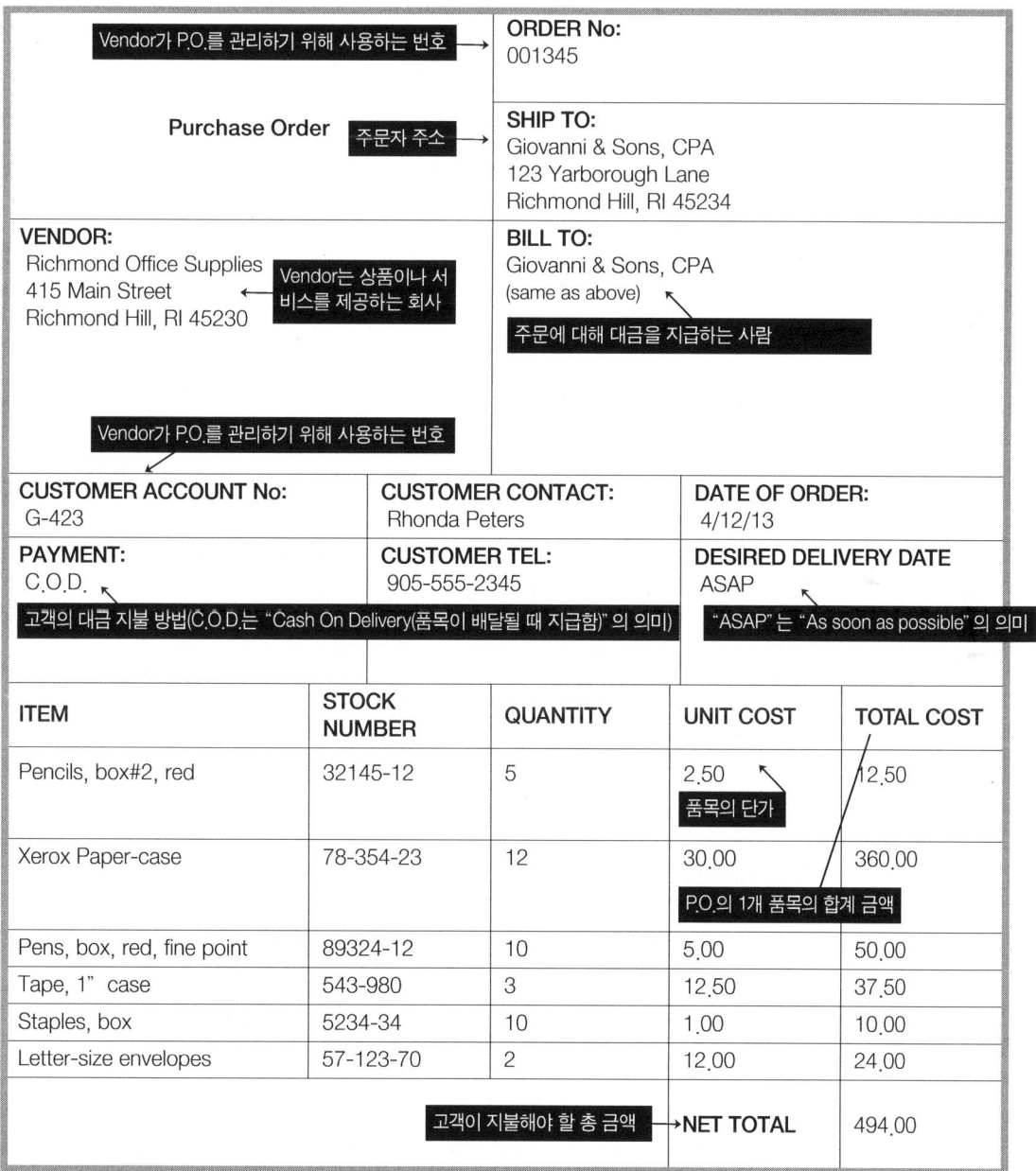

ITEM	STOCK NUMBER	QUANTITY	UNIT COST	TOTAL COST
Pencils, box#2, red	32145-12	5	2.50	12.50
Xerox Paper-case	78-354-23	12	30.00	360.00
Pens, box, red, fine point	89324-12	10	5.00	50.00
Tape, 1" case	543-980	3	12.50	37.50
Staples, box	5234-34	10	1.00	10.00
Letter-size envelopes	57-123-70	2	12.00	24.00
			NET TOTAL	494.00

Schedule(일정표)

스케줄은 행사들을 정렬해 놓은 표로, 보통은 행사가 벌어지는 장소와 시간, 행사의 주제는 무엇인지, 그리고 그 행사의 책임자는 누구인지를 알려줍니다. 일정표는 여러 가지 방법으로 조직화되는데 아래가 가장 많이 사용되는 형식입니다.

스케줄에 자주 나오는 행사는 컨퍼런스나 세미나입니다. 자주 나오는 또 다른 일정들에는 교통편 시간표(버스, 기차, 비행기) 또는 여행 일정표로서 여러 도시로의 왕복 비행기 시간 또는 여러 행사들이 벌어지고 있는 어느 한 도시 내의 여러 장소들을 열거합니다.

종종, 편지나 메모를 포함하고 있는 일정표도 있어서, 그 일정이 무엇을 위한 것인지를 설명하기도 합니다. 만약 일정표에서 제목이 보이지 않는다면, 편지나 메모에서 그 설명을 찾으면 됩니다.

Pacific State Educators Conference Schedule - WEDNESDAY, JULY 15, 2013

이 일정이 어떤 행사 또는 여행인지 알려주는 제목

	Cypress Room	Spruce Room	Willow Room	Birch Room
10:00-12:00 pm	Moderator: Montoya	Moderator: Ross	Moderator: Williams	Moderator: Richards
	Tracking your Teaching: How to Easily Maintain Student Assessments	**The Student Creator:** Hands-on Activities for Student Creation	**Internet Ideas:** Online Educational Resources	**Teacher Teamwork:** Supporting Struggling Faculty
12:00-1:00 pm	Lunch			

행사 장소를 알려주는 제목

	Cypress Room	Douglas Room	Willow Room	Birch Room
1:00-3:00 pm	Moderator: Holton	Moderator: Ross	Moderator: Carey	Moderator: Wright
	They Need You: Integrating Special Needs Students into a Traditional Curriculum	**Manage It!:** Strategies for Effective Classroom Management	**Dramatic Delivery:** Benefits of Learning Through Theater	**Teaching Cooperation:** The Role of Social Activities in Faculty Cohesion

"Moderator" 는 회의나 토론의 진행 책임자

	Cypress Room	Douglas Room	Willow Room	Birch Room
3:15-5:15 pm	Moderator: Carey	Moderator: Montoya	Moderator: Ross	Moderator: Richards
	Digital Dialogue: Using Digital Media to Share Teaching Idea	**The Power of Opposites:** How to use Debate as a Teaching Tool	**The Laboratory Classroom:** Transforming your Classroom into a Scientific lab	**Storytelling:** How narratives can aid in teaching
5:15-6:15 pm	Reception			

일정표에 있는 여러 행사들의 제목과 설명들에 유의해서 볼 것

Table(표)

표에는 많은 스타일들이 있습니다. 그렇지만, 모든 표에는 열(Column)과 행(Row)이 있고, 종종 표의 상단 또는 하단에 설명이나 추가 정보가 있습니다.

추가 정보는 표 안의 정보에 대한 예외 정보를 주는 경우가 많습니다. 따라서 반드시 표 상단과 하단에 무슨 정보가 있는지를 스킴한 후에 문제들을 풀어야 합니다.

Shipping Rates for Walden Books

제목은 이 표에 어떤 정보가 있는 지 말해 줌.

Domestic Standard*	Domestic Expedited#	Two Day	Overnight	International Standard*	International Expedited#
Books	$3.99	$6.99	$11.98	$17.98	$12.49	$35.98
CDs, Cassettes	$2.98	$5.19	$7.98	$11.98	$6.89	$32.98
VHS Videotapes	$2.98	$5.19	$11.98	$17.98	$12.29	$35.98
DVDs	$2.98	$5.19	$7.98	$11.98	$12.29	$32.98

* Standard: Domestic (US &Canada): 9-12 Business Days / International: 13-18 Business days
 # Expedited: Domestic: 3-5 Business Days / International 6-8 Busing days

이 표에서 사용된 code들을 설명하고 있는데, 문제를 푸는데 필요한 정보임

NOTE: All prices above are for packages weighing less than 20 lbs. For packages weighing 20lbs. or more, all shipping rates are doubled.

여기의 추가 정보 역시 문제를 푸는데 필요한 정보임.

5 Reading Comprehension 연습 문제

Exercise 1: 텍스트의 목적 확인

● 각각의 텍스트에 대하여, 반드시 아래 3가지의 연습을 전부 다 한 후에, 다음 텍스트로 넘어갑니다.

문제 153~200에서는, 각 텍스트를 읽고 아래의 정보가 어디에 있는지 그 위치를 찾습니다. 즉, **머리말, 제목,** 텍스트의 **주제**를 말해주는 단어들에 동그라미를 치거나 텍스트의 여백에 적습니다. 후에 자신의 답과 정답을 비교합니다.

> **찾을 정보:** 머리말
>
> 제목
>
> 텍스트 처음에 나오는 목적
>
> 텍스트 마지막에 나오는 목적

추가로 **문제 181~200**에 대해서는, **두 개의 텍스트가 어떻게, 왜 서로 연관 관계가 있는지**도 풀어봅니다. 후에 자신의 답을 정답과 비교합니다.

> **찾을 정보:** 두 텍스트 사이의 관계

Exercise 2: 질문과 선택지의 키워드 찾기

텍스트의 질문들과 선택지들의 키워드들에 아래와 같이 동그라미를 칩니다. 문제를 다 푼 후에 자신이 선택한 키워드들과 정답을 비교해 봅니다.

Example

질문의 키워드들	선택지의 키워드들
Which flight is she taking	(A) The one to San Francisco
	(B) The midnight flight
	(C) The first flight tomorrow morning
	(D) The one to Seattle

Exercise 3: 정답 결정과 트릭 확인

문제의 정답을 결정합니다. 오답 선택지들에서 사용된 트릭을 확인할 수 있다면, 오답 선택지 옆에 어떤 트릭인지 적습니다. 전체 문제를 다 푼 후에 자신의 답과 정답을 비교해 봅니다.

Example

정답	Trick(트릭)
A ✔	
B	틀린 부연 설명(T: "call from / security")
C	틀린 사람(T: Man: "my parking permit")
D	주제 관련(AC: common thing to do at a house)

연습 시작

PART 7

Directions: In this section, you will read a selection of texts, such as magazine and newspaper articles, letters, and advertisements. Each text is followed by several questions. Select the best answer for each question and mark the letter (A), (B), (C), or (D) on your

---

Questions 153 and 155 refer to the following table.

Shipping Rates for Walden Books

Domestic Standard*		Domestic Expedited#	Two Day	Overnight	International Standard*	International Expedited#
Books	$3.99	$6.99	$11.98	$17.98	$12.49	$35.98
CDs, Cassettes	$2.98	$5.19	$7.98	$11.98	$6.89	$32.98
VHS Videotapes	$2.98	$5.19	$11.98	$17.98	$12.29	$35.98
DVDs	$2.98	$5.19	$7.98	$11.98	$12.29	$32.98

* Standard: Domestic (US &Canada): 9-12 Business Days / International: 13-18 Business days

 # Expedited: Domestic: 3-5 Business Days / International 6-8 Busing days

NOTE: All prices above are for packages weighing less than 20 lbs. For packages weighing 20lbs. or more, all shipping rates are doubled.

Two Day & Overnight service is only available for shipments to locations in the U.S. & Canada.

153. Where might you expect to see this table?
   (A) A travel book
   (B) A video store
   (C) A website
   (D) An instructional manual

154. How are shipping times for standard packages estimated?
   (A) By cost
   (B) By destination
   (C) By type of item shipped
   (D) By weight

155. How much would it cost to ship a 30 lbs. package of books to California overnight?
   (A) $11.98
   (B) $17.98
   (C) $35.96
   (D) $35.98

Questions 156 through 158 refer to the following advertisement.

Are you paying too much calling overseas?

Do you feel that with the money you spent calling a friend or loved one in another country you could have flown to see them?

Don't let that happen to you!

Save 50% on your next international phone call when you switch to CONNEXUS, the leading international telecommunication company in over 30 countries. Simply call 1-800-CONNEXUS, and tell us which country you call the most - and lock in a 50% discount for all calls to that country for the next year! We will even help you in switching from you current international call carrier to us by contacting your current carrier and doing all the work for you! It's never been more easy or rewarding to join CONNEXUS!

---

156. What is the purpose of this advertisement?
  (A) To encourage calls overseas
  (B) To encourage people to change their overseas call carrier
  (C) To promote a new international telecommunication company
  (D) To ask how much money people spend calling overseas

157. How many countries does CONNEXUS operate in?
  (A) 5
  (B) 30
  (C) Half of all countries
  (D) Over 30

158. According to the ad, what can you do to switch to CONNEXUS?
  (A) Call your current carrier
  (B) Call CONNEXUS
  (C) Visit the CONNEXUS website
  (D) Pick 30 favorite countries

Questions 159 through 161 refer to the following news release.

NEWS RELEASE

City Club of Akron
Akron, Ohio 75243
Yasmine Ulrich, Publicity Director
Fax: (804) 771 -1222

Alice Wrigley, Editor
Akron Sentinel
Fax: (804) 757-4534

FOR IMMEDIATE RELEASE

Akron, Ohio, September 10, 2013. Herbert Walker, former president and CEO of Medco Digital, Inc., was named "Citizen of the Year" at the annual City Club of Akron Honors Night on September 9. During his two years since leaving Medco Digital, Mr. Walker has been involved in dozens of philanthropic endeavors throughout the region, with a majority of those activities centered in Akron itself.

In accepting the award, Mr. Walker announced the kick-off of a new fundraising drive for the Akron Economic Opportunities Movement (AEON), dedicated to reducing the number of homeless living downtown. To help the drive for donations, Mr. Walker promised that he would match every individual donation of $500 or more, declaring that, "It is up to us, the fortunate members of the Akron community, to help lift up those among us less fortunate."

At the awards ceremony, Mr. Walker, aged 67, stated his never-ending desire to work on behalf of others, mainly due to his desire to help other achieve economic security and prosperity. He explained that, "My hometown has given me so much over the years," and that he has been "blessed with opportunities and aid which have helped [me] achieve many things in business."

A native of Akron, Mr. Walker created Medco Digital in 1974, building it up to be a national leader in the electronic medical equipment industry. He has been a longtime supporter of many local charities and nonprofit organizations, helping out through personal donations, volunteering and fundraising campaigns. The list of his humanitarian activities was so long that according to Philip Regence, Akron City Club President, "It would have taken over 10 minutes to list all the things Herbert has done for our city and the state."

159. What is the main purpose of this letter?
    (A) To explain why Mr. Walker is a philanthropist
    (B) To raise money for AEON
    (C) To announce an award given to Mr. Walker
    (D) To ask for support from local charities

160. Who will probably be helped by the new AEON fundraising campaign?
    (A) Anyone donating $500 to AEON
    (B) A member of the Akron City Club
    (C) Someone needing support with a mortgage
    (D) Someone who lives on the street

161. What kind of company is Medco Digital?
    (A) An electronic device company
    (B) A fundraising organization
    (C) A marketing company
    (D) A hospital

Notice to Passengers

Pacific Airways would like to inform passengers of a change in our baggage check-in policy - this policy takes effect March 1, 2013.

As of March 1, 2013, for bags weighing more than 40 lbs, a $50 over-weight fee will be added to the normal $20 check-in luggage fee.

This change in check-in policy is to aid Pacific Airways in speeding up the loading and unloading of baggage onto airplanes. Studies conducted by several independent system analysis companies have found that large, heavy bags slow down the loading and unloading of airplanes, resulting in frequent flight delays. The overweight bag fee is designed to encourage passengers to pack multiple pieces of luggage instead of one large piece - even with more small bags, studies have shown that there is no appreciable delay in loading and unloading airplanes.

We hope that this change will result in fewer flight delays, increasing the reliability of Pacific Airways arrival and departure times, so you can be confident in making connections and arriving at your desired destinations when you expect.

162. What is the main topic of this notice?
   (A) A change in baggage rates
   (B) A change of arrival and departure times
   (C) A change in a flight connection
   (D) A report on flight delays

163. What did the cited study demonstrate?
   (A) Pacific Airways is slower than other companies at unloading bags
   (B) Pacific Airways is faster than other companies at unloading bags
   (C) Small bags delay flights
   (D) Large bags delay flights

164. What is the purpose of the luggage fee increase?
   (A) To encourage people to use smaller bags
   (B) To encourage people to use larger bags
   (C) To encourage people to fly Pacific Airways
   (D) To slow down the loading and unloading of airplanes

WHILE YOU WERE OUT

TO Amanda Pratt   **DATE** 2/11/13   **TIME** 3:33 PM

FROM Isaac Zimmerman   **OF** United Tax Specialists

PHONE 1-800-533-2334 ext. 20   **FAX** 1-800-2347

_____	Came to See You	**REMARKS** Isaac called to apologize for not returning your call
V	Telephoned	last week and to say that your 2012 tax forms are ready -
_____	Will Call Again	he just needs to know whether to send them by courier or if
V	Please Phone	you will pick them up yourself. If you give him a call by 4:45 he
		have a courier get them to us by 5:30 today.

SIGNED David Kline

---

165. What kind of office does Mr. Zimmerman probably work in?

    (A) A tax accountancy office

    (B) A courier dispatch office

    (C) A telephone company office

    (D) A federal government office

166. Why did Mr. Zimmerman call?

    (A) To tell Ms. Pratt about some completed forms

    (B) To tell Mr. Kline his tax forms are ready

    (C) To apologize for sending some tax forms

    (D) To have a courier deliver his tax forms

167. According to the message, what does Ms. Pratt need to do?

    (A) Wait for Mr. Zimmerman to call

    (B) Call a personal courier to deliver tax forms

    (C) Send Mr. Zimmerman his 2012 tax forms

    (D) Call Mr. Zimmerman

168. Why did Mr. Zimmerman apologize?

    (A) Because he called Ms. Pratt too early

    (B) For not calling Ms. Pratt earlier

    (C) For leaving tax forms with a courier

    (D) Because he does not have Ms. Pratt's tax forms completed

Questions 169 through 172 refer to the following fax.

Date: 1/2/2013
To: Reservation Agent, Linton Hotel
Fax: 904-234-2123

From: Raylene Urich
Fax: 341 -987-0987
Subject: Reservation Confirmation
Pages: 1

I am just writing to confirm my room reservation, which I made over the phone earlier this week. To restate my reservation, I will be arriving on May 12th and leaving the morning of May 18th. I also asked for a non-smoking room with a Queen-sized bed, kitchenette, and ocean-view; from your website, it looks like this describes most of your rooms, so I hope these requests can be met. As I told the reservation agent I talked with, I will arrive very early that morning (at 7:00 a.m.) and would like to leave my bags with you during the morning hours until check-in (which, if I remember, is 4:00 p.m.). In addition, because my flight leaves so late on May 18th, I would like to leave my bags at the front desk until 8:00 p.m. that day - is that okay?

Please send me a fax or email reconfirming my reservation and room requests. I look forward to your reply.

Sincerely,
Raylene Urich

---

169. What is the purpose of this fax?

(A) To confirm a reservation

(B) To make a reservation

(C) To respond to a reservation request

(D) To ask for the location of a hotel

170. What is Raylene NOT requesting?

(A) A room with a small kitchen

(B) A pet-friendly room

(C) A room with a view of the ocean

(D) A non-smoking room

171. At approximately what time will Raylene be arriving at Linton Hotel on May 12th?

(A) 7:00 a.m.

(B) 4:00 p.m.

(C) 7:00 p.m.

(D) 8:00 p.m.

172. How did Raylene first reserve her room?

(A) By fax
(B) By email
(C) By phone
(D) By the hotel's website

Questions 173 through 176 refer to the following memo.

To: All sales staff
From: Randal Smith, Head of Sales & Marketing
Re: Future sales meetings
Date: June 2nd

Last week I talked with our boss, and she agreed that something needs to be done about our monthly sales meetings. Because last month's sales meeting ran over its scheduled time by over an hour, Flora suggested we institute new procedures regarding meeting agendas. After consulting with the head of the Human Resources office, I've come up with what I believe are a number of changes to how we currently plan and run meetings. These changes will hopefully help us keep our meetings to their normal 2 hours. Please read the new policies below.

1. Sales staff must write any topics they wish to discuss at the sales meeting on the agenda sheet posted in the main office before the day of the meeting. Only 3 topics can be added to the agenda sheet by any sales staff person. Two additional topic slots will be reserved for myself and Flora.

2. Only topics already on the agenda can be discussed at monthly sales meetings.

3. Discussion of any single agenda item will be limited to 20 minutes. Nancy has volunteered to keep track of the time. If a discussion hits 20 minutes, then it will be added to next month's agenda.

These changes will be in effect for our June meeting. If you have any questions regarding these changes, don't hesitate to contact me, but know that these changes will occur. Thank you for your cooperation.

---

173. What is the main purpose of the memo?

(A) To inform staff of a policy change
(B) To set up a sales meeting
(C) To ask for suggestions on changing a policy
(D) To ask for submissions to next month's sales meeting agenda

174. How long did last month's staff meeting most likely last?

(A) 1 hour
(B) Less than 2 hours
(C) 2 hours
(D) Over 3 hours

175. Who is responsible for making sure discussions do not run too long?
(A) Flora
(B) Nancy
(C) Randal
(D) The Human Resources head manager

176. What happens if a discussion runs longer than 20 minutes?
(A) It is continued via office email
(B) Mr. Smith decides if the discussion should continue
(C) It is added to the following meeting's agenda
(D) Mr. Smith sends out a memo

Questions 177 through 180 refer to the following advertisement.

Data and Electronic Service Librarian Assistant
Libraries and information Services, Yorktown College Library

RESPONSIBILITIES
This position will work under the direction of the Director of the Social Science Libraries and Information Services (SSLIS). This position's responsibilities are:
- Develop, maintain and provide service for the library's Data Archive.
- Collaborate with the Social Science department on building college information databases.
- Develop and provide coordinated services to meet the full range of data needs at Yorktown in the Social Science department.
- Work with other Yorktown College staff and faculty to plan and implement a means of developing, maintaining and providing access to the Data Archive.

QUALIFICATIONS
Required:
1. Masters of Library Science or related field.
2. Minimum of two years of relevant professional experience.
3. Knowledge of various kinds of academic and/or government documents.
4. Experience using library catalog software and internet-based information systems.
5. Systematic approach to work, attention to detail, and ability to manage a broad variety of tasks and shifting priorities.
6. Demonstrated ability to work effectively with others.

Preferred:
1. Experience in collection development, reference, and instruction in an academic or research library.

If you wish to apply for this position, please mail your resume along with a cover letter to Hermione Ploggins, Yorktown College Human Resources Dept., Campus Box 157, Yorktown, IL 84023, by April 1, 2013.

---

177. What type of advertisement is this?
(A) A job ad for position in a human resources department
(B) A job ad to fill the position of director of SSLIS
(C) A job ad for a position in a social science department
(D) A job ad for a librarian aide

178. What is a duty of this position?

    (A) Earn a Masters of Library Science

    (B) Work with the computer science department

    (C) Maintain a website

    (D) Help improve library databases

179. What is NOT a necessary skill for this job?

    (A) Two years of professional experience related to library studies

    (B) Attention to details

    (C) Knowledge on how to collect library materials

    (D) Knowledge on how to use a library catalog software

180. How does an applicant submit their resume?

    (A) Mail it to the human resources office

    (B) Attach it to an email

    (C) Send it by fax

    (D) Go to the human resources department

Questions 181 through 185 refer to the following emails.

From: polly.w@organics.ne.com
To: tim.r@organics.ne.com
CC: zack.t@ organics.ne.com
BCC: mary.n@ organics.ne.com
Re: Holiday Hours
Date: 12/1/13
Attachments: 13holidaywksch.doc

Hi Tim,

I just wanted to get back to you regarding your work schedule during the upcoming Christmas break. As we discussed, we will have reduced hours during the last two weeks of December, and will need someone to be in every weekday morning (save for Christmas Day, of course) to open the display store and help us get ready for the day. I talked with Zack about how to accommodate your request to have as much time off as possible, and to possibly let you take a day off on Christmas Eve. Zack said he could help open up on Christmas Eve; however, because you've used up your Personal Days for this year, you will need to take a "Sick Day" for Christmas Eve - Mary in Human Resources can help you with that, if you need to know how to record that information on your timesheet to make sure you get paid the correct amount.

Let's meet next week and go over the schedule for those weeks - I'll ask Zack to be at the meeting, too. Let me know if you have any questions.

Polly

From: tim.r@organics.ne.com
To: polly.w@organics.ne.com
CC: zack.t@ organics.ne.com
Re: Re: Holiday Hours
Date: 12/3/13

Hi Polly,

Thanks for sending me the break schedule. I've had a chance to look it over, and had a few concerns. First, the schedule states I have to be in at 7:00 every morning; however, on Sundays we normally don't open until 9:00, so do I really have to be in 2 hours before we open the doors? It usually takes less than an hour to get the store set up for customers, so can I come in at 8:00 every Sunday instead?

Another issue we need to address is keys - with all of the morning staff (save for myself, of course) on vacation, we need to make sure Zack has a key when he opens the store by himself on Dec. 24th. Can you make a key for him by the meeting you talked about? I'll make sure Zack knows all the procedures for the morning shift by the time Christmas Eve arrives.

Lastly, and most importantly, I saw that according to the schedule I only have two days off between Dec. 15th and Jan. 5th - this was not what I was hoping for in terms of a work schedule. When I originally agreed to do the bulk of the Christmas break openings, I was expecting to have at least three days off, not including Christmas. I would like to see if there is anyone who can do my shift for two more days. I would be happy to come in during my off time and show them how to open the display store.

Tim

181. What is the main purpose for the email sent by Polly?
(A) To tell Tim about the holiday-break work schedule
(B) To ask Mary for help with a timesheet
(C) To ask Tim for his Christmas break schedule
(D) To ask Zack to attend a meeting

182. What time does the display store normally open?
(A) 5:00
(B) 7:00
(C) 8:00
(D) 9:00

183. Tim is concerned about all the following issues EXCEPT
(A) Not having enough days off during the holiday break
(B) Having to take a sick day for one of his days off
(C) A coworker doesn't have the proper key to open the store
(D) Having to come in earlier than normal on Sundays

184. Which of the following is most likely true?
    (A) Tim does not want to work holidays
    (B) Tim does not normally work holidays
    (C) Zack does not normally work holidays
    (D) Zack does not normally open the store

185. Excluding Christmas, how many days is Tim now hoping to have off during the holiday break?
    (A) 2
    (B) 3
    (C) 4
    (D) 5

Questions 186 through 190 refer to the following memo and schedule.

Memo

To: All moderators
From: Tina Pomogrino, Room Coordinator
Re: Room Schedule Change
Date: 7/10/13

Attached to this memo you'll find the revised discussion room assignments for our PSE conference next week. As you can see, we fixed the room assignment issue raised during our teleconference yesterday - now, Carlos Montoya doesn't need to be in two rooms at once!

You will note that because Pete Williams needs to leave at lunch due to a last-minute business meeting; we have given his afternoon discussion to Rachel Ross. Thanks, Rachel, for volunteering to take his spot on such short notice.

Thank you once again for all your hard work and dedication in making our upcoming conference a success!

Pacific State Educators Conference Schedule - WEDNESDAY, JULY 15, 2013				
10:00-12:00 pm	**Cypress Room** Moderator: Montoya **Tracking your Teaching:** How to Easily Maintain Student Assessments	**Spruce Room** Moderator: Ross **The Student Creator:** Hands-on Activities for Student Creation	**Willow Room** Moderator: Williams **Internet Ideas:** Online Educational Resources	**Birch Room** Moderator: Richards **Teacher Teamwork:** Supporting Struggling Faculty
12:00-1:00 pm	Lunch			
1:00-3:00 pm	**Cypress Room** Moderator: Holton **They Need You:** Integrating Special Needs Students into a Traditional Curriculum	**Douglas Room** Moderator: Ross **Manage It!:** Strategies for Effective Classroom Management	**Willow Room** Moderator: Carey **Dramatic Delivery:** Benefits of Learning Through Theater	**Birch Room** Moderator: Wright **Teaching Cooperation:** The Role of Social Activities in Faculty Cohesion
3:15-5:15 pm	**Cypress Room** Moderator: Carey **Digital Dialogue:** Using Digital Media to Share Teaching Idea	**Douglas Room** Moderator: Montoya **The Power of Opposites:** How to use Debate as a Teaching Tool	**Willow Room** Moderator: Ross **The Laboratory Classroom:** Transforming your Classroom into a Scientific Lab	**Birch Room** Moderator: Richards **Storytelling:** How narratives can aid in teaching
5:15-6:15 pm	Reception			

186. What is the main purpose of the memo?

    (A) To ask for suggestions on changing room assignments at a conference

    (B) To set up a teleconference call

    (C) To notify moderators of changes to a conference schedule

    (D) To ask for volunteer to replace a moderator

187. Who moderates the most?

    (A) Montoya

    (B) Richards

    (C) Ross

    (D) Carey

188. What was probably wrong with the previous draft of the conference schedule?

(A) Montoya was assigned to moderate in different rooms at the same time

(B) Pete Williams didn't want to moderate any meetings

(C) Rachel Ross wanted to moderate more meetings

(D) There were not enough moderators for the conference

189. According to the memo, why does Williams only moderate one discussion?

(A) He only wanted to moderate one meeting

(B) He needs to attend a meeting after lunch that day

(C) He is volunteering for another conference

(D) He wanted to give his afternoon discussion assignment to Ross

190. Which pair of meetings would a participant NOT be able to attend?

(A) Both "Student Creator" and "Laboratory Classroom"

(B) Both "Teacher Teamwork" and "Storytelling"

(C) Both Teaching Cooperation" and "Manage it"

(D) Both "They Need You" and "Digital Dialogue"

Questions 191 through 195 refer to the following letter and invoice.

Customer Service Department
Regency Sound & Lightning Rental (RSL Rentals)
4526 SE Stark
Portland, OR 98344

October 2, 2013
REF: #1047
Sacred Hills Wedding Chapel
12344 SE Wanda Drive Portland,
OR 98354

Dear Mr. Iglesias,

I am writing in reference to an overdue payment for invoice #1047. As you can see from the attached copy of the invoice, you still owe over half the total cost for renting our sound equipment on August 17th - in fact, the only payment we have received at this time was the security deposit which you made when you originally ordered our equipment. With previous rentals your company has always been timely in its payments to RSL Rentals, so when we did not receive payment at the end of August, we tried to contact you to remind you of your payment - however, we were only able to leave a message; since then, we have left two other messages but have never received a return call.

We regret to inform you that failure to pay your balance in full by October 15, 2013 will result in us taking you to small claims court where we will use all legal means to get payment. This will be our last communication regarding this matter. Please note that you can pay by either check or credit card.

We look forward to your prompt reply.

Sincerely,
Jon Weyr
Head Service Director

Regency Sound & Lighting Rentals	Order Date: 8/10/13
4526 SE Stark	Invoice #: 1047
Portland, OR 98344	P.O.#: N/A

Bill To:
Sacred Hills Wedding Chapel
ATTN: Bill Iglesias

Deliver To:
12344 SE Wanda Drive
Portland, OR 98354
513-1 23-4567

Delivery Date: 8/17/13
Due Date: 8/30/13

Description	Qty	Unit Cost	Amount
Boom Microphone (incl. cables & stands)	4	$35.00	$140.00
Speakers (incl. cables)	4	$45.00	$180.00
Sound Mixer with Amp	1	$150.00	$150.00
CD & MP3 Player (incl. cables)	1	$20.00	$20.00
		Subtotal	$490.00
		Sales Tax (4.5%)	$22.05
		Total	$512.05
		Payments/Credits	$250.00
		Balance Due	$262.05

91. What is the purpose of the letter?
    (A) To inform Mr. Iglesias of an overdue payment
    (B) To pay an overdue bill
    (C) To ask for more time to pay a bill
    (D) To ask Mr. Iglesias to pay for an upcoming rental

192. What kind of company does Jon Weyr probably work for?
    (A) A church
    (B) An equipment rental company
    (C) A credit card company
    (D) A wedding caterer

193. Before this letter, how many times had the RSL Rentals tried to contact Mr. Iglesias?
    (A) None
    (B) 1
    (C) 2
    (D) 3

194. By when does Mr. Iglesias need to pay RSL Rentals or else be taken to court?
  (A) August 15
  (B) August 17
  (C) August 30
  (D) October 15

195. How much was the security deposit?
  (A) $250
  (B) $262.05
  (C) $490.00
  (D) $512.05

Questions 196 through 200 refer to the following letter and purchase order.

Date: 4/14/2013
To: Ms. Peters, Giovanni & Sons, CPA
Fax: 904-234-2123

From: Greg Barton, Richmond Office Supplies
Fax: 341-987-0987
Re: P.O.: #001345
Pages: 2

Dear Ms. Peters,

Thank you for your recent order to our company. However, we need to change the method of payment you listed on the P.O.; I'm afraid that Richmond Office Supplies does not allow, for orders exceeding $50, the kind of payment you wish to make. Instead, you can pay by credit card, cash or money order. Alternately, checks are also acceptable, provided it is a business check, not a personal check. Please contact me as soon as possible to let us know how you wish to pay.

In addition, you will remember that when we talked on the phone on 4/10/13 I told you about an additional $25 delivery fee which you would need to pay if you wish us to deliver your order to your office. This fee will need to be paid at the time you make payment for the rest of the order.

I also need to inform you that we no longer carry pens in the color you ordered. If you would like to change your order, we have pens in black, blue or green.

Lastly, we would need to discuss what days you are able to receive our delivery. Let me know if you can only accept deliveries during your normal weekday work hours (I understand those to be 8am-5pm, Mon-Fri), or if there will be someone at your office on the weekend - if so, then we could deliver your order on Saturday between 8am-12pm. If you are unable to accept deliveries during the weekend, then the earliest we can get your supplies to you would be Monday.

I look forward to your response to this fax.

Sincerely,
Greg Barton
Customer Service

Purchase Order	ORDER No: 001345
	SHIP TO: Giovanni & Sons, CPA 123 Yarborough Lane Richmond Hill, RI 45234

VENDOR: Richmond Office Supplies 415 Main Street Richmond Hill, RI 45230	**BILL TO:** Giovanni & Sons, CPA (same as above)

CUSTOMER ACCOUNT No: G-423	**CUSTOMER CONTACT:** Rhonda Peters	**DATE OF ORDER:** 4/12/13
PAYMENT: C.O.D.	**CUSTOMER TEL:** 905-555-2345	**DESIRED DELIVERY DATE** ASAP

ITEM	STOCK NUMBER	QUANTITY	UNIT COST	TOTAL COST
Pencils, box#2, red	32145-12	5	2.50	12.50
Xerox Paper-case	78-354-23	12	30.00	360.00
Pens, box, red, fine point	89324-12	10	5.00	50.00
Tape, 1" case	543-980	3	12.50	37.50
Staples, box	5234-34	10	1.00	10.00
Letter-size envelopes	57-123-70	2	12.00	24.00
			NET TOTAL	494.00

196. What is not a purpose of the letter?
    (A) To remind a customer about an additional fee
    (B) To apologize for not filling an order
    (C) To set up a delivery date
    (D) To inform a customer about the methods for paying for an order

197. Which method can Ms. Peters NOT use to pay for her order?
    (A) Credit Card
    (B) Cash on delivery
    (C) Cash
    (D) Business Check

198. How much does it cost for Richmond Office Supplies to deliver an order?
    (A) $25
    (B) $50
    (C) $494
    (D) $519

199. Which of the following is most likely true?
    (A) Mr. Barton does not want to deliver the supplies to Ms. Peters
    (B) Mr. Barton never told Ms. Peters about the delivery fee before his fax
    (C) Ms. Peters forgot to add the delivery fee to the P.O.
    (D) Ms. Peters didn't know about the delivery fee when writing the P.O.

200. What does Richmond Office Supplies no longer keep in stock?
    (A) Red paper
    (B) Red pencils
    (C) Red pens
    (D) Blue pens

정답 및 해석

1. 연습 문제 정답

1. B   2. D   3. C   4. A   5. C
6. B   7. D   8. A   9. C   10. C

2. 연습 문제 Transcript 및 해석

1.
(A) The cups are under the glasses.
(B) The cups are lined on the table.
(C) The meeting is about to begin.
(D) The cups and plates are disorganized.

1.
(A) 컵들은 유리 아래에 있습니다.
(B) 컵들은 테이블 위에 줄을 맞춰 있습니다.
(C) 회의가 막 시작되려고 합니다.
(D) 컵들과 접시들은 정리되어 있지 않습니다.

2.
(A) They are studying for a test.
(B) They are working on a report.
(C) They are sitting at the table.
(D) They are standing next to the table.

2.
(A) 그들은 시험 공부를 하고 있습니다.
(B) 그들은 보고서 작성을 하고 있습니다.
(C) 그들은 테이블에 앉아 있습니다.
(D) 그들은 테이블 옆에 서 있습니다

3.
(A) The two men are meeting the women on the sidewalk.
(B) The buckets are full of water.
(C) The two men are carrying the buckets down the sidewalk.
(D) The two men are carrying packets.

3.
(A) 두 남자는 보도에서 여자들을 만나고 있습니다.
(B) 양동이들은 물로 가득합니다.
(C) 두 남자는 보도를 따라서 양동이들을 운반하고 있습니다.
(D) 두 사람은 꾸러미들(packets)들을 운반하고 있습니다.   * sidewalk: 보도, 인도

4.
(A) The man is enjoying a day skiing.
(B) The man does not know how to ski.
(C) The man is skating.
(D) The man is enjoying what he is seeing.

4.
(A) 남자는 스키를 타면서 하루를 즐기고 있습니다.
(B) 남자는 스키를 탈 줄 모릅니다.
(C) 남자는 스케이트를 타고 있습니다
(D) 남자는 그가 보고 있는 것을 즐기고 있습니다.

5.
(A) The students are talking to a teacher.
(B) The class is almost finished.
(C) The students are listening to the teacher.
(D) The students are standing behind the table.

5.
(A) 학생들은 선생님에게 이야기하고 있습니다.
(B) 수업은 거의 종료하였습니다.
(C) 학생들은 선생님(의 말)을 듣고 있습니다.
(D) 학생들은 테이블 뒤에 서 있습니다.

6.
(A) The people are on the sidewalk.
(B) The people are riding bicycles.
(C) The people are going to work.
(D) The people are enjoying the weekend.

7.
(A) The man is writing a magazine.
(B) The man's flight is late.
(C) The man not wearing glasses.
(D) The man's is reading a magazine.

8.
(A) The office is cluttered.
(B) The office is closed.
(C) The desk is organized.
(D) The file cabinet is empty.

9.
(A) The professor is reaching.
(B) The students are taking a rest.
(C) The professor is giving a lecture.
(D) The students are giving a lecture.

10.
(A) The street is in a desert.
(B) The street is very wide.
(C) The street is deserted.
(D) The streetlamp is burned out.

6.
(A) 사람들은 보도 위에 있습니다.
(B) 사람들은 자전거를 타고 있습니다.
(C) 사람들은 일을 하러 가고 있습니다.
(D) 사람들은 주말을 즐기고 있습니다.

7.
(A) 남자는 잡지를 쓰고 있습니다.
(B) 남자의 비행기가 늦습니다.
(C) 남자는 안경을 쓰고 있지 않습니다.
(D) 남자는 잡지를 읽고 있습니다.

8.
(A) 사무실은 어수선합니다.
(B) 사무실은 잠겨있습니다.
(C) 책상은 정돈되어 있습니다.
(D) 서류 캐비닛은 비어 있습니다.
* cluttered: 어수선한

9.
(A) 교수는 손을 뻗고 있습니다.
(B) 학생들은 휴식을 취하고 있습니다.
(C) 교수는 강의를 하고 있습니다.
(D) 학생들은 강의를 하고 있습니다.

10.
(A) 거리는 사막 안에 있습니다.
(B) 거리는 아주 넓습니다.
(C) 거리에는 사람이 없습니다.
(D) 가로등은 타버렸습니다.
* deserted: 사람이 없는

1. 연습 문제 정답

11. C	12. B	13. B	14. A	15. B
16. C	17. C	18. C	19. C	20. A
21. B	22. C	23. A	24. B	25. B
26. C	27. A	28. A	29. A	30. B
31. A	32. C	33. A	34. C	35. B
36. A	37. C	38. B	39. A	40. C

2. 연습 문제 Transcript 및 해석

11. Where are last year's financial reports?
(A) We went to Hawaii.
(B) On vacation
(C) In Nancy's office

11. 작년의 재무 보고서는 어디에 있습니까?
(A) 우리는 하와이에 갔습니다.
(B) 휴가 중
(C) Nancy의 사무실에

12. Would you be able to help set up for the meeting?
(A) Yes, I can meet you.
(B) How long will it take? I'm pretty busy.
(C) Why do we need a table set up?

12. 회의를 준비하는데 우리를 도와줄 수 있나요?
(A) 예, 당신을 만날 수 있습니다.
(B) 얼마나 오래 걸립니까? 나는 아주 바쁩니다.
(C) 우리는 왜 테이블을 차려야 합니까?

13. What do you think of the new copier?
(A) Yes, I'd love some coffee.
(B) It's not easy to use as the old one.
(C) I didn't read the newspaper this morning.

13. 새 복사기 어떻습니까?
(A) 예, 커피가 좋겠습니다.
(B) 이전 것처럼 사용하기가 쉽지 않습니다.
(C) 나는 오늘 아침 신문을 읽지 않았습니다.

14. Do you want to work late tonight or finish this on the weekend?
(A) Let's take care of it today.
(B) I worked late last night.
(C) I went to work on Saturday.

14. 오늘 늦게까지 일하겠습니까 아니면 주말에 이를 마치겠습니까?
(A) 오늘 그것을 처리합시다.
(B) 어제 밤 늦게 일했습니다.
(C) 나는 토요일에 일하러 갔습니다.

15. How long will the flight be?
(A) I agree. It sure is long!
(B) At least 2 hours.
(C) You can take the next flight.

15. 비행은 얼마나 오래 걸리나요?
(A) 동의합니다. 분명히 깁니다.
(B) 최소 2시간
(C) 당신은 다음 비행 편을 탈 수 있습니다.

16. The presentation went well, don't you think?
(A) Yes, I think it will.
(B) Yes, he was very presentable.
(C) Yes, I'm pretty hopeful we got the contract.

16. 발표는 잘 되었습니다. 그렇게 생각하지 않나요?
(A) 예, 그럴 것이라고 생각합니다.
(B) 예, 그는 아주 단정했습니다.
(C) 예, 우리가 계약을 따낼 것으로 꽤 희망하고 있습니다.

17. Who called while I was out of the office?
(A) I think they open at 8:00 tomorrow.
(B) The R&D department head has the financial report.
(C) Yes, I did.

17. 내가 사무실에 없는 동안 누가 전화했나요?
(A) 그들은 내일 8시에 연다고 나는 생각합니다.
(B) R&D 부서장이 재무보고서를 가지고 있습니다.
(C) 예, 내가 했습니다.

18. Would you be able to open the store tomorrow?
(A) I think they open at 8:00 tomorrow.
(B) I'm not sure when they open.
(C) Sure, but I don't have a key to get in.

18. 내일 가게를 열 수 있겠습니까?
(A) 그들은 내일 8시에 연다고 나는 생각합니다.
(B) 그들이 언제 열지 나는 확실하지 않습니다.
(C) 물론이죠, 하지만 나는 들어갈 열쇠가 없습니다.

19. I don't think I'll get this package to the post office before it closes: I'm just too busy.
(A) Yes, it's always busy at the post office.
(B) The post office closes at 5:00
(C) Do you want me to mail it for you?

19. 나는 우체국이 닫기 전에 이 소포를 가져갈 것이라고 생각하지 않습니다. 나는 너무 바쁩니다.
(A) 예, 우체국은 언제나 바쁩니다.
(B) 우체국은 5:00에 닫습니다.
(C) 내가 당신 대신 부치기를 원합니까?

20. Why did you shut down the computer network?
(A) I need to install the new printer software.
(B) Yes, I did.
(C) I don't know why the computer's not working.

20. 왜 컴퓨터의 네트워크를 끊었습니까?
(A) 새 프린터 소프트웨어를 설치해야 합니다.
(B) 예, 했습니다.
(C) 컴퓨터가 왜 작동하지 않는지 모릅니다.

21. What time will the meeting begin?
(A) On May 5th.
(B) At 8 in the morning.
(C) It began at 9:00.

21. 회의는 몇 시에 시작합니까?
(A) 5월 5일에
(B) 아침 8시에.
(C) 9시에 시작했습니다.

22. Did you finish the revisions to the Phillips account?
(A) I finish lunch at 1:00.
(B) Yes, he wants the revisions done soon.
(C) Here it is; it took all week to get done!

22. Phillips 고객에 대한 수정은 종료하였습니까?
(A) 나는 1:00에 점심을 마칩니다.
(B) 예, 그는 수정을 빨리 마치기를 원합니다.
(C) 여기 있습니다. 이걸 마치는데 일주일 전부 걸렸습니다.
                              * **account**: 계정, 장부, 고객

23. I'd like to pay by credit card.
(A) I'm sorry, but we only take cash.
(B) Yes, you can.
(C) It's a new platinum visa card.

23. 신용카드로 지불하고 싶습니다.
(A) 미안합니다만, 우리는 현금만 받습니다.
(B) 예, 당신은 할 수 있습니다.
(C) 새로운 플래티넘 비자 카드입니다.

                              * **platinum**: 백금

24. Will you be able to make it to the Christmas party?
(A) I couldn't make it - I was too busy.
(B) I'll have to check with my wife to see if we're free.
(C) Yes, of course I can help with the party.

25. What are you going to do after work?
(A) I work every day in the evening.
(B) I have to pick up my wife at the airport.
(C) I went to the grocery store.

26. Who's going to pick Martha up at the hospital?
(A) No, she doesn't need to go to the hospital.
(B) Because I got sick.
(C) I can't, but I think Gretchen can.

27. Where will the annual conference be held?
(A) I heard it was a choice between San Diego and Los Angeles.
(B) We need to discuss many things at the conference.
(C) It'll be held during the last weekend of September.

28. What happened?
(A) I got stuck in traffic.
(B) I'm going to the party.
(C) Because I got a raise.

29. Why are you waiting here at the front desk?
(A) I'm meeting Julie here in a few minutes.
(B) Because I'm waiting here right now.
(C) I'll be waiting there in an hour.

30. When's the Johnson report going to be ready?
(A) I'm ready now.
(B) I'll be done with it by 3:00.
(C) He'll report to you in the conference room.

31. How long did you work for the government?
(A) Eight years.
(B) Yes, I did.
(C) It takes five minutes to walk to the government office.

32. Where did you work before coming here?
(A) The store manager.
(B) I haven't walked here before.
(C) Nowhere. This is my first job.

24. 당신은 성탄절 파티에 올 수 있겠습니까?
(A) 올 수 없었습니다. 나는 너무 바빴습니다.
(B) 우리가 시간이 나는지 나의 부인과 확인해야만 할 것입니다.
(C) 예, 물론 나는 파티를 도와 줄 수 있습니다.

25. 일을 마친 후에는 무엇을 할 것입니까?
(A) 나는 매일 밤에 일합니다.
(B) 나는 공항으로 나의 부인을 데리러 가야만 합니다.
(C) 식료품점에 갔습니다.

26. 누가 병원으로 Martha를 데리러 갈 것입니까?
(A) 아니오, 그녀는 병원에 갈 필요 없습니다.
(B) 내가 아팠기 때문입니다.
(C) 나는 안 되지만, Grechen은 할 수 있다고 생각합니다.

27. 연례 회의는 어디에는 개최됩니까?
(A) San Diego와 Los Angeles 중에서 선택되었다고 들었습니다.
(B) 회의에서 우리는 많은 것들을 토론해야 합니다.
(C) 9월 마지막 주말에 개최될 것입니다.

28. 무슨 일이 있었습니까?
(A) 차가 꽉 막혔습니다.
(B) 나는 파티에 갈 것입니다.
(C) 내가 임금이 올랐기 때문입니다.
　　　　　　　　* stuck in traffic: 교통이 막힌, 정체된

29. 당신은 왜 여기 프런트 데스크에서 기다리고 있습니까?
(A) 나는 몇 분 있다 여기에서 Julie를 만납니다.
(B) 나는 지금 여기에서 기다리고 있기 때문입니다.
(C) 나는 한 시간 후에 거기에서 기다리겠습니다.

30. Johnson 보고서는 언제 준비됩니까?
(A) 나는 지금 준비되었습니다.
(B) 나는 3:00까지 그것을 마치겠습니다.
(C) 그는 회의실에서 당신에게 보고할 것입니다.

31. 당신은 정부에서 얼마나 일했습니까?
(A) 8년.
(B) 예, 그랬습니다.
(C) 관청에 걸어가는데 5분 걸립니다.

32. 여기 오기 전에는 어디에서 일했습니까?
(A) 상점의 관리자
(B) 이전에는 여기를 걸은 적이 없습니다.
(C) 아무 곳도 없습니다. 여기가 첫 직장입니다.

33. Who used the printer last?
(A) Bob did. Why, is it broken again?
(B) It should last another year.
(C) I'm not used to it yet.

34. When is the deadline for the conference registration?
(A) I didn't read the headline.
(B) I hate waiting in line at conference.
(C) Next week on the 15th.

35. Was that package sent off yesterday by courier?
(A) Couriers aren't cheap.
(B) What package?
(C) I don't know where the package was sent.

36. Do you want the pamphlets printed in black and white or color?
(A) I don't care. You can decide.
(B) They were sent out yesterday.
(C) Yes, I think that's good idea.

37. What do you think of the new work schedule?
(A) I didn't know we were scheduled to go to New York.
(B) Sure, let's change the schedule for the job.
(C) It's better than the last one.

38. Customer service department. This is Tracy. How may I help you?
(A) Yes, you can.
(B) I'd like to report a faulty product I just bought.
(C) I can wait, thank you.

39. How are you going to finish typing up your speech before tomorrow?
(A) I'll just have to stay here till it's done.
(B) I'm going to the conference by bus.
(C) Sorry I can't go, but I'm all tied up right now.

40. What's the name of that used book store on Main Street?
(A) I used to go there all the time.
(B) It's on the corner of 10th and Main.
(C) I think it's called Powell's Books.

---

33. 누가 프린터를 마지막에 사용했습니까?
(A) Bob입니다. 왜, 다시 고장 났습니까?
(B) 그것은 1년을 더 견뎌야 합니다.
(C) 나는 아직 그것에 익숙하지 않습니다.

34. 회의 등록 마감일은 언제입니까?
(A) 나는 헤드라인을 읽지 않았습니다.
(B) 나는 회의에서 줄 서 기다리는 것이 싫습니다.
(C) 다음 주 15일

35. 그 소포 어제 택배로 발송되었나요?
(A) 택배는 싸지 않습니다.
(B) 무슨 소포요?
(C) 소포가 어디로 발송되었는지 나는 모릅니다.
　　　　　　　　　　* courier: 운반[배달]원; 택배 회사

36. 당신은 팜플렛을 흑백 아니면 칼라로 인쇄하기를 원합니까?
(A) 나는 상관 안 합니다. 당신이 정할 수 있습니다
(B) 그것들은 어제 발송되었습니다.
(C) 예, 그거 좋은 아이디어라고 생각합니다.

37. 당신은 새로운 작업 일정에 대해 어떻게 생각합니까?
(A) 우리가 New York으로 가는 일정이었다는 것을 나는 몰랐습니다.
(B) 좋습니다. 일을 위해 일정을 변경합시다.
(C) 지난 번 것보다 더 좋습니다.

38. 고객 서비스 부서의 Tracy입니다. 어떻게 도와드릴까요?
(A) 예, 당신은 할 수 있습니다.
(B) 방금 구입한 불량 제품을 신고하고 싶습니다.
(C) 나는 기다릴 수 있습니다. 감사합니다.

39. 당신은 어떻게 내일 전에 당신의 연설문 타이핑을 마칠 건가요?
(A) 다 될 때까지 여기에서 머물러야만 할 것입니다.
(B) 나는 회의에 버스로 갈 것입니다.
(C) 미안합니다. 나는 갈 수 없습니다. 지금 너무 바쁩니다.
　　　　　　　　　*tied up: 얽매어 있다, 너무 바쁘다

40. Main Street에 있는 헌 책방의 이름은 무엇인가요?
(A) 나는 언제나 그곳으로 가곤 했습니다
(B) 그것은 Main 10번가 코너에 있습니다.
(C) Powell's Book이었다고 생각합니다.

1. 연습문제 정답

41. D	42. D	43. B	44. A	45. C
46. B	47. C	48. A	49. D	50. B
51. A	52. C	53. D	54. D	55. A
56. B	57. C	58. A	59. B	60. A
61. B	62. C	63. C	64. D	65. B
66. A	67. D	68. B	69. B	70. B

2. 연습 문제 대화 Transcript 및 문제 해석

Questions 41 through 43 refer to the following conversation.

Man: Can you help me with this financial report? I'm having a hard time formatting it.
Woman: Well, I don't know much about that program you're using, but Robert might be more help. He's great at making documents look their best. He helped me with my report this morning.
Man: Thanks! I'll give him a call right now. My deadline for it is tomorrow's meeting.
Woman: Oh no, that reminds me - I still need to print my report for a meeting in an hour!

문제 41~43은 다음 대화를 참조합니다

남자: 이 재무 보고서를 도와 줄 수 있나요? 서식을 만드는 데 어려움을 겪고 있습니다.
여자: 그게, 당신이 사용하고 있는 프로그램에 대해 많이 알지 못합니다. 그렇지만 Robert는 더 도움이 될지 모릅니다. 그는 서류들이 최고로 보이게 만드는 걸 잘합니다. 그가 오늘 아침 나의 보고서를 도와주었습니다.
남자: 고맙습니다! 바로 그에게 전화를 걸겠습니다. 내일 회의가 이 보고서의 마감 기한입니다.
여자: 오, 이런, 그러고 보니 생각납니다. 나도 아직 나의 회의용 보고서를 한 시간 안에 인쇄해야만 합니다.

41. What is the man formatting?
(A) A news report
(B) A computer program
(C) A professor's paper
(D) A financial report

41. 남자가 서식을 작성하는 것은 무엇입니까?
(A) 뉴스 보도
(B) 컴퓨터 프로그램
(C) 교수의 논문
(D) 재무 보고서

42. What is Robert good at doing?
(A) He is good at taking a rest
(B) He is good at formatting programs
(C) He is great at making a mess
(D) He formats documents well

42. Robert가 잘하는 것은 무엇입니까?
(A) 그는 휴식을 취하는 것을 잘합니다.
(B) 그는 프로그램들을 포맷하는 것을 잘합니다.
(C) 그는 망치는 것을 잘합니다.
(D) 그는 서류들의 서식 작성을 잘 합니다.
* **make a mess:** 뒤범벅을 만들다, 실수를 저지르다

43. When does the man need the document done?
(A) Earlier that day
(B) Tomorrow
(C) This afternoon
(D) In one hour

43. 남자는 언제 서류를 완료해야만 합니까?
(A) 그날 일찍
(B) 내일
(C) 오늘 오후
(D) 한 시간 안에

Questions 44 through 46 refer to the following conversation.

Woman: I don't get this memo we just got from the home office. It says that starting next month we'll need to file all invoices with them before filling any orders.
Man: Didn't you read the e-mail they sent out last week? They told everyone about the new online invoice filing system.
Woman: A new online program? No, I must have missed that message.
Man: It looks pretty simple. We just have to enter all the information via our website. Here, let me show you how to log on to it.

* **home office:** 본사, 본점   * **file:** 제기하다, 제출하다   * **fill the order:** 주문(받은 것)을 납품하다
* **log on:** (단말기 등에 접속하여) 로그 온(인)하다

문제 44~46은 다음 대화를 참조합니다

여자: 본점에서 바로 받은 이 메모를 이해하지 못하겠습니다. 메모에는 다음 달부터는 주문을 납품하기 전에 우리가 모든 송장들을 그들에게 제출해야만 한다고 합니다.
남자: 지난 주에 그들이 보낸 이-메일을 읽지 않았나요? 그들은 전원에게 새로운 온라인 송장 제출 시스템에 관해 말했습니다.
여자: 새 온라인 프로그램입니까? 이런, 내가 그 메시지를 놓친 것이 틀림없습니다.
남자: 그것은 아주 간단해 보입니다. 우리는 웹사이트를 통해서 모든 정보를 입력하기만 하면 됩니다. 여기, 거기에 어떻게 로그 온 하는지 보여드리지요.

---

44. Why is the woman confused?
(A) She didn't read a memo sent last week.
(B) She didn't receive a memo today.
(C) She doesn't know what website to visit.
(D) She doesn't understand a computer program.

44. 여자는 왜 당황하였습니까?
(A) 그녀는 지난 주 발송된 메모를 읽지 않았습니다.
(B) 그녀는 오늘 메모를 받지 않았습니다.
(C) 그녀는 어떤 웹사이트를 방문할지 모릅니다.
(D) 그녀는 컴퓨터 프로그램을 이해하지 못합니다.

45. How does one use the new invoice filing system?
(A) Go to the home office.
(B) Ask the man to access a program.
(C) Go to a website and log into a program.
(D) Send a message to the home office.

45. 새로운 송장 제출 시스템은 어떻게 사용합니까?
(A) 본점에 갑니다
(B) 남자에게 프로그램에 접속하라고 요청합니다.
(C) 웹사이트로 가서 프로그램에 로그인 합니다.
(D) 본점에 메시지를 보냅니다.

46. What is probably true?
(A) The man works in the home office.
(B) The man read the memo sent last week.
(C) The old invoice filing system was confusing.
(D) The new invoice filing system is confusing.

46. 어느 것이 아마도 사실이겠습니까?
(A) 남자는 본점에서 일합니다.
(B) 남자는 지난 주 발송된 메모를 읽었습니다.
(C) 이전의 송장 제출 시스템은 혼란스러운 것이었습니다.
(D) 새 송장 제출 시스템은 혼란스럽습니다.

Man: I need to send an official letter to one of our client in China, but it looks like we are out of letterhead and our business envelopes.
Woman: Are you sure? I saw a whole box of both the paper and envelopes in the supply room last week.
Man: I saw it, too, last week, but I remember Michael mentioning a mass mailing he needed to do.
Woman: If that's the case, you should ask him if he has any extras - you only need one of each, right?

* **letterhead:** 편지지 위에 인쇄된 기업의 명칭·주소·전화번호 등이 있는 부분. 또, 그 편지지.
* **if that's the case:** 만약 그 경우라면, 그렇다면

문제 47~49는 다음 대화를 참조합니다

남자: 내가 중국에 있는 우리 고객들 중 한 명에게 공식적인 편지를 보내야만 하는데, 우리 레터헤드와 업무용 봉투가 떨어진 것 같습니다.
여자: 확실한가요? 지난 주 비품 실에서 편지와 봉투 둘 다 한 상자 전체가 있는 것을 보았습니다.
남자: 나도, 지난 주에 보았습니다. 그러나 Michael이 그가 대량 발송을 해야만 한다고 언급한 것이 기억납니다.
여자: 만약 그렇다면, 그에게 남은 것들이 있는지 물어보세요. 당신은 각각 하나씩만 필요하지요, 맞지요?

47. Why does the man need certain paper supplies?
(A) He needs to restock the supply room.
(B) He is going to send out a mass mailing.
(C) He needs to send a letter overseas.
(D) He is conducting an inventory.

47. 남자는 왜 특정 용지 비품들이 필요합니까?
(A) 그는 비품 실을 다시 채워 놓아야 합니다.
(B) 그는 대량 우편 발송을 하려고 합니다.
(C) 그는 해외로 편지를 하나 보내야 합니다.
(D) 그는 재고 조사를 수행하고 있습니다.
* **inventory:** 재고, 재고조사

48. What does the woman recommend to the man?
(A) Ask a coworker if he has any extra paper and envelopes.
(B) Order more paper and envelopes.
(C) Ask Michael to send the letter for him.
(D) Send an email instead of a letter.

48. 여자는 남자에게 무엇을 권합니까?
(A) 동료에게 남는 편지지와 봉투들이 있는지 묻습니다.
(B) 편지지와 봉투들을 더 주문합니다.
(C) Michael에게 대신 편지를 보내라고 요청합니다.
(D) 편지 대신에 이-메일을 보냅니다.

49. What does the man think happened to the box of paper supplies?
(A) It was sent to China.
(B) A client took it.
(C) The woman took it.
(D) Michael took it.

49. 남자는 용지 비품 상자에 무슨 일이 일어났다고 생각합니까?
(A) 중국으로 보내졌습니다.
(B) 고객이 가져갔습니다.
(C) 여자가 가져갔습니다.
(D) Michael이 가져갔습니다.

Questions 50 through 52 refer to the following conversation.

Woman: Our sales figures are terrible! We need to spend more time and money on advertising.
Man: But more ad time will not necessarily mean more sales. I think we should do a little research to find out if it's more than just lack of exposure.
Woman: True. What do you recommend?
Man: Let's send out an email survey to all our past customers to find out how they first heard about us, and why they bought our products. Then we'll have a better idea of how to increase our sales.

* **exposure**: 노출;(언론 등을 통한) 알려짐

문제 50~52는 다음 대화를 참조합니다

여자: 우리의 매출 수치들은 끔찍합니다! 우리는 광고에 더 많은 시간과 돈을 써야만 합니다.
남자: 하지만 더 많은 광고 시간이 반드시 더 많은 매출을 의미하는 것은 아닙니다. 우리는 연구를 좀 해서 그것이 노출 부족 그 이상은 아닌지 찾아봐야 한다고 나는 생각합니다.
여자: 맞습니다. 당신이 추천하는 것은 무엇입니까?
남자: 우리의 이전 고객들 모두에게 이-메일 설문지를 보내서 그들이 처음에 어떻게 우리들에 대해 듣게 되었고, 그리고 우리 제품들을 왜 구입하였는지 알아냅시다. 그러면 우리의 매출을 증대할 수 있는 더 좋은 아이디어를 갖게 될 것입니다.

50. Why is the woman upset?
(A) No one is replying to a survey.
(B) They are not making enough money selling their products.
(C) They don't have enough products to sell.
(D) They don't have many past customers.

51. Why does the man recommend not increasing advertising?
(A) There may be another reason for low sales.
(B) More ads will not solve the problem.
(C) They do not have enough money now.
(D) Their ads are terrible.

52. What does the man recommend?
(A) Increase money spent on online advertising.
(B) Send out a survey in the mail.
(C) Conduct a survey over the internet.
(D) Create more products to sell.

50. 여자는 왜 화가 났습니까?
(A) 누구도 설문에 응답하지 않습니다.
(B) 그들은 그들의 제품들을 팔아 돈을 충분히 벌지 못하고 있습니다.
(C) 그들은 판매할 제품들이 충분하지 않습니다.
(D) 그들은 과거의 고객들이 많지 않습니다.

51. 남자는 왜 광고를 늘리지 않는 것을 권합니까?
(A) 낮은 매출에는 다른 이유가 있을 수 있습니다.
(B) 광고를 더 하는 것은 문제를 풀지 못할 것입니다.
(C) 그들은 지금 돈이 충분한 돈을 가지고 있지 않습니다.
(D) 그들의 광고는 끔찍합니다.

52. 남자는 무엇을 권합니까?
(A) 온라인 광고 비용의 증가
(B) 우편으로 설문 발송
(C) 인터넷 설문 조사 실시
(D) 판매할 제품들의 추가 생산

Man: Hi Sara. What are you working on? Are you ready for this afternoon's meeting?
Woman: Oh, hi. No, I'm way behind. Can you believe I accidently deleted the entire report - I've been spending the last two hours reconstructing it.
Man: Really? Is there anything I can do? Can I help you gather any more files? I'm a pretty fast typist.
Woman: Thanks, but I don't think there's a anything you can do right now, but if you come back in an hour you can help me photocopy the report.

문제 53~55는 다음 대화를 참조합니다

남자: 안녕, Sara. 지금 무슨 일을 하고 있나요? 오후 회의 준비는 되어있나요?
여자: 아, 안녕. 아닙니다. 나는 한참 늦었습니다. 내가 실수로 전체 보고서를 삭제했다는 것을 당신을 믿을 수 있겠어요? 다시 만드는데 지난 두 시간을 소비하고 있습니다.
남자: 정말인가요? 내가 할 수 있는 일은 없나요? 서류들을 더 모으는 것을 것을 도와 줄 수 있을까요? 나는 타이핑도 꽤 빠릅니다.
여자: 고맙지만, 지금 당장 당신이 해 줄 것은 없다고 생각합니다. 그러나 만약 한 시간 후에 다시 오면 보고서를 복사하는 것을 도와 줄 수 있습니다.

---

53. Why is the woman not ready for the meeting?
(A) The office is under reconstruction.
(B) She needs to gather more files.
(C) The photocopier does not work.
(D) She accidently deleted her report.

53. 여자는 왜 회의 준비가 안 되어 있습니까?
(A) 사무실이 재건축 중입니다.
(B) 그녀는 더 서류를 더 모아야 합니다.
(C) 복사기가 작동하지 않습니다.
(D) 그녀는 실수로 그녀의 보고서를 삭제했습니다.

54. According to the woman, what can the man do to help her?
(A) Gather files for her report.
(B) Type her report.
(C) Attend the meeting for her in the afternoon.
(D) Help photocopy the report later.

54. 여자에 의하면, 남자는 그녀에게 어떤 것을 도와 줄 수 있을까요?
(A) 그녀의 보고서를 위해 서류들을 모읍니다.
(B) 그녀의 보고서를 타이핑합니다.
(C) 오후에 그녀 대신에 회의에 참석합니다.
(D) 후에 보고서 복사를 도와줍니다.

55. When will the woman present her report?
(A) Today after lunch
(B) An hour
(C) In two hours
(D) Tomorrow in the afternoon

55. 여자는 언제 보고서를 발표합니까?
(A) 오늘 점심 후
(B) 한 시간
(C) 두 시간 후
(D) 내일 오후

Questions 56 through 58 refer to the following conversation.

Woman: Have we received a call from Sam at Computer City yet?
Man: Yeah, but he said your computer is infected with a virus. He had to completely erase your hard drive.
Woman: He deleted everything? But we had all of our family photos and all my music on it.
Man: Don't worry. He said that he downloaded everything he could onto a disk. So If you want, you can go pick it up at his shop.

문제 56~58은 다음 대화를 참조합니다

여자: Computer City의 Sam에게서 전화 받았나요?
남자: 예, 그런데 당신의 컴퓨터가 바이러스에 감염되었다고 말했습니다. 그는 당신의 하드 드라이브를 완전히 삭제해야만 했습니다.
여자: 전부를 삭제했나요? 우리 가족 사진 전부와 내 음악 전부가 그 안에 있었습니다.
남자: 걱정 마세요. 그가 할 수 있는 것은 모두 디스크로 다운로드 했다고 말했습니다. 만약 원한다면, 그의 가게에가서 찾을 수 있습니다.

56. Why is the woman waiting for a call from Computer City?
(A) She wants to know about the man's computer.
(B) She wants to know about her computer.
(C) She wants to buy a computer.
(D) She wants to copy a disk.

56. 여자는 왜 Computer City로부터의 전화를 기다리고 있습니까?
(A) 그녀는 남자의 컴퓨터에 관해 알고 싶습니다.
(B) 그녀는 그녀의 컴퓨터에 관해 알고 싶습니다.
(C) 그녀는 컴퓨터를 사고 싶습니다.
(D) 그녀는 디스크를 복사하고 싶습니다.

57. Why is the woman worried about losing the files on her computer?
(A) She needs them to cure a virus.
(B) There were company files on the hard drive.
(C) There were important files on the hard drive.
(D) She needs them to make a phone call.

57. 여자는 왜 그녀의 컴퓨터에 있는 파일들을 잃을 것에 대해 걱정합니까?
(A) 그녀는 그들이 바이러스를 치료하기를 원합니다.
(B) 하드 드라이브에는 회사 파일들이 있었습니다.
(C) 하드 드라이브에는 중요한 파일들이 있었습니다.
(D) 그녀는 그들이 전화를 하기를 원합니다.

58. What did Sam say was ready to be picked up at Computer City?
(A) A disk
(B) Her computer
(C) A new computer
(D) A hard drive

58. Computer City에서 찾을 수 있도록 준비가 된 것은 무엇이라고 Sam은 말했습니까?
(A) 디스크
(B) 그녀의 컴퓨터
(C) 새로운 컴퓨터
(D) 하드 드라이브

Questions 59 through 61 refer to the following conversation.

Man: Hi, Ms. Williams? This is Frank from Customs Cabinets. The bookcase and desk you ordered are finished and ready to be picked up.
Woman: Thank you for calling. I've been hoping to hear from you since yesterday. However, I thought you would be delivering them to us.
Man: Did you have that on your order? One of our sales reps must have forgotten to put that down on the Purchase Order. Would Thursday or Friday be okay?
Woman: Actually, we were hoping to have it before then. Can you deliver them tomorrow?

* **sales rep (sales representative):** 영업사원, 판매대리인

문제 59~61은 다음 대화를 참조합니다

남자: 안녕하십니까, Williams양? 여기는 Custom Cabinets의 Frank입니다. 당신이 주문하신 책장과 책상이 완료되어 찾아가도 될 준비되었습니다.
여자: 고맙습니다. 어제부터 당신에게서 소식을 듣기를 바라고 있었습니다. 그런데, 나는 당신이 우리에게 그것들을 배달해 줄 것이라고 생각했습니다.
남자: 당신의 주문에 그게 있었습니까? 우리 영업사원 한 명이 그 내용을 구매 주문서에 적는 것을 잊은 것이 분명합니다. 목요일이나 금요일이면 되겠습니까?
여자: 사실은, 우리는 그 전에 받기를 원하고 있었습니다. 그것들을 내일 배달할 수 있나요?

59. Why did Frank call Ms. Williams?
(A) To place an order
(B) To inform the woman about a completed project
(C) To ask about a delivery he is expecting
(D) To set up a shipment

59. Frank는 왜 Ms. Willams에게 전화했습니까?
(A) 주문을 하기 위해
(B) 여자에게 완료된 프로젝트에 대해 통보하기 위해
(C) 그가 고대하고 있는 배달에 관해 묻기 위해
(D) 선적을 준비하기 위해

60. Why did Frank probably not know that he needed the delivery?
(A) A salesperson filled out the P.O. incorrectly.
(B) Ms. Williams did not fill out a P.O.
(C) Ms. Williams filled out the P.O. incorrectly.
(D) Ms. Williams changed her mind.

60. Frank는 왜 그가 배달을 해야만 한다는 것을 몰랐을까요?
(A) 영업사원이 P.O.를 잘못 작성하였다.
(B) Ms. Williams가 PO를 작성하지 않았다.
(C) Ms. Williams가 P.O.를 잘못 작성하였다.
(D) Ms. Williams는 마음을 바꾸었다.

61. What day does Ms. Williams say she wants the bookcase and desk delivered?
(A) Today
(B) Tomorrow
(C) Thursday
(D) Friday

61. Ms. Williams는 어느 날에 책장과 책상이 배달되기를 원합니까?
(A) 오늘
(B) 내일
(C) 목요일
(D) 금요일

Woman: Can I see you for a minute, Peter? I wanted to discuss the expense report you filed last week.

Man: Sure. Was there something wrong with the report?

Woman: There were a few you listed which are a little excessive, like the amount you spent on dinners. Over $50 a meal! And we don't cover hotel snack bars.

Man: Oh, I see. Maybe I didn't explain them enough on the report. Those dinners were with clients, so I'm prettysure everything I covered was a legitimate expense.

* **snack bar:** 스낵 바(샌드위치와 같은 간단한 식사거리를 파는 곳)
* **cover:** 보장하다, 경비를 대주다

여자: 나 좀 잠깐 볼 수 있을까요, Peter? 지난 주 당신이 제출한 경비 보고서에 대해 의논하고 싶었습니다.

남자: 좋습니다. 보고서에 뭔가 잘못된 것이 있었습니까?

여자: 약간 과도한 것들이 당신이 기재한 것들에 약간 있습니다. 저녁 식사들에 당신이 쓴 금액들 같은 것 입니다. 한 끼에 50$가 넘습니다. 그리고 우리는 호텔의 스낵 바는 지원하지 않습니다.

남자: 아, 알겠습니다. 아마도 내가 그것들에 대해 보고서에 충분히 설명하지 않았습니다. 그 저녁 식사들은 고객들과 함께 한 것이라, 따라서 내가 지불한 모든 것이 정당한 경비라는 것을 아주 자신하고 있습니다.

62. Why does the woman want to talk with Peter?
(A) She is making a report on his trip.
(B) She wants him to take a business trip.
(C) She thinks he filled out a report wrong.
(D) She wants to give him a reimbursement check.

62. 여자는 왜 Peter와 이야기하고 싶어합니까?
(A) 그녀는 그의 출장보고서를 작성하고 있습니다
(B) 그녀는 그가 출장을 가기를 원합니다.
(C) 그녀는 그가 보고서를 잘못 작성했다고 생각합니다.
(D) 그녀는 그에게 상환 수표를 주기를 원합니다.

63. Why does the woman think the expense report is wrong?
(A) Peter didn't turn it in on time.
(B) Some items on the report are illegal.
(C) Some items on the report aren't reimbursable expenses.
(D) Peter turned the report in to the wrong office.

63. 여자는 왜 경비 보고서가 잘못되었다고 생각합니까?
(A) Peter는 제 시간에 제출하지 않았습니다.
(B) 보고서의 일부 항목들이 불법입니다.
(C) 보고서의 일부 항목들이 상환해줄 수 없는 경비들입니다.
(D) Peter는 보고서를 틀린 사무실에 제출하였습니다.

64. How does Peter explain his high dinner expenses?
(A) He didn't know how much the meals cost.
(B) He was eating at expensive places.
(C) He was dining with his wife.
(D) He was treating company clients.

64. Peter는 그의 비싼 저녁 식사비용을 어떻게 설명합니까?
(A) 그는 식사비용이 얼마나 되는지 몰랐습니다.
(B) 그는 비싼 장소들에서 먹고 있었습니다.
(C) 그는 그의 부인과 만찬 중이었습니다.
(D) 그는 회사의 고객들을 접대 중이었습니다.

Questions 65 through 67 refer to the following conversation.

Man: Hey Rachel, are you going to be in the house for a while, or do you plan a heading out with your friends today? I have to step out for a couple hours.
Woman: No, I'll be here, at least till dinnertime - I've got a date with Steve. Why? What's up?
Man: Well, I have a doctor's appointment this afternoon, but I'm also expecting a call from campus security. They said they would tell me if my parking permit would be ready to be picked up.
Woman: Sure. I'll give you a call as soon as I find out if it's ready.

* **campus security:** 대학 경비원, 보안 담당자   * **parking permit:** 주차허가증

문제 65~67은 다음 대화를 참조합니다

남자: 안녕, Rachel, 집에 좀 있을 거니, 아니면, 오늘 친구와 나갈 계획이 있니? 내가 몇 시간 나가야만 되는데.
여자: 아니, 여기 있을 거야. 최소한 저녁 시간까지는. Steve하고 데이트가 있거든. 왜? 무슨 일인데?
남자: 그게, 오늘 오후에 의사와 약속이 있는데, 대학교 경비원으로부터의 전화도 기다리고 있어서. 내 주차허가증을 찾을 수 있는 준비가 되면 알려 줄 것이라고 했거든.
여자: 좋아. 준비가 됐다는 것을 알게 되는 즉시 너에게 전화하지.

65. Why does the man have to leave?
(A) He needs to meet campus security.
(B) He has a medical appointment.
(C) He needs to buy a new cell phone.
(D) He needs to attend a meeting.

65. 남자는 왜 나가야만 합니까?
(A) 그는 대학 경비원을 만나야만 합니다.
(B) 그는 진료 약속이 있습니다.
(C) 그는 새 휴대 전화를 사야 합니다.
(D) 그는 회의에 참석해야 합니다.

66. What will Rachel do later today?
(A) Go on a date
(B) Call campus security
(C) Pick up her parking permit
(D) Clean the house

66. Rachel은 오늘 늦게 무엇을 합니까?
(A) 데이트 합니다.
(B) 대학 경비원에게 전화합니다.
(C) 그녀의 주차허가증을 받습니다.
(D) 집을 청소합니다.

67. Why does the man want Rachel to be at the house?
(A) He wants to go to dinner with her.
(B) He is expecting a delivery.
(C) He wants her to set up an appointment.
(D) He is expecting a call.

67. 남자는 왜 Rachel이 집에 있기를 원합니까?
(A) 그는 그녀와 저녁 먹으러 가기를 원합니다.
(B) 그는 배달이 오는 것을 기다리고 있습니다.
(C) 그는 그녀가 약속을 잡을 것을 원합니다.
(D) 그는 전화를 기다리고 있습니다.

Woman: Have you talked to the IT Department today about when the new website will be ready?
Man: No, but I did touch base with them yesterday. They were trying to fix a few links, but said everything should be done by this weekend.
Woman: That's good to hear - they are already a week past schedule. Have you seen what it looks like?
Man: A little. Overall, the design is really nice, and it runs much smoother than our current one. They've added a lot of great new features which I think will make it nicer for customers, too.

* **IT:** Information Technology (정보화 기술)　　　* **touch base (with somebody):** (~와) 다시 접촉[연락]하다
　　　* **feature:** 기능, 특징, 특성

문제 41~43은 다음 대화를 참조합니다

여자: 새로운 웹사이트가 언제 준비되는지 IT 부서와 오늘 이야기했습니까?
남자: 아닙니다. 그렇지만 어제 그들과 연락을 했습니다. 그들은 링크 몇 개를 수정하려고 시도하였는데, 이번 주말까지는 모든 것이 완료될 것이라고 말했습니다.
여자: 좋은 소식입니다. 그들은 이미 예정보다 일주일 뒤졌습니다. 어떤 모습인지는 보았습니까?
남자: 조금요. 전체적으로, 디자인은 정말 멋집니다. 그리고 현재 우리 것보다 훨씬 부드럽게 작동합니다. 그들은, 또 고객들에 더 멋지게 보이게 만들 것으로 내가 생각하는 훌륭한 기능들을 많이 추가하였습니다.

68. When did the man last talk with the IT department?
(A) Last weekend
(B) Yesterday
(C) Today
(D) A week ago

68. 남자는 언제 마지막으로 IT부서와 이야기를 했습니까?
(A) 지난 주말
(B) 어제
(C) 오늘
(D) 일주일 전

69. What does the man think of the new website?
(A) It is slower than the current one.
(B) It is better than the current one.
(C) It has too many features.
(D) It has too few pages.

69. 남자는 새로운 웹 사이트에 대해 어떻게 생각합니까?
(A) 현재 것보다 더 느립니다.
(B) 현재 것보다 더 좋습니다.
(C) 기능들이 너무 많습니다.
(D) 페이지가 너무 적습니다.

70. According to the man, why is the website not yet ready?
(A) It does not run smoothly.
(B) There are some links that need to be fixed.
(C) The IT department needs to add more pages.
(D) The IT department needs to add more customer features.

70. 남자에 따르면, 왜 웹사이트는 아직 준비가 안 되었나요?
(A) 부드럽게 작동하지 않습니다.
(B) 수정이 필요한 링크들이 좀 있습니다.
(C) IT부서는 페이지들을 더 추가해야 합니다.
(D) IT부서는 고객 기능들을 더 추가해야 합니다.

Exercise 1: 키워드들

자신이 작성한 키워드들과 정답 키워드들을 비교합니다.
Q=질문의 키워드들입니다.

Question #71 Q: what Oliveri talk (Purpose)
(A) create company
(B) people at companies
(C) speak conferences
(D) internet advertising

Question #72 Q: how long designer
(A) 4
(B) 5
(C) 10
(D) 14

Question #73 Q: what do now
(A) writes speaking
(B) creates web pages
(C) creates ads
(D) writes advertising

Question #74 Q: what NOT result
(A) canceled flights
(B) bridges out
(C) killed
(D) roads damaged

Question# 75, Q: How long fix
(A) 24 hours
(B) week
(C) 3 weeks
(D) years

Question #76 Q: how much money raised
(A) several hundred
(B) over two hundred thousand
(C) five million
(D) twenty-four million

Question #77 Q: main purpose (Purpose)
(A) ask sell gold
(B) buy gold
(C) ask advice
(D) inform price

Question #78 Q: What causing rise
(A) dollar lower
(B) dollar higher
(C) few investors
(D) gold mining

Question #79 Q: what do begin investing
(A) call
(B) purchase brick
(C) download brochure
(D) questionnaire

Question #80 Q: What 5 minutes
(A) dinner
(B) leave pier
(C) arrive pier
(D) find seat

Question #81 Q: what probably true
(A) not leave forward cabin
(B) now midnight
(C) one exit ramp
(D) finished Pier 12

Question #82 Q: What probably need cars
(A) Walk south
(B) boat
(C) bus
(D) taxi

Question #83 Q: why hotel calling
(A) change reservation
(B) confirm reservation
(C) offer discount
(D) inform hotel out of business

Question #84 Q: Why Hotel closed

(A) new hotel
(B) fire
(C) renovated
(D) doors not close

Question #85 Q: What do to change

(A) Call Quality Inn
(B) Visit website
(C) Find another hotel
(D) Call Sunrise

Question #86 Q: what primary purpose (Purpose)

(A) advice travel
(B) outline trip
(C) plan trip
(D) sign up fair

Question #87 Q: How many meetings planned

(A) 2
(B) 3
(C) 5
(D) 7

Question #88 Q: what probably true

(A) first time to Japan
(B) at least 3 people
(C) meetings not important
(D) only men going

Question #89 Q: What NOT happening

(A) store opening
(B) celebrities attending
(C) open only 2 hours
(D) band performing

Question #90 Q: what receive

(A) coupon
(B) CD
(C) tour mayor
(D) interview

Question #91 Q: Who attending

(A) TV personality
(B) Three musical groups
(C) governor
(D) radio host

Question #92 Q: what find website

(A) list extensions

(B) advice run company
(C) how contact embassies
(D) details special program

Question #93 Q: What do speak staff person

(A) 0
(B) 1
(C) 2
(D) website

Question #94 Q: who probably press 0

(A) book package
(B) talk particular staff
(C) already purchased trip
(D) become advisor

Question #95 Q: why attendance low

(A) winter
(B) aren't familiar
(C) ads
(D) don't enjoy parks

Question #96 Q: how increase attendance

(A) more rides
(B) lower price
(C) free pass
(D) hire experts

Question #97 Q: How Hong Kong compare other parks

(A) fewer rides Hong Kong
(B) more rides
(C) more expensive
(D) other parks attractive

Question #98 Q: purpose announcement (Purpose)

(A) stolen vehicle
(B) speeding truck
(C) possible robbery
(D) criminals in city

Question #99 Q: Which true

(A) white truck
(B) heading Rochester
(C) weapons entered bank
(D) broke window

Question #100 Q: who call

(A) police
(B) bank
(C) Rochester
(D) Gresham

Exercise 2: 주요 아이디어와 추론

자신이 작성한 답과 아래의 정답을 비교합니다.

Questions #71-73	
어떤 형태의 Talk입니까?	speech
누구에게 말하고 있는가요?	people attending conference
이 Talk는 어디에서 들을 수 있을까요?	conference
Talk에서 어떤 정보가 유사하게 표현되고 있나요?	4 years, decade, 5-step

Questions #74-76	
어떤 형태의 Talk입니까?	news report
누구에게 말하고 있는가요?	general public (everyone)
이 Talk는 어디에서 들을 수 있을까요?	radio or TV
Talk에서 어떤 정보가 유사하게 표현되고 있나요?	20 people, dozens of roads, $5million, $200,000, matter of hours, 24 hours

Questions #77-79	
어떤 형태의 Talk입니까?	advertisement
누구에게 말하고 있는가요?	general public (everyone)
이 Talk는 어디에서 들을 수 있을까요?	radio or TV
Talk에서 어떤 정보가 유사하게 표현되고 있나요?	visit (website), will be contacted, join the ranks

Questions #80-82	
어떤 형태의 Talk입니까?	cruise announcement
누구에게 말하고 있는가요?	cruise passengers
이 Talk는 어디에서 들을 수 있을까요?	boat
Talk에서 어떤 정보가 유사하게 표현되고 있나요?	pier we left, turn left, parking lot to the right

Questions #83-85	
어떤 형태의 Talk입니까?	phone message
누구에게 말하고 있는가요?	Lisa Kudron
이 Talk는 어디에서 들을 수 있을까요?	phone
Talk에서 어떤 정보가 유사하게 표현되고 있나요?	none

Questions #86-88	
어떤 형태의 Talk입니까?	meeting speech
누구에게 말하고 있는가요?	business coworkers about to go on trip
이 Talk는 어디에서 들을 수 있을까요?	staff meeting
Talk에서 어떤 정보가 유사하게 표현되고 있나요?	Monday, Tuesday, Wednesday; meeting five agents, two agent meetings; 3 floors, five meetings, two meetings

Questions #89-91	
어떤 형태의 Talk입니까?	store announcement
누구에게 말하고 있는가요?	store shoppers
이 Talk는 어디에서 들을 수 있을까요?	in a store
Talk에서 어떤 정보가 유사하게 표현되고 있나요?	none

Questions #92-94	
어떤 형태의 Talk입니까?	automated phone message
누구에게 말하고 있는가요?	person calling Paradise Travel
이 Talk는 어디에서 들을 수 있을까요?	phone
Talk에서 어떤 정보가 유사하게 표현되고 있나요?	press 0, press 1, press 2

Questions #95-97	
어떤 형태의 Talk입니까?	business report
누구에게 말하고 있는가요?	general public (everyone)
이 Talk는 어디에서 들을 수 있을까요?	radio or TV
Talk에서 어떤 정보가 유사하게 표현되고 있나요?	20 attractions, half the attractions

Questions #98-100	
어떤 형태의 Talk입니까?	government bulletin/announcement
누구에게 말하고 있는가요?	general public (everyone)
이 Talk는 어디에서 들을 수 있을까요?	radio or TV
Talk에서 어떤 정보가 유사하게 표현되고 있나요?	2 individuals, 1st National Bank; white men, black overcoats, white shoes, red truck

Exercise 3: 정답, 트릭, TOEIC 빈출 단어

Words= TOEIC 빈출 단어 **T=** Talk의 Text(지문)
Q= Question(질문) **AC=** Answer Choice(선택지)

Question #71 (**Words:** blue-chip, T: keynote speaker, T: Innovative)

(A)　　　　Word Repetition (T: "bestselling")
(B)　　　　Word Repetition (T: "Apple Computers")
(C)　　　　Incorrect Paraphrases (T: "he will be speaking / conference")
(D) **V**

Question #72

(A)　　　　Similar Type of Detail ("author / last four years")
(B)　　　　Similar Type of Detail (T: "5-step plan")
(C) **V**
(D)　　　　Extreme Inference (T: "last four years" + "decade" …그가 아직도 웹 페이지를 디자인하고 있는지는 확실치 않음)

Question #73

(A)　　　　Incorrect Paraphrase (T: "author / online-marketing / he will be speaking / conferences")
(B)　　　　Wrong Detail (T: "spent a decade / working for Apple")
(C)　　　　Extreme Inference (T: "author / online-marketing" … 그가 광고를 제작하는 지는 확실하지 않고, 단지 광고에 관해 글을 쓰고 있음.)
(D) **V**

Question #74 (**Words:** wash out, T: devastate)

(A) **V**　　Extreme Inference (AC: 자연재해가 초래할 가능성이 있는 결과는 됨)
(B)　　　　(T: "took out / bridges")
(C)　　　　(T: "killing over 20 people")
(D)　　　　(T: "took out / roads")

Question #75

(A)　　　　Similar Types of Detail (T: "$200,000 / raised / last 24 hours")
(B)　　　　Similar Types of Detail (T: "rains / floods / last week")
(C)　　　　Incorrect Paraphrase (T: "take over the three years")
(D) **V**

Question #76

(A)   Similar Type of Detail (T: "injuring several hundred")

(B) **V**

(C)   Similar Type of Detail (T: "damage / estimated / $5 million")

(D)   Incorrect Paraphrase (T: "$200,000 raised / last 24 hours")

Question #77

(A)   Incorrect Paraphrase (T: "enter this / market")

(B) **V**

(C)   Incorrect Paraphrase (T: "isn't it smart to invest / gold?" … 투자에 대해 조언을 구하는 것이 아니라 투자하라고 유혹하는 내용임)

(D)   Wrong Detail (T: "are driving gold's price even higher" … Talk의 주 목적은 아님)

Question #78

(A) **V**

(B)   Incorrect Paraphrase (T: "gold's price even higher")

(C)   Extreme Inference (T: "easier than ever to invest in gold")

(D)   Topic-Related (T: "gold mining")

Question #79

(A)   Incorrect Paraphrase (T: "visit / website / you will be contacted")

(B)   Incorrect Paraphrase (T: "build / prosperity / one brick at a time")

(C)   Topic-Related (AC: 투자 정보를 얻는 일반적인 방법임)

(D) **V**

Question #80 (**Words:** pier)

(A)   Incorrect Paraphrase (T: "enjoyed / dinner")

(B)   Incorrect Paraphrase (T: "once you exit the boat")

(C) **V**

(D)   Incorrect Paraphrase (T: "at this time / find a seat")

Question #81

(A)   Extreme Inference (T: "find a seat / either / forward cabin on observation deck")

(B) **V**   (T: "enjoyed / midnight cruise")

(C)   Extreme Inference (T: "use the main ramp" …는 exit ramp가 1개 이상 있음을 암시함)

(D)   Incorrect Paraphrase (T: "walk a quarter mile till you see / Pier 12")

Question #82

(A) **V**

(B)   Incorrect Paraphrase (T: "boardwalk / Pier 12", AC: "board / Pier 12")

(C)   Word Repetition ("public parking lot", "bus")

(D)   Extreme Inference (T: "not docking at same pier")

Question #83 (**Words:** T: undergo)

(A) **V**

(B)   Topic-Related (AC: 호텔이 고객에게 전화하는 일반적인 이유임)

(C)   Incorrect Paraphrase (T: "receive a full refund")

(D)   Incorrect Paraphrase (T: "regret / must close its doors")

Question #84 (**Words:** renovated)

(A)   Incorrect Paraphrase (T: "Quality Inn across the street / take our guests")
(B) ✔
(C)   Incorrect Paraphrase (T: "undergo repairs")
(D)   Incorrect Paraphrase (T: "must close its doors / undergo repairs")

Question #85

(A)   Incorrect Paraphrase (T: "contact us (Sunrise Hotel)")
(B)   Incorrect Paraphrase (T: "contact us (Sunrise Hotel)")
(C)   Incorrect Paraphrase (T: "we have made arrangements / Quality Inn / take / our guests")
(D) ✔

Question #86 (**Words:** itinerary, T: (verb) man)

(A)   Incorrect Paraphrase (T: "this schedule / help / find / correct subway / train" …는 이 Talk의 주 목적이 아님)
(B) ✔
(C)   Incorrect Paraphrase (T: "look at the schedule / trip" …여행은 이미 계획되어 있음)
(D)   Incorrect Paraphrase (T: "job fair / you manning an information booth" …는 이 Talk의 주 목적이 아님)

Question #87

(A)   Wrong Detail (T: "Thursday /2 / meetings")
(B)   Similar Type of Detail (T: "3 different floors")
(C)   Wrong Detail (T: "Wednesday / meetings / 5")
(D) ✔   (T: "Wednesday / meetings / 5" + "Thursday / 2 / meetings")

Question #88

(A)   Extreme Inference (T: "this schedule / help / find / correct subway / train" 는 "unlike last time" 와 대치됨)
(B) ✔   (T: "each of you manning / booth / three different floors")
(C)   Extreme Inference (T: "not necessary / all of you / at each" 는 "best / go to / meetings together" 와 대치됨)
(D)   Word Repetition (T: "manning" , AC: "men" … "to man" = "to supply with people" 또는 "to operate")

Question #89 (**Words:** grand opening)

(A)   (T: "grand opening / new / department store")
(B)   (T: "local radio / personality")
(C) ✔   Incorrect Paraphrase (T: "between the hours of 11:00 /1:00")
(D)   (T: "jazz band performing")

Question #90

(A) ✔
(B)   Word Repetition (T: "jazz band")
(C)   Incorrect Paraphrase (T: "mayor / welcome / shoppers")
(D)   Incorrect Paraphrase (T: "radio / personality / cut / ribbon / welcome / shoppers")

Question #91 (**Words:** TV personality)

(A)   Incorrect Paraphrase (T: "local radio personality")
(B)   Incorrect Paraphrase (T: "(one) jazz band" , AC; "three musical groups")
(C)   Topic-Related (T: "mayor" , AC: "governor" …주지사도 시장과 같이 정치인임)
(D) ✔

Question #92

(A)   Incorrect Paraphrase (T: "if you know / extension / staff")
(B)   Incorrect Paraphrase (T: "expert advisors / help you")
(C)   Topic-Related (T: "Ambassador Travel program")
(D) **∨**

Question #93

(A)   Wrong Detail (T: "speak to one of our / advisors" ⋯는 어느 advisor로 할 것인가에 대한 선택권이 없음을 암시)
(B)   Wrong Detail (T: "already booked / package")
(C) **∨**
(D)   Wrong Detail (T: "list of / vacation packages / also / Ambassador Travel program")

Question #94

(A) **∨**
(B)   Wrong Detail (T: "know the extension of / staff / you would like to speak to")
(C)   Wrong Detail (T: "already booked / package")
(D)   Topic-Related (AC: 이것도 여행사에 전화할 수 있는 이유이지만 가능성은 낮음)

Question #95 (Words: T: attractions, T: campaign)

(A)   Extreme Inference (T: "hopes the summer / make up differences" ⋯겨울 때문이라는 명확한 인과 관계가 없음)
(B) **∨**
(C)   Wrong Detail (T: "begin new advertising" ⋯ 입장객 수가 적은 것에 대한 이유가 아님)
(D)   Extreme Inference (AC: Talk의 내용 중에 시민들이 테마 공원을 좋아하지 않는다는 단서는 없음)

Question #96

(A)   Extreme Inference (T: "small size", "fewer than 20" ⋯하지만 새로운 attraction을 추가하는 것에 관한 단서는 없음)
(B)   Incorrect Paraphrase (T: "second visit free / purchase / regular ticket")
(C) **∨**
(D)   Incorrect Paraphrase (T: "marketing experts say")

Question #97

(A) **∨**
(B)   Incorrect Paraphrase (T: "half the attractions / parks in other countries")
(C)   Extreme Inference (T: "second visit free / purchase / regular ticket" ⋯그러나 가격이 너무 비싼지 아닌지에 대한 단서는 없음)
(D)   Word Repetition (T: "attractions" = ride, AC: "attractive" = beautiful in appearance)

Question #98 (Words: T: authorities)

(A)   Incorrect Paraphrase (T: "look out for / two individuals / robbery / Bank")
(B)   Extreme Inference (T: "truck heading east / highway" ⋯과속을 하고 있는지 아닌지에 대한 단서는 없음)
(C)   Incorrect Paraphrase (T: "this morning's / robbery / Bank" ⋯강도 사건이 발생했다고 이미 알려졌음)
(D) **∨**

Question #99

(A)   Incorrect Paraphrase (T: "red / truck")
(B)   Incorrect Paraphrase (T: "heading / towards Gresham")
(C) **∨**
(D)   Incorrect Paraphrase (T: "smashed open / doors")

Question #100

(A) ✔
(B)   Wrong Detail (T: "robbery of / 1st National Bank")
(C)   Incorrect Paraphrase ("citizen of / Rochester / advised / authorities report")
(D)   Incorrect Paraphrase ("citizen of / Gresham / advised / authorities report")

연습문제 Transcript 및 해석

Questions 71 through 73 refer to the following speech

"Good afterword ladies and gentlemen. I would like to introduce you to our keynote speaker of this year's conference, Daniel Oliveri, who's been a bestselling author in the field of online-marketing over the last four years, developing many innovative strategies which have become standards in industry. Before this, Mr. Oliveri spent a decade in the field of webpage design, working for Apple Computers by building websites that were user-friendly, rich in content, artistically designed, and provided Apple with information to help them better serve the customers. Tonight he will be speaking on the theme of this conference: how to create a 5-step plan to draw potential customers to your website through online ads."

문제 71~73은 다음의 연설을 참조합니다.

"안녕하십니까, 신사 숙녀 여러분. 올해의 회의의 우리의 기조 연설자를 소개시켜 드리겠습니다. Daniel Oliveri는 지난 4년 동안 온라인 마케팅 분야에서의 베스트셀러 작가로, 업계의 표준들이 된 많은 혁신적 전략들을 개발해 왔습니다. 그 전에는, 웹 페이지 디자인 분야에서 10년을 지냈는데, Apple Computers에서 사용하기 쉽고, 내용이 풍부하고, 예술적으로 디자인된 웹사이트들을 구축하면서, Apple이 그들의 고객들을 좀 더 잘 봉사하는데 도움을 주는 정보를 제공했습니다. 오늘 밤 그는 이번 회의의 주제인 온라인 광고를 통하여 잠재적 고객들을 당신의 웹사이트로 끌어오는 5 단계 계획 수립 방법에 대해 연설할 것입니다."

71. What will Mr. Oliveri talk about?
(A) How to create a blue chip company
(B) People who work at blue chip companies
(C) How to speak at sales conferences
(D) How to use internet advertising

71. Mr. Oliveri는 무엇에 관해 말할 것입니까?
(A) 일류 회사를 만드는 방법에 대해
(B) 일류 회사에서 일하는 사람들에 대해
(C) 판매 회의에서 연설하는 방법에 대해
(D) 인터넷 광고 사용 방법에 대해

* blue chip: 1. (포커에서) 블루칩 ((높은 점수용))
             2. 일류 주(株), 우량주

72. How long did Mr. Oliveri work as a webpage designer?
(A) 4 years
(B) 5 years
(C) 10 years
(D) 14 years

72. Mr. Oliveri는 웹 페이지 디자이너로 얼마나 오래 일했습니까?
(A) 4년
(B) 5년
(C) 10년
(D) 14년

73. What does Mr. Oliveri do now?
(A) Writes books on speaking at conferences
(B) Creates web pages for Apple Computers
(C) Creates ads for websites
(D) Writes books on internet advertising

73. Mr. Oliveri는 현재 무슨 일을 하고 있습니까?
(A) 회의에서 연설하는 방법에 관한 책들을 씁니다.
(B) Apple Computers에서 웹 페이지들을 만듭니다.
(C) 웹 사이트들 용 광고들을 만듭니다.
(D) 인터넷 광고에 관한 책들을 씁니다.

Questions 74 through 76 refer to the following report

"Torrential rains caused flash floods and mudslides throughout the Hawaiian islands last week, killing over 20 people and injuring several hundred. Many coastal towns and resorts were devastated by raging waters that stormed down from central mountains and took out dozens of roads and bridges in a matter of hours. Damage resulting from the disaster are estimated to be close to $5 million and are expected to take over three years to repair. Donations for victims of the floods and mudslides have been pouring in, with over $200,000 already raised in the last 24 hours. Following the disaster, Hawaii's governor declared a day of mourning to remember the victims."

* **torrential rain:** 폭우 * **pour in:** 연달아 오다(나가다) * **raise:** (사람, 기금 등을) 모으다

문제 74~76은 다음의 보도를 참조합니다.

"폭우는 지난 주 하와이 제도 전역에 기습적인 홍수와 산사태의 원인이 되어, 20명 이상을 죽이고 수백 명에게 부상을 입혔습니다. 많은 해변가 마을과 휴양지들이 중부의 산들에서 쏟아져 내려온 엄청난 물에 폐허가 되었고 몇 시간 안에 수십 개의 도로와 다리들을 앗아갔습니다. 재해로 인한 피해는 5백만 달러에 가까울 것이라고 추정되며 복구에 3년 이상이 소요될 것으로 예상됩니다. 홍수와 산사태의 피해자들을 위한 기부가 답지하고 있어, 지난 24 시간에 이미 20만 달러 넘게 모금되었습니다. 재해에 뒤이어, 하와이의 주지사는 희생자들의 추모하기 위한 애도의 날을 선포했습니다."

74. What was NOT a result of the floods and mudslides?
(A) Tourists canceled flights to Hawaii.
(B) Bridges were washed out.
(C) People were killed or hurt.
(D) Roads were damaged.

74. 홍수와 산사태의 결과가 아닌 것은 무엇입니까?
(A) 관광객들이 하와이로의 비행을 취소했습니다.
(B) 다리들을 휩쓸려갔습니다.
(C) 사람들이 죽거나 다쳤습니다.
(D) 도로들이 피해를 입었습니다.

75. How long is it expected to fix the damage caused by the disaster?
(A) 24 hours
(B) A week
(C) About 3 weeks
(D) Several years

75. 재해로 인한 피해를 고치는 데 얼마나 오래 걸릴 것으로 예상됩니까?
(A) 24시간
(B) 1주일
(C) 3주 정도
(D) 몇 년

76. How much money has been raised for victims in Hawaii?
(A) Only several hundred dollars
(B) Over two hundred thousand dollars
(C) Around five million dollars
(D) More than twenty-four million dollars

76. 하와이의 희생자들을 위해 얼마나 많은 돈이 모금되었습니까?
(A) 단지 수백 달러
(B) 20만 달러 이상
(C) 약 5백만 달러
(D) 2천4백만 달러 이상

"During these uncertain times, isn't it smart to invest in something that you know will always have value? Gold has been a good investment for a long time, and now a combination of factors, including a weakening U.S. dollar, are driving gold's price even higher. But does that mean it's too late to join the gold rush? Hardly. These days it's easier than ever to invest in gold, so let Goldmasters help you with this lucrative market and invest wisely. Visit our website, www.goldmaster.com, and complete a short questionnaire regarding your investment goals. You will be contacted by a Goldmaster advisor and join the ranks of a smart investors that are using gold to build their future prosperity, one brick at a time."

* **gold rush**: (새로 발견된 금광으로 사람들이 몰려드는 것) * **lucrative**: 수익성이 좋은
* **rank**: (사람들·사물들의) 줄열

문제 77~79는 다음 광고를 참조합니다.

"이 불확실한 시기 중에는, 언제나 가치가 있을 것으로 당신이 아는 어떤 것에 투자하는 것이 영리하지 않습니까? 금은 오랫동안 좋은 투자였으며, 이제 미국 달러의 약화를 포함한, 요인들의 조합은, 금의 가격을 더욱 높게 만들고 있습니다. 그러나 이것은 골드 러시에 합류하는 것이 너무 늦은 것을 뜻하는 것일까요? 전혀 아닙니다. 오늘 날 금에 투자하는 것은 그 어느 때보다 쉽습니다. 따라서 Goldmaster가 당신이 이 수익성 좋은 시장에서 현명하게 투자하도록 돕게 해주세요. 우리의 웹사이트인 www.goldmaster.com에 방문해서, 당신의 투자 목표에 관한 짧은 설문지를 작성하세요. 당신은 즉시 Goldmaster 상담원의 연락을 받을 것입니다. 그리고, 한 번에 한 벽돌씩, 미래의 재산을 쌓아가는데 금을 사용하는 똑똑한 투자가들의 대열에 합류하세요."

77. What is the main purpose of this talk?
(A) To ask listeners to sell their gold
(B) To get listeners to buy gold
(C) To ask for advice on a good investment
(D) To inform listeners of the price of gold

77. 이 talk의 주 목적은 무엇입니까?
(A) 청취자들에게 그들의 금을 팔도록 요청하기 위해
(B) 청취자들에게 금을 사도록 하기 위해
(C) 좋은 투자에 대한 조언을 요청하기 위해
(D) 청취자들에게 금 가격을 알려 주기 위해

78. What is now causing gold to rise in price?
(A) The value of the U.S. dollar is lower.
(B) The value of the U.S. dollar is higher.
(C) There are few investors in gold.
(D) There is increased gold mining in the U.S.

78. 지금 무엇이 금값 상승의 원인입니까?
(A) 미국 달러의 가치가 더 낮습니다.
(B) 미국 달러의 가치가 더 높습니다.
(C) 금에 투자하는 사람들이 적습니다.
(D) 미국에서 금광이 늘고 있습니다.

79. What must you do in order to begin investing with Goldmasters?
(A) Call Goldmasters and fill out a questionnaire
(B) Go to a website and purchase a gold brick
(C) Go to a website and download a brochure
(D) Go to a website and fill out a questionnaire

79. Goldmaster와 투자를 시작하기 위해서 당신이 해야만 할 일은 무엇입니까?
(A) Goldmaster에 전화해서 설문지를 작성합니다.
(B) 웹사이트에 가서 금괴를 구매합니다.
(C) 웹사이트에 가서 브로슈어를 다운로드합니다.
(D) 웹사이트에 가서 설문지를 작성합니다.

Questions 80 through 82 refer to the following announcement

"Ladies and gentleman, I hope you have enjoyed tonight's midnight dinner cruise of Astoria Bay and the Columbia River. The ship will be docking in approximately five minutes, so for your safety we ask all guests at this time to find a seat either in the forward cabin or observation deck while we dock. Once we are docked, remember to collect all of your belongings before exiting the ship. All passengers will need to use the main ramp in the rear of the boat. Please note that we are not docking at the same pier we left from, so once you exit the boat, turn left and head south down the boardwalk a quarter mile till you see the Pier 12 and the public parking lot to the right, just past the bus terminal."

* pier: 부두   * boardwalk: (특히 해변이나 물가에) 판자를 깔아 만든 길

문제 80~82는 다음 안내방송을 참조합니다.

"신사 숙녀 여러분, 오늘 밤의 Astoria Bay의 자정 디너 유람과 Columbia River를 즐기셨기를 희망합니다. 배는 약 5분 후에 정박할 것이며, 따라서 여러분들의 안전을 위하여 우리가 정박하는 동안 모든 고객들은 앞쪽 객실 또는 전망대 갑판의 좌석을 찾아 앉아 주시기를 요청합니다. 우리가 정박하게 되면, 배에서 떠나기 전에 여러분들의 소지품 모두를 챙기는 것을 잊지 마세요. 모든 승객들은 배의 뒤에 있는 주 램프를 사용해야 합니다. 우리가 출발했던 부두와 같은 부두에 정박하지 않는다는 것을 유의하시어, 배에서 내리면, 왼쪽으로 돌아서 남쪽으로 향하여 판자 길로 4분1 마일을 가면, 버스 터미널을 막 지나, 12번 부두와 공용 주차장이 보입니다."

80. What will happen in about 5 minutes?
(A) Dinner will begin.
(B) The boat will leave the pier.
(C) The boat will arrive at the pier.
(D) Passengers will find a seat.

80. 5분후에는 어떤 일이 일어날 것입니까?
(A) 만찬이 시작됩니다.
(B) 배가 부두를 떠납니다.
(C) 배가 부두에 도착합니다.
(D) 승객들이 좌석을 찾습니다.

81. What is probably true?
(A) Passengers could not leave the forward cabin during the cruise.
(B) It is now after midnight.
(C) There is only one exit ramp on the boat.
(D) The boat finished the cruise at Pier 12.

81. 아마도 맞는 말은 무엇입니까?
(A) 승객들은 유람 동안에는 앞쪽 선실을 떠날 수 없었습니다.
(B) 이제 자정이 지났습니다.
(C) 배에는 하선 램프가 하나 밖에 없습니다.
(D) 배는 유람을 12번 부두에서 마칩니다.

82. What do passengers probably need to do to get back to their cars?
(A) Walk south to a parking lot
(B) Board a boat to another town at Pier 12
(C) Take a bus to a public parking lot
(D) Take a taxi to the next town

82. 승객들이 그들의 자동차로 돌아가려면 아마도 어떻게 해야만 합니까?
(A) 남쪽으로 걸어서 주차장에 갑니다.
(B) 12번 부두에서 배를 타고 다른 마을로 갑니다.
(C) 버스를 타고 공공주차장으로 갑니다.
(D) 택시를 타고 다음 마을로 갑니다.

Questions 83 through 85 refer to the following message

"Hello, this message is for Lisa Kudron. This is Dorian Phelps of Sunrise Hotel in Vancouver, Canada. I'm sorry to bother you at home, but we regret to inform you that Sunrise Hotel suffered from a fire this morning and must close its doors for the next month to undergo repairs. However, we want to offer to help you find alternative lodging for your stay in our city. We have made arrangements with the Quality Inn across the street to take on any of our guests - please contact us before your arrival at 1-340-353-6977 to let us know if you want us to book you a room there or receive a full refund for your reservation."

문제 83~85는 다음 메시지를 참조합니다.

"이것은 Lisa Kudron에게 보내는 메시지입니다. 저는 캐나다 뱅쿠버 Sunrise Hotel의 Dorian Phelps입니다. 댁에 계시는데 방해해서 죄송합니다만, Sunrise Hotel이 오늘 아침 화재를 겪게 되어 수리를 하기 위해 다음 한 달 동안 문을 닫아야만 한다는 것을 아쉽게도 귀하에게 통보해야만 합니다. 그러나, 우리는 귀하가 우리 도시에서 머무를 동안 대체 숙박 장소를 찾는데 도움을 제공하고 싶습니다. 우리는 길 맞은 편의 Quality Inn과 우리 고객들 누구라도 받아들이도록 협의하였습니다. 귀하가 도착하시기 전에 1-340-353-6977로 우리에게 연락하시어 우리가 그곳에 귀하를 위하여 방을 예약할 것인지 아니면 귀하의 예약에 대한 전액 환불을 받을 것인지 알려주십시오."

83. Why is Sunrise Hotel calling Ms. Kudron?
(A) To inform her of a necessary change to her reservation
(B) To confirm her reservation for next month
(C) To offer her a discount for staying at Sunrise Hotel
(D) To inform her that Sunrise Hotel is going out of business

83. Sunrise Hotel은 왜 Ms. Kudron에게 전화하고 있습니까?
(A) 그녀의 예약에 꼭 변경해야 할 것이 있음을 알려주기 위하여
(B) 다음 달 그녀의 예약을 확인하기 위하여
(C) Sunrise Hotel에 묶는 것에 할인을 제공하기 위하여
(D) Sun Rise Hotel이 사업을 하지 않을 것이라는 것을 통보하기 위하여

84. Why is Sunrise Hotel closed?
(A) A new hotel opened across the street.
(B) It suffered a fire earlier in the day.
(C) Its rooms are being renovated.
(D) Its doors will not close properly.

84. Sunrise Hotel은 왜 문을 닫습니까?
(A) 길 건너편에 새로운 호텔이 개장했습니다.
(B) 그날 일찍 화재를 당했습니다.
(C) 방들을 새로 고치고 있습니다.
(D) 문들이 제대로 닫히지 않고 있습니다.

85. What must Ms. Kudron do to change her reservation?
(A) Call Quality Inn and reserve a room there
(B) Visit Sunrise Hotel's website
(C) Find another hotel on her own
(D) Call Sunrise Hotel before she arrives

85. Ms. Kudron이 그녀의 예약을 변경하기 위해서는 무엇을 해야만 하나요?
(A) Quality Inn에 전화하여 거기의 방을 예약합니다.
(B) Sunrise Hotel의 웹사이트를 방문합니다.
(C) 그녀 자신이 다른 호텔을 찾습니다.
(D) 그녀가 도착하기 전에 Sunrise Hotel에 전화합니다.

Questions 86 through 88 refer to the following speech

Take a minute to look at the schedule for next week's business trip to Japan. You'll note that unlike last time, I won't be there with you, so you want to have this schedule with you to help you find the correct subway and train. Monday and Tuesday will be the job fair, with each of you manning an information booth on three different floors. Wednesday will be meetings with five different study abroad agents, whereas on Thursday you only have two agent meetings. While it is best that you go to the meetings together, it is not necessary for all of you to be at each one. Any questions? No? Then have a safe flight, and see you in a week!

문제 86~88은 다음 연설을 참조합니다.

잠깐만 다음 주의 일본 출장 일정표를 보세요. 지난 번과는 달리, 내가 여러분들과 같이 그곳에 있지 않을 것이라는 것을 알게 될 것이고, 따라서 여러분들은 전철과 기차를 제대로 찾는데 도움이 되도록 이 일정표를 가지고 가는 것이 좋을 것입니다. 월, 화요일에는 취업박람회라, 여러분 각자는 3개층 각각의 안내 부스에 배치될 것입니다. 수요일은 5개의 유학 대행사들과 각각 회의가 있을 것이고, 반면에 목요일에는 단지 대행사 2 곳과의 회의만 있을 것입니다. 여러분 모두가 같이 회의에 가는 것이 가장 좋긴 하겠지만, 각 회의에 여러분 모두가 다 있을 필요는 없습니다. 질문 있나요? 없으면, 안전한 비행하고, 일주일 후에 봅시다!

86. What is the primary purpose of this talk?
(A) To give advice on how to travel by subway or train in Japan
(B) To outline a business trip itinerary
(C) To plan a trip overseas
(D) To sign people up for a job fair

86. 이 Talk의 주된 목적은 무엇입니까?
(A) 일본에서 전철 또는 기차로 어떻게 여행을 할 것인지에 대해 조언을 주기 위함
(B) 출장 여정의 개요를 알려주기 위함
(C) 외국 여행을 계획하기 위함
(D) 취업 박람회에 사람들을 등록시키기 위함

* itinerary: 여행 일정표
* sign up: (강좌 등에) 등록하다

87 How many meetings with study abroad agents have been planned for the trip?
(A) 2
(B) 3
(C) 5
(D) 7

87. 출장에서 유학 대행사들과 회의는 얼마나 많이 계획되어 있습니까?
(A) 2
(B) 3
(C) 5
(D) 7

88. According to the talk, what is probably true?
(A) This is the first time these people have taken a business trip to Japan.
(B) There are at least 3 people going on the trip.
(C) The agent meetings age not important.
(D) Only men are going on this trip.

88. Talk에 의하면, 무엇이 사실일 것 같습니까?
(A) 이 사람들이 일본으로 출장 간 것은 이번이 처음입니다.
(B) 출장 가는 사람은 최소 3사람입니다.
(C) 대행사 회의들은 중요하지 않습니다.
(D) 남자들만이 이 출장을 갑니다.

"Attention valued shoppers! Sun Valley Mall would like to inform you that between the hours of 11:00 a.m. and 1:00 p.m. at the South Entrance you will be able to witness the grand opening of our new Macy's department store. Mayor Sean Adams and local radio show personality Tom Potter will be there to cut the ribbon and welcome Macy's first shoppers into the store, with the Barton Trio Jazz performing live in Macy's all afternoon. All shoppers who attend the grand opening will receive a coupon for 25% off any single item purchased in Macy's today. Don't miss out on the exciting event!"

* **personality**: 유명 인사

문제 89~91은 다음 안내방송을 참조합니다.

"소중한 쇼핑객들에게 알려드립니다! Sun Valley Mall은 오전 11:00에서 오후 1:00 사이에 South Entrance에서 여러분들은 우리의 새로운 Macy 백화점의 그랜드 오프닝 행사를 목격할 수 있으시다고 알려드립니다. Sean Adams 시장과 이 지역 라디오 쇼 유명 인사인 Tom Potter가 거기에서 리본을 자르고 백화점의 첫 번째 쇼핑객을 환영할 것이고, Barton Trio 재즈 악단은 오후 내내 Macy에서 생음악을 연주할 것입니다. 그랜드 오프닝에 참석하는 모든 쇼핑객들은 오늘 Macy에서 구입한 어떤 한 가지 품목에 대해서도 25% 할인 쿠폰을 받으실 것입니다. 신나는 행사를 놓치지 마세요!"

89. What is NOT happening today at Sun Valley Mall?

(A) A new department store is opening.

(B) Local celebrities are attending an event.

(C) The mall is open for only 2 hours.

(D) A music band is performing in a store.

89. Sun Valley Mall에서 오늘 일어나지 않는 것은 무엇입니까?

(A) 새 백화점이 개장합니다.
(B) 지역의 유명 인사들이 행사에 참석합니다.
(C) 상점가는 2시간만 개장합니다.
(D) 음악 밴드가 상점 안에서 공연합니다.

90. What will people receive for attending the grand opening?

(A) A coupon for a department store

(B) A free CD from a jazz band

(C) A tour with the city mayor

(D) An interview on the radio

90. 그랜드 오프닝에 참석한 사람들은 무엇을 받습니까?

(A) 백화점 쿠폰
(B) 재즈 밴드의 무료 CD
(C) 시장과의 여행
(D) 라디오 인터뷰

91. Who is attending the grand opening?

(A) A local TV personality

(B) Three musical groups

(C) A state governor

(D) A radio show host

91. 그랜드 오프닝에는 누가 참석합니까?

(A) 지역 TV의 유명 인사
(B) 3개의 음악 그룹
(C) 주지사
(D) 라디오 쇼 호스트
* **radio show host**: 라디오 쇼 진행자

"Thank you for calling Paradise Travel. All of our operators are busy at this time. If you are looking for a list of our famous discount vacation packages, please visit us at www.paradisetravel.com. There you will also find information on how to sign up for our Ambassador Tourist program, along with helpful tips for traveling overseas. If you wish to speak with one of our expert travel advisors to help you plan a trip, please press 0 and stay on the line. If you have already booked a travel package with us and need some help, press 1. If you know the extension of a staff member you would like to speak to, press 2 then their extension, followed by the pound key now."

* **extension:** 내선 전화 번호   * **pound key:** 전화기의 우물 정자 키

문제 92~94는 다음 메시지를 참조합니다.

"Paradise Travel에 전화 주시어 감사합니다. 우리 교환원들 모두가 지금은 통화 중입니다. 만약 우리의 유명한 할인 휴가 패키지 목록을 찾으신다면, www.paradisetravel.com을 방문해 주세요. 거기에서도 우리의 Ambassador Tourist 프로그램에 등록하는 방법에 관한 정보와, 해외여행에 관한 도움이 되는 팁들을 찾을 수 있습니다. 만약 귀하가 여행을 계획하는데 도움을 줄 수 있는 전문 여행 상담원과 이야기 하시기를 원하시면, 0을 누르시고 끊지 말고 대기하세요. 만약 우리와 여행 패키지를 이미 예약했는데 도움이 필요하다면, 1을 누르세요. 만약 이야기를 하고자 원하는 직원의 내선 번호를 알고 있다면, 2를 누르고 내선 번호를 누른 다음에, 바로 우물 정자 키를 누르세요."

92. What information can you find at Paradise Travel's website?
(A) A list of extensions for advisors
(B) Advice on how to run a travel company
(C) How to contact embassies
(D) Details about a special travel program

92. Paradise Travel의 웹사이트에서는 어떤 정보를 찾을 수 있습니까?
(A) 상담원들의 내선 번호 목록
(B) 여행사 운영에 관한 조언
(C) 대사관들과 연락 방법
(D) 특별 여행 프로그램에 관한 상세 사항

93. What must you do in order to speak to a specific staff person at Paradise Travel?
(A) Press 0
(B) Press 1
(C) Press 2
(D) Go to their website

93. Paradise Travel의 특정 직원과 이야기하기 위해서는 무엇을 해야만 합니까?
(A) 0을 누릅니다.
(B) 1을 누릅니다.
(C) 2를 누릅니다.
(D) 그들의 웹사이트로 갑니다.

94. Who would probably want to press 0?
(A) Someone who wants to book a travel package
(B) Someone who needs to talk to a particular Paradise Travel staff member
(C) Someone who already purchased a trip through Paradise Travel
(D) Someone who wants to become a travel advisor

94. 어떤 사람들이 아마도 0을 누르겠습니까?
(A) 여행 패키지를 예약하고 싶은 사람
(B) Paradise Travel의 특정 직원과 이야기를 할 필요가 있는 사람
(C) Paradise Travel을 통해서 이미 여행 상품을 구입한 사람
(D) 여행 상담원이 되기를 원하는 사람

"Disney announced today that attendance is lower than expected at its newest theme park in Hong Kong, but hopes the summer holidays will make up the difference. Marketing experts say that unfamiliarity with Disney's brand and the small size of the park is mainly to blame for the problem--with fewer than 20 attractions, Hong Kong Disney has half the attractions of the company's parks in other countries. A Disney spokesperson acknowledges that the park needs to do well this summer, and will begin a new advertising campaign soon. In addition, Hong Kong residents will receive a second visit free with the purchase of a regular ticket. Disney expects longer-term growth as mainland China becomes more familiar with Disney and its products."

* **blame for**: ~에 대해 비난하다, ~에 대해 책임을 묻다　　* **regular ticket**: 정상 가격의 표
* **attraction**: 볼거리, 명소

문제 95~97은 다음 보도를 참조합니다.

"Disney는 홍콩에 있는 그것의 가장 최근의 테마 공원의 관객 수는 기대보다 낮지만, 여름 휴가는 그 차이를 만회할 것으로 희망한다고 발표하였습니다. 마케팅 전문가들은 Disney 상표와 친숙하지 못한 것과 공원의 크기가 적은 것이 그 문제에 대해 주된 책임을 져야 한다고 말합니다. 20개도 안 되는 볼거리의 홍콩 Disney는 다른 나라들에 있는 그 회사의 공원들의 볼거리들에 비해 볼거리가 반입니다. Disney의 대변인 한 명은 그 공원은 이번 여름에 더 잘해야만 하며, 곧 새로운 광고 운동을 시작할 것이라고 인정했습니다. 뿐만 아니라, 홍콩 주민들은 정상 가격의 표를 구입하면 두 번째 방문은 무료(입장)를 받을 것입니다. Disney는 본토 중국이 Disney와 그 상품들에 더욱 친숙해지면서 장기적으로 성장할 것으로 기대합니다.

95. According to the report, why is the amusement park's attendance low?

(A) It is now the middle of winter.
(B) Hong Kong residents aren't familiar with Disney's theme park.
(C) There are not enough local ads.
(D) Hong Kong citizens don't enjoy amusement parks.

95. 보도에 따르면, 놀이 공원의 입장객은 왜 적습니까?

(A) 한 겨울입니다.
(B) 홍콩 주민은 Disney의 테마 공원에 익숙하지 않습니다.
(C) 지역에의 광고가 충분하지 않습니다.
(D) 홍콩 시민들은 놀이 공원을 즐기지 않습니다.

96. How will Disney try to increase attendance at the theme park?

(A) Add more rides
(B) Lower the price of individual tickets
(C) Offer a free pass for every ticket purchased
(D) Hire experts to suggest solutions

96. Disney는 어떻게 테마 공원의 입장객을 늘이려고 시도할 것입니까?

(A) 탈 것을 더 추가합니다.
(B) 개별 표의 가격을 낮춥니다.
(C) 구입된 모든 표에 무료 입장권을 제공합니다.
(D) 해결책을 제안할 전문가들을 채용합니다.

97. How does the Hong Kong theme park compare with Disney's other parks?

(A) There are fewer rides at the Hong Kong park.
(B) There are more rides at the Hong Kong park.
(C) Admissions to the Hong Kong park is more expensive.
(D) The other parks are more attractive.

97. 홍콩의 이 테마 공원은 Disney의 다른 공원들과 어떻게 비교됩니까?

(A) 홍콩 공원에는 탈 것이 더 적습니다.
(B) 홍콩 공원에는 탈 것이 더 많습니다.
(C) 홍콩 공원의 입장료가 더 비쌉니다.
(D) 다른 공원들은 더 매력적입니다.

"Citizens of the cities of Rochester and Gresham are advised to on the lookout for two individuals wanted in connection with this morning's armed robbery of the downtown branch of 1st National Bank. Authorities report that two men are alleged to have smashed open the doors of the bank before it opened, surprising bank staff. The two individuals, described as white men in their 30's and wearing black overcoats and white tennis shoes, were last seen driving away from the scene of the crime in a red pickup truck, heading east on Highway-84 towards Gresham. If you see anyone fitting this description, do not approach them, but contact the police immediately. Thank you for your assistance."

문제 98~100은 다음 안내방송을 참조하세요.

"Rochester와 Gresham의 시민들은 1st National Bank의 시내 지점의 오늘 아침 무장 강도와 관련하여 수배된 두 명을 조심하기 바랍니다. 당국자들은 이 두 명은 은행이 문을 열기 전에 문들을 때려 부숴 열어서, 은행 직원들을 놀라게 한 것으로 보고합니다. 그 두 명은, 30대 백인 남성으로, 검은 오버코트를 입고 흰색 테니스화를 신은 것으로 묘사되는데, 빨간 픽업 트럭을 타고 범죄 현장에서 운전하여 도망쳐, Gresham 방향 84번 Highway로 향했다고 마지막으로 목격되었습니다. 만약 이 인상 착의에 부합되는 사람을 본다면, 이들에게 접근하지 말고, 즉시 경찰에 연락하세요. 협조에 감사합니다."

98. What is the purpose of this announcement?

(A) To report a stolen vehicle

(B) To report a speeding truck on a highway

(C) To warn citizens of a possible robbery

(D) To warn citizens of criminals loose in the city

98. 이 안내방송의 목적은 무엇입니까?

(A) 도난 차량을 신고하기 위해

(B) 고속도로에서 과속하는 트럭을 신고하기 위해

(C) 있을지도 모를 강도에 대해 시민들에게 경고하기 위해

(D) 시민들에게 도시를 돌아다니는 범죄자들에 대해 경고하기 위해

　　* loose: (묶거나 가둔 것이) 풀린, 마음대로 돌아다니는

99. Which of the following statements is true of the suspected robbers?

(A) They drove a white truck.

(B) They were last seen heading toward Rochester.

(C) They carried weapons when they entered the bank.

(D) They broke a window to enter the bank.

99. 다음에 언급된 것들 중 강도 용의자들에 대해 사실인 것은 어떤 것입니까?

(A) 흰색 트럭을 운전했습니다.

(B) Rochester 쪽으로 향하는 것이 마지막으로 목격되었습니다.

(C) 그들은 은행에 들어갈 때 무기를 소지했습니다.

(D) 그들은 은행에 들어가려고 창문을 깼습니다.

100. Who should someone call if they see the suspects?

(A) The police

(B) 1st National Bank

(C) The Rochester City Hall

(D) The Gresham City Hall

100. 만약 용의자들을 본다면 누구에게 전화해야 합니까?

(A) 경찰

(B) 1st National Bank

(C) Rochester 시청

(D) Gresham 시청.

Exercise 1: Answer Choice(선택지)의 품사

자신의 답을 여기의 정답과 비교해봅니다.
Q = 문제 유형
(   )의 품사는 잘 쓰이지 않는 것입니다.

Question #101 Q: Vocabulary
(A) verb-simple
(B) verb-simple
(C) verb-simple (noun)
(D) verb-simple (noun)

Question #102 Q: Grammar
(A) verb-simple, noun
(B) verb-continuous, noun
(C) verb-past
(D) verb-participle (adjective)
* participle: 분사, 완료형을 의미함

Question #103 Q: Structure
(A) adverb/conjunction
(B) adverb/conjunction
(C) adverb/conjunction
(D) adverb/conjunction
* conjunction: 접속사

Question #104 Q: Grammar
(A) verb-simple
(B) verb-past
(C) verb-continuous, noun
(D) noun

Question #105 Q: Context
(A) pronoun-object
(B) pronoun-adjective
(C) pronoun-subject
(D) pronoun-object

Question #106 Q: Context
(A) verb-simple, noun
(B) verb-simple, noun
(C) noun (verb-simple)
(D) noun

Question #107 Q: Structure
(A) adverb/conjunction
(B) adverb/conjunction
(C) adverb/conjunction
(D) adverb/conjunction

Question #108 Q: Grammar
(A) noun
(B) verb-continuous, noun
(C) verb-simple
(D) verb-past passive
* passive: 수동형

Question #109 Q: Grammar
(A) verb-simple
(B) verb-future
(C) verb-present continuous
(D) verb-past/participle (adjective)

Question #110 Q: Grammar + Vocabulary
(A) noun
(B) adjective
(C) verb (noun)
(D) noun (verb)

Question #111 Q: Structure
(A) preposition
(B) preposition
(C) preposition
(D) preposition

Question #112 Q: Grammar
(A) adjective
(B) adverb
(C) verb-simple
(D) noun

Question #113 Q: Context

(A) pronoun
(B) pronoun
(C) pronoun
(D) pronoun

Question #114 Q: Grammar

(A) noun, verb-simple
(B) noun, verb-simple
(C) verb-simple
(D) verb-simple

Question #115 Q: Structure

(A) conjunction
(B) conjunction
(C) conjunction
(D) conjunction

Question #116 Q: Context

(A) noun
(B) noun
(C) noun
(D) noun, verb

Question #117 Q: Grammar

(A) adjective
(B) noun, verb
(C) adverb
(D) adjective

Question #118 Q: Structure

(A) adverb/conjunction, preposition
(B) adverb/conjunction
(C) adverb/conjunction
(D) adverb/conjunction

Question #119 Q: Structure

(A) verb
(B) preposition
(C) preposition
(D) preposition

Question #120 Q: Grammar

(A) verb-simple
(B) verb-participle
(C) verb-continuous
(D) verb-past

Question #121 Q: Vocabulary

(A) adjective
(B) adjective
(C) noun, verb-continuous
(D) adjective

Question #122 Q: Structure + Context

(A) adverb
(B) adverb
(C) adverb
(D) adverb

Question #123 Q: Structure

(A) conjunction + adverb
(B) preposition
(C) preposition
(D) adverb, noun

Question #124 Q: Grammar

(A) noun
(B) conjunction
(C) noun, verb-continuous
(D) verb-simple

Question #125 Q: Context

(A) pronoun-adjective
(B) pronoun-adjective
(C) pronoun-object
(D) pronoun-object

Question #126 Q: Structure

(A) verb
(B) preposition
(C) preposition
(D) preposition

Question #127 Q: Grammar

(A) noun, adjective
(B) noun
(C) adverb
(D) noun (verb)

Question #128 Q: Grammar

(A) noun
(B) noun, verb-simple
(C) verb-past
(D) verb-simple

Question #129 Q: Grammar + Context

(A) verb-simple, noun
(B) verb-simple, noun
(C) noun (verb-simple)
(D) noun (verb-simple)

Question #130 Q: Context

(A) noun
(B) noun (verb-simple)
(C) noun
(D) noun

Question #131 Q: Context

(A) pronoun
(B) pronoun, adverb, conjunction
(C) pronoun, conjunction
(D) adverb, noun

Question #132 Q: Grammar

(A) verb-simple
(B) noun
(C) verb-past / participle
(D) verb-continuous, noun

Question #133 Q: Grammar

(A) adjective
(B) noun
(C) adverb
(D) noun

Question #134 Q: Context

(A) noun (verb)
(B) noun, verb
(C) verb
(D) noun

Question #135 Q: Structure

(A) adverb
(B) adverb
(C) adverb, preposition
(D) adverb

Question #136 Q: Structure

(A) preposition
(B) preposition
(C) preposition
(D) preposition

Question #137 Q: Grammar

(A) verb-simple
(B) verb-infinitive
(C) preposition + verb-gerund
(D) preposition + verb-past/participle
* **infinitive**: 부정사   * **gerund**: 동명사

Question #138 Q: Vocabulary + Context

(A) adverb
(B) adverb
(C) adverb
(D) adverb

Question #139 Q: Structure

(A) noun
(B) noun, verb
(C) noun
(D) noun, verb

Question #140 Q: Context

(A) adjective, adverb
(B) adverb
(C) adverb, conjunction
(D) adverb

Exercise 2: 문장의 빈 칸에 적합한 품사

자신이 작성한 답들을 아래의 정답들과 비교합니다.

Question #101	verb
Question #102	verb
Question #103	adverb/conjunction
Question #104	verb
Question #105	noun

Question #106	noun
Question #107	adverb/conjunction
Question #108	verb
Question #109	verb
Question #110	noun

Question #111	preposition
Question #112	adjective, adverb
Question #113	adjective
Question #114	verb
Question #115	conjunction

Question #116 noun
Question #117 adjective
Question #118 adverb, conjunction
Question #119 preposition
Question #120 verb

Question #121 preposition
Question #122 adverb
Question #123 adverb, conjunction
Question #124 verb
Question #125 noun

Question #126 adverb, conjunction
Question #127 adjective
Question #128 verb
Question #129 verb
Question #130 noun

Question #131 adverb
Question #132 verb
Question #133 adjective
Question #134 noun
Question #135 adverb

Question #136 preposition, adverb
Question #137 verb
Question #138 adverb
Question #139 noun
Question #140 adverb

Exercise 3: 정답, 트릭, TOEIC 빈출 단어

- 괄호 안의 Word들은 TOEIC에 자주 나오는 단어들입니다. 반드시 익혀두시기 바랍니다.
- 또, 선택지들에 나오는 모든 단어 역시 TOEIC에서 많이 나오는 단어이므로 꼭 학습해 두서야 합니다.

Question #101 (Words: bottom line)

(A)   주제 관련/틀린 주제(Topic-Related/Wrong Topic)
(B)   주제 관련/틀린 주제(Topic-Related/Wrong Topic)
(C) ✔
(D)   주제 관련/틀린 주제(Topic-Related/Wrong Topic)

Question #102

(A)   틀린 품사나 틀린 시제(Wrong Form)
(B)   틀린 품사나 틀린 시제(Wrong Form)
(C)   틀린 품사나 틀린 시제(Wrong Form)
(D) ✔

Question #103

(A)   정반대 의미(Opposite Meaning)
(B)   유사 의미(Similar Meaning)
(C) ✔
(D)   유사 의미(Similar Meaning)

Question #104

(A)   틀린 품사나 틀린 시제(Wrong Form)
(B) ✔
(C)   틀린 품사나 틀린 시제(Wrong Form)
(D)   틀린 품사나 틀린 시제(Wrong Form)

Question #105

(A) ✔
(B)   정반대 의미(Opposite Meaning)
(C)   정반대 의미(Opposite Meaning)
(D)   유사 의미(Similar Meaning)

Question #106

(A) ✔
(B)   정반대 의미(Opposite Meaning)
(C)   주제 관련/틀린 주제(Topic-Related/Wrong Topic)
(D)   주제 관련/틀린 주제(Topic-Related/Wrong Topic)

Question #107

(A)   유사 의미(Similar Meaning)
(B)   정반대 의미(Opposite Meaning)
(C)   정반대 의미(Opposite Meaning)
(D) ✔

Question #108

(A)   틀린 품사나 틀린 시제(Wrong Form)
(B)   틀린 품사나 틀린 시제(Wrong Form)
(C) ✔
(D)   틀린 품사나 틀린 시제(Wrong Form)

Question #109

(A)   틀린 품사나 틀린 시제(Wrong Form)
(B)   틀린 품사나 틀린 시제(Wrong Form)
(C)   틀린 품사나 틀린 시제(Wrong Form)
(D) ✔

Question #110 (**Words:** fiscal)

(A)　　　　　유사하게 보임(Similar Looking Word), 틀린 품사나 틀린 시제(Wrong Form)
(B)　　　　　틀린 품사나 틀린 시제(Wrong Form)
(C)　　　　　유사하게 보임(Similar Looking Word)
(D) ∨

Question #111 (**Words:** postpone)

(A)　　　　　유사 의미(Similar Meaning), 틀린 품사나 틀린 시제(Wrong Form)
(B)　　　　　틀린 품사나 틀린 시제(Wrong Form)
(C)　　　　　틀린 품사나 틀린 시제(Wrong Form)
(D) ∨

Question #112

(A) ∨
(B)　　　　　틀린 품사나 틀린 시제(Wrong Form)
(C)　　　　　유사하게 보임(Similar Looking Word)
(D)　　　　　틀린 품사나 틀린 시제(Wrong Form)

Question #113

(A)　　　　　틀린 품사나 틀린 시제(Wrong Form)
(B) ∨
(C)　　　　　틀린 품사나 틀린 시제(Wrong Form)
(D)　　　　　틀린 품사나 틀린 시제(Wrong Form)

Question #114 (**Words:** compensation)

(A) ∨
(B)　　　　　제한적 적합성(Limited Fit)
(C)　　　　　정반대 의미(Opposite Meaning)
(D)　　　　　정반대 의미(Opposite Meaning)

Question #115

(A)　　　　　유사 의미(Similar Meaning)
(B)　　　　　정반대 의미(Opposite Meaning)
(C)　　　　　정반대 의미(Opposite Meaning)
(D) ∨

Question #116

(A)　　　　　유사 의미(Similar Meaning)
(B) ∨
(C)　　　　　유사 의미(Similar Meaning)
(D)　　　　　유사 의미(Similar Meaning)

Question #117

(A)　　　　　정반대 의미(Opposite Meaning)
(B)　　　　　틀린 품사나 틀린 시제(Wrong Form)
(C)　　　　　틀린 품사나 틀린 시제(Wrong Form)
(D) ∨

Question #118

(A)   유사 의미(Similar Meaning)
(B)   유사 의미(Similar Meaning)
(C) ✔
(D)   정반대 의미(Opposite Meaning)

Question#119

(A) ✔
(B)   제한적 적합성(Limited Fit)
(C)   유사 의미(Similar Meaning)
(D)   정반대 의미(Opposite Meaning)

Question#120

(A)   틀린 품사나 틀린 시제(Wrong Form)
(B)   틀린 품사나 틀린 시제(Wrong Form)
(C)   틀린 품사나 틀린 시제(Wrong Form)
(D) ✔

Question #121

(A) ✔
(B)   유사하게 보임(Similar Looking Word)
(C)   유사하게 보임(Similar Looking Word)
(D)   유사하게 보임(Similar Looking Word)

Question #122 (**Words:** glitch)

(A)   정반대 의미(Opposite Meaning)
(B)   정반대 의미(Opposite Meaning)
(C) ✔
(D)   틀린 품사나 틀린 시제(Wrong Form)

Question #123

(A)   정반대 의미(Opposite Meaning)
(B)   정반대 의미(Opposite Meaning)
(C) ✔
(D)   제한적 적합성(Limited Fit)

Question #124

(A)   유사하게 보임(Similar Looking Word)
(B)   유사하게 보임(Similar Looking Word)
(C)   틀린 품사나 틀린 시제(Wrong Form)
(D) ✔

Question #125

(A)   틀린 품사나 틀린 시제(Wrong Form)
(B) ✔
(C)   틀린 품사나 틀린 시제(Wrong Form)
(D)   틀린 품사나 틀린 시제(Wrong Form)

Question #126

(A)　　　　틀린 품사나 틀린 시제(Wrong Form)
(B) ∨
(C)　　　　유사하게 보임(Similar Looking Word)
(D)　　　　유사하게 보임(Similar Looking Word)

Question #127

(A) ∨
(B)　　　　틀린 품사나 틀린 시제(Wrong Form)
(C)　　　　틀린 품사나 틀린 시제(Wrong Form)
(D)　　　　유사하게 보임(Similar Looking Word)

Question #128

(A)　　　　틀린 품사나 틀린 시제(Wrong Form)
(B)　　　　틀린 품사나 틀린 시제(Wrong Form)
(C)　　　　틀린 품사나 틀린 시제(Wrong Form)
(D) ∨

Question #129 (Words: defect)

(A)　　　　틀린 품사나 틀린 시제(Wrong Form)
(B) ∨
(C)　　　　주제 관련/틀린 주제(Topic-Related/Wrong Topic)
(D)　　　　주제 관련/틀린 주제(Topic-Related/Wrong Topic)

Question #130 (Words: contractor, bid)

(A)　　　　주제 관련/틀린 주제(Topic-Related/Wrong Topic)
(B) ∨
(C)　　　　주제 관련/틀린 주제(Topic-Related/Wrong Topic)
(D)　　　　주제 관련/틀린 주제(Topic-Related/Wrong Topic)

Question #131 (Words: recipient)

(A)　　　　틀린 품사나 틀린 시제(Wrong Form)
(B)　　　　틀린 품사나 틀린 시제(Wrong Form)
(C) ∨
(D)　　　　틀린 품사나 틀린 시제(Wrong Form)

Question #132 (Words: implement)

(A)　　　　틀린 품사나 틀린 시제(Wrong Form)
(B)　　　　틀린 품사나 틀린 시제(Wrong Form)
(C)　　　　틀린 품사나 틀린 시제(Wrong Form)
(D) ∨

Question #133

(A) ∨
(B)　　　　틀린 품사나 틀린 시제(Wrong Form)
(C)　　　　틀린 품사나 틀린 시제(Wrong Form)
(D)　　　　유사하게 보임(Similar Looking Word)

Question #134

(A)   유사하게 보임(Similar Looking Word)

(B) ∨

(C)   유사하게 보임(Similar Looking Word)

(D)   유사하게 보임(Similar Looking Word), 유사 의미(Similar Meaning)

Question #135 (**Words:** balance)

(A)   정반대 의미(Opposite Meaning)

(B)   정반대 의미(Opposite Meaning)

(C) ∨

(D)   정반대 의미(Opposite Meaning)

Question #136

(A) ∨

(B)   틀린 품사나 틀린 시제(Wrong Form)

(C)   틀린 품사나 틀린 시제(Wrong Form)

(D)   틀린 품사나 틀린 시제(Wrong Form)

Question #137

(A)   틀린 품사나 틀린 시제(Wrong Form)

(B) ∨

(C)   틀린 품사나 틀린 시제(Wrong Form)

(D)   틀린 품사나 틀린 시제(Wrong Form)

Question #138

(A) ∨

(B)   유사하게 보임(Similar Looking Word)

(C)   유사하게 보임(Similar Looking Word)

(D)   유사하게 보임(Similar Looking Word)

Question #139

(A)   유사하게 보임(Similar Looking Word)

(B)   주제 관련/틀린 주제(Topic-Related/Wrong Topic)

(C)   유사하게 보임(Similar Looking Word)

(D) ∨

Question #140

(A)   틀린 품사나 틀린 시제(Wrong Form)

(B)   틀린 품사나 틀린 시제(Wrong Form)

(C)   틀린 품사나 틀린 시제(Wrong Form)

(D) ∨

연습문제 해석

101. The sales and marketing departments need to _____ their plans and activities to better serve the company's bottom line.

(판매와 마케팅 부서들은 회사의 순익에 더 잘 기여하기 위해 그들의 계획과 활동을 _____ 필요합니다.)

* **bottom line:** 1. 핵심, 요점 2. 결산서의 마지막 줄 (순익) 3. 최종 결론

(A) nominate (지명하다, 후보를 지명하다)
(B) elevate (고양하다, 올리다)
(C) coordinate (조정하다, 협조하다)
(D) designate (지정하다, 지명하다)

102. I thought the gift I had ordered would arrive before Christmas, but it's December 26th and it still hasn't _____up.
(내가 주문했던 선물이 크리스마스 전에는 도착할 것이라고 생각했습니다만, 12월 26일인데 아직 _____ up 하지 않았습니다.)

* **show up:** 나타나다, 눈에 띄다

(A) show (나타나다-단순)
(B) showing (나타나는-진행)
(C) showed (나타났다-과거)
(D) shown (나타났다-완료)

103. _____ people who enjoy their work need time to relax, it is hard to pull themselves away from their job.
(그들의 일을 즐기는 사람들은 휴식을 취할 시간이 필요 _____ , 그들의 일로부터 자신들을 떼어 놓기가 힘듭니다.)

(A) Also (또한)
(B) However (그러나)
(C) Even though (~에도 불구하고; 뒤에는 절(clause)이 오게 됨)
(D) Despite (~에도 불구하고; 뒤에는 구(phrase)가 오게 됨)

104. After the teachers found the school principal had given herself a 15% pay raise, they _____ plans to hold a strike.
(교사들은 학교의 교장이 그녀 자신에게 15%의 임금 인상을 해 준 것을 발견한 후에, 그들은 파업하는 계획을 _____ .)

* **hold a strike:** 파업을 하다

(A) formulate (구상하다-단순)
(B) formulated (구상하였다-과거)
(C) formulating(구상하는-진행)
(D) formula(공식, 식)

105. We thought that our online advertising campaign would be successful, but ____ has responded to the newsletter we sent out.
(우리는 우리의 온라인 광고 캠페인이 성공할 것으로 생각하였습니다. 그러나 우리가 발송한 소식지에 대답한 사람은 _____ .)

* **newsletter:** 소식지, 사보

(A) no one (아무도 … 않다)
(B) anyone (누구, 아무)
(C) someone (어떤 사람, 누구)
(D) none (하나도 … 않다; 주로 none of some body/some thing과 같이 쓰임)

106. If you don't like the oven you bought, you can always return it for a full _____.
(만약 당신이 구입한 오븐이 마음에 들지 않는다면, 당신은 언제나 전체 _____ 로 반품할 수 있습니다.)

(A) refund (환불)

(B) charge (요금, 금액)

(C) warranty (품질보증, 보증)

(D) rebate (사례금, 보상적 환불금)

107. _____ the successful summer season, the manager doesn't think he can afford to add a new wing to the hotel.

(성공적인 여름 시즌 _____ , 경영자는 호텔에 새로운 부속 건물을 추가할 여력이 있다고 생각하지 않습니다.)

* **wing**: (건물 본관 한쪽으로 돌출되게 지은) 동(棟)[부속 건물]

(A) Although (비록 ~ 이지만; 뒤에 절(clause)이 나옴)

(B) Because (~이기 때문에)

(C) Due to (~때문에)

(D) Despite (~에도 불구하고; 뒤에 구(phrase)가 나옴)

108. Because of the snow storm, everyone at the airport _____ long departure delays to their flights.

(눈보라 때문에, 공항에 있는 모든 사람은 그들의 항공편들이 오랫동안 출발 지연될 것이라고 _____ .)

* **snow storm**: 눈보라

(A) anticipation (예상-명사)

(B) anticipating (예상하는-진행)

(C) anticipates (예상하다-3인칭 단순)

(D) was anticipated (예상되었다 - 과거, 수동)

109. The new invoicing program _____ us to more quickly send out bills and process money last year.

(새로운 송장 프로그램은 작년에 우리가 더 신속하게 청구서들을 발송하고 돈을 처리할 수 있게 _____ .)

* **invoice**: 송장(물품 대금, 작업 금액의 청구서)을 보내다; 송장

(A) allow (허용하다 - 단순 현재)

(B) will allow (허용할 것이다 - 미래)

(C) are allowing (허용하고 있다 - 진행)

(D) allowed (허용했다 - 과거)

110. Everyone expects the new pollution laws to pass and go into _____ at the end of this fiscal year.

(모두는 이번 회기 연도 말에 새로운 공해(방지)법들이 통과하여 _____ 하는 것을 기대합니다.)

* **fiscal year**: 회계 연도   * **go into effect**: 효력이 발생되다, 발효하다, 실시되다

(A) affection (애착, 애정)

(B) effective (효과적인, 실질적인)

(C) affect ([흔히 수동태로] 영향을 미치다)

(D) effect (영향, 효과, 결과)

111. Mrs. Regina's flight was postponed, enabling her to stay _____ Denver one more day.

(Mrs. Regina의 항공편은 연기되어, 그녀가 Denver _____ 하루 더 머물 수 있게 해주었습니다.)

(A) on (~위에)

(B) to (~까지)

(C) until (~까지)

(D) in (~안에)

112. The staff received _____ instructions not to open the conference room door until after the presentation.
(직원은 발표 후 까지는 회의실 문을 열지 말라는 _____ 지시를 받았습니다.)

(A) explicit (분명한 - 형용사)

(B) explicitly (분명하게 - 부사)

(C) elicit ((정보·반응을 어렵게) 끌어내다)

(D) explication (설명, 해설; 전개)

113. It is very likely that because Mr. Wright cannot attend the meeting, _____ company will not receive the contract.
(Mr. Wright가 회의에 참석할 수 없기 때문에, _____ 회사가 계약을 따내지 못할 공산이 아주 큽니다.)

(A) himself (그 자신(의))

(B) his (그의, 그의 것)

(C) he (그-주어)

(D) him (그-목적어)

114. In order to receive compensation for flood damage to your house, you need to _____ a claim with city hall.
(귀하의 주택의 홍수 피해에 대한 보상을 받기 위해서는, 시청에 청구(서)를 _____할 필요가 있습니다.)

(A) file (제출하다)

(B) purchase (구입하다)

(C) ask for (요청하다)

(D) receive (받다, 접수하다)

115. Sadly, the newspaper had to either cut its editorial staff _____ reduce pay for every employee working at the paper.
(슬프게도, 신문사는 편집부 직원들을 감원하_____ 신문사에서 일하는 전 직원의 급여를 삭감해야만 했습니다.)

(A) nor (~도 또한 ~않다)

(B) but (그러나)

(C) and (그리고)

(D) or (혹은/또는)

116. We are within _____ of meeting our annual sales goals, thanks to our recent expansion into Asian markets.
(우리는, 아시아 시장들의 최근의 확장 덕분에, 우리의 연 판매 목표를 달성하기 _____ 안에 있습니다.)

(A) length (길이)

(B) sight (시야)

(C) distance (거리)

(D) seeing (보는 것)

117. In light of recent injuries, our workers need to be more _____ in how they stack boxes in the warehouse.
(최근의 부상들을 미루어 볼 때, 우리 작업자들은 창고에 상자들을 쌓는 방법에 있어 더 _____ 할 필요가 있습니다.)

(A) careless (부주의한 - 형용사)
(B) care (돌봄, 보살핌 - 명사, 동사)
(C) carefully (주의하여 - 부사)
(D) careful (주의하는 - 형용사)

118. _____ recent developments in aviation technology, flight safety has increased dramatically for all airlines.
(항공 기술에서의 최근의 발전 _____, 모든 항공사들에게 비행 안전은 극적으로 향상되었습니다.)
* aviation: 항공

(A) Resulting in (~의 결과를 가져오다)
(B) Because (~ 때문에; 뒤에 절(clause)이 옴)
(C) Due to (~때문에)
(D) Despite (~에도 불구하고; 뒤에 절(clause)이 옴)

119. The company CEO will be announcing new policies to all departments _____ the use of sick days.
(회사의 CEO는 전체 부서에 병가 사용 _____ 새로운 정책을 발표할 것입니다.)

(A) regarding (~에 대하여, ~에 대한, ~에 관한)
(B) among (~사이의)
(C) to (~로)
(D) from (~부터)

120. Company profits _____ by 20% since we have installed the new high-speed computer network.
(우리가 새로운 고속 컴퓨터 네트워크를 설치한 이후 회사의 이익은 20% _____.)

(A) rise (오르다 - 단순 동사)
(B) risen (올랐다 - 완료)
(C) rising (오르고 있는 - 진행)
(D) have risen (올랐다 - 현재 완료)

121. If you purchase a car insurance policy with Allstate, you will receive a _____ oil change with Jiffy Lube.
(만약 당신이 Allstate에서 자동차 보험을 든다면, 당신은 Jiffy Lube에서의 _____ 오일 교환권을 받을 것입니다.)
* purchase(buy) a insurance policy: 보험을 들다   * lube: 윤활유(lubricant)

(A) complimentary (무료의, (감사의 표시로) 무료로 증정하는)
(B) competitive (경쟁력이 있는)
(C) competing (경쟁하는)
(D) complementary (상호보완적인)

122. Because of technical glitches, the R & D department is _____ schedule in releasing our newest generation of cell phones.
(기술적인 결함들의 이유로, 연구개발부는 우리의 가장 새로운 세대의 휴대 전화 발매 일정에 _____ 입니다.)

* **glitch:** 작은 문제[결함]

(A) ahead (앞에, 미리)

(B) ahead of (앞에, 예정보다 빠른)

(C) behind (뒤에)

(D) behind a (~의 뒤에)

123. There are not many people who are able to quickly set up a computer network _____ inadvertently creating numerous software and hardware problems.

(여러 소프트웨어와 하드웨어 문제들을 부주의로 만들어냄 _____ 신속하게 컴퓨터 네트워크를 구성할 수 있는 사람은 많이 있지 않습니다.)

* **inadvertently:** 무심코, 우연히, 부주의로

(A) and also (그리고 또)

(B) with (~와 같이)

(C) without (~이 없이)

(D) when (~일 때)

124. Federal and state regulations state that only certified nurses are able to _____ medication to patients in hospitals.

(연방 그리고 주 정부의 규정들은 자격이 있는 간호사들만이 병원에 있는 환자들에 약을 _____ 있다고 명시합니다.)

(A) administration (행정부 - 명사)

(B) administrative (관리상의, 행정상의 - 형용사)

(C) administering (취급하는, 나누어 주는, 약을 주는 - 형용사)

(D) administer (관리하다, 행정을 하다, 약을 처방하다)

125. Mr. Garrison is best known for having started an international shipping company all on _____ at the age of 25.

(Mr. Garrison은 25세의 나이에 _____ 국제 해운 회사를 설립한 것으로 가장 유명합니다.)

* **on one's own:** 자력으로

(A) his

(B) his own

(C) him

(D) himself own

126. _____ recent news reports, it is very likely the central bank will raise interest rates next month.

(최근 보도들 _____ , 중앙은행은 다음 달에 이자율을 인상할 공산이 아주 높습니다.)

(A) According (~에 따라)

(B) According to (~에 따르면)

(C) About to (~하려고 하는)

(D) Accounting for (~을 설명하는)

127. Bay Area Transit provides _____ service to Tiburon every hour during weekdays.

(Bay Area Transit은 주중에는 매 시간마다 Tiburon으로 _____ 운행을 제공합니다.)

(A) routine (정례적인 - 형용사)

(B) routines (틀에 박인 일들 - 명사)

(C) routinely (정례적으로 - 부사)

(D) route (경로 - 명사)

128. In order to _____ its new line of young adult books, the publishers will conduct book-signings in various cities.

(새로운 청소년용 도서류를 _____ 위하여, 출판사들은 여러 도시에서 도서 사인회들을 진행할 것입니다.)

(A) promotion (홍보 - 명사)

(B) promoting (홍보하는 - 동사/진행, 형용사)

(C) have promoted (홍보하였다 - 동사/완료)

(D) promote (홍보하다 - 동사/단순)

129. Albion Automotive _____ all of its cars are free of electronic defects for one year.

(Albion Automotive는 1년 동안 모든 자동차에서 전기적 결함이 없음을 _____.)

(A) guarantee (보증하다 - 동사/단순)

(B) guarantees (보증하다 - 동사/단순/3인칭)

(C) warranties (품질보증서 - 명사/복수)

(D) warranty (품질보증서 - 명사/단수)

130. Five different contractors put in bids for the remodeling _____ at Sysco's headquarters.

(5개의 다른 계약자들이 Sysco의 본부에서 리모델링 _____ (을)를 위한 입찰을 하였습니다.)

(A) guideline (가이드라인)

(B) project (계획)

(C) policy (정책)

(D) itinerary (여행 일정)

131. The branch office _____ signs up the most new clients will be the recipient of the annual sales award.

(가장 많은 신규 고객들과 서명하는 _____ 지사는 올해 판매 상의 수상자가 될 것입니다.)

(A) who

(B) where

(C) Which

(D) when

132. The CEO sent a memo _____ that his company would be implementing new pollution controls during the next quarter.

(CEO는 그의 회사가 다음 분기 중에 새로운 공해 규제를 실시할 것이라고 _____ 하는 메모를 발송하였습니다.)

(A) states (명시하다 - 동사/단순)

(B) statement (성명, 진술 - 명사)

(C) stated (명시했다, 언급했다 - 동사/과거)

(D) stating (명시하는, 언급하는 - 동사/형용사)

133. Mr. Isaak called to let the head office know that because of bad weather it was _____that he would not be able to attend the meeting.

(Mr. Isaak은 나쁜 날씨 때문에 그가 회의가 참석하지 못할 것이라는 것이 _____ 하다는 것은 본사에 알려주려고 전화했습니다.)

(A) probable (있을 것 같은, 개연성이 있는 - 형용사)
(B) probability (개연성 - 명사)
(C) probably (아마도 - 부사)
(D) problem (문제 - 명사)

134. When Secretary Dillon left office, the oil company was left without a good _____ in the government's energy department.

(비서인 Dillon이 사무실을 떠났을 때, 그 정유회사는 정부의 에너지 부처와의 좋은 _____ 이 없어졌습니다.)

* be left without: ~ 이 없다, ~이 없어지다.

(A) compact (협정, 협약 - 명사)
(B) contact (연락, 접촉 - 명사)
(C) connect (연결하다 - 동사)
(D) communication (통신, 소통 - 명사)

135. _____ all of the brochures had been printed and sent to us, we paid the remaining balance to the printers.

(모든 브로슈어들이 인쇄되어 우리에게 발송되 _____ , 우리는 인쇄업자들에게 남아있는 차액을 지불했습니다.)

(A) Although (비록 ~ 이지만)
(B) Except (~를 제외하고)
(C) Since (~때문에)
(D) Despite (~에도 불구하고)

136. Mark Strong Elementary School welcomes all parents to donate _____ the annual fundraising campaign.

(Mark Strong Elementary School은 연례 모금 운동_____ 모든 부모들이 기부하는 것을 환영합니다.)

(A) to
(B) in
(C) on
(D) by

137. It took over 12 hours to get the union and company owners _____ on the terms of the new employee contracts.

(조합과 회사의 소유주들이 새로운 사용자 계약의 조건에 _____ 하는데 12시간이 걸렸습니다.)

(A) agree
(B) to agree
(C) to agreeing
(D) to agreed

138. _____ after receiving the phone call from his manager, Mr. Rogers ordered his staff to begin work on the new marketing campaign.

(그의 관리자로부터 전화를 받은 후 _____, Mr. Rogers는 그의 직원들에게 새로운 마케팅 캠페인의 작업을 시작하라고 명령하였습니다.)

(A) Immediately (즉시)
(B) Continually (계속적으로)
(C) Effectively (효율적으로)
(D) Reasonably (합리적으로)

139. The interior designer gave us a rough _____ of the costs of bringing our house up to current safety standards.

(실내 장식 디자이너는 우리 집을 현재의 안전 규정에 맞추어 주는 비용의 대략적인 _____을 주었습니다.)

(A) escalate (증가하다 - 동사)
(B) increase (상승하다 - 동사)
(C) esteem (존경 - 명사)
(D) estimate (추정/추산; 추정하다/추산하다 - 명사/동사)

140. The courier had to be sent away because the package was not _____ ready to be delivered.

(소포가 _____ 배달될 준비가 되지 않아 배달원은 돌려보내져야만 했습니다.)

(A) far
(B) too
(C) now
(D) yet

Exercise 1: Skimming(스키밍)

자신의 답을 아래의 정답과 비교해봅니다.

Question #141-144

Heading: memo

Title: To: all employees / From: recycling coordinator / Re: Recycling Program

Text: want / you / know / currently / good job recycling / however / could / doing better - not only / important / we / help / community / recycling / benefit / reducing / company's waste / expenses / helps improve / bottom line - recycling / preserve natural resources / ton of paper / saves 17 trees - I would like / everyone / recycling opportunities available - flyer describes what / can recycle - encourage you / read / information / participate - if you wish / container / your work area / call me -

Purpose: encourage employees to recycle more + give flyer

Question #145-148

Heading: fax

Title: To: customers / From: Customer Service / Re: New Service Call Policy

Text: because more customers / paying / fees / later / set down / new / policy / service calls · if / customer / more than 15 days late / monthly payment / ice machine / not working / customers / still / fix / machine / however / expect payment in full / any unpaid / due at / visit · sorry / must go / extremes / outlined above / no alternative · new policy will / effect March 30 · any questions / new policy / give me / call

Purpose: inform customers of a new payment policy for service calls

---

Question #149-152

Heading: letter

Title: address of Michigan Gas & Electric

Text: excited to apply / position / secretary / advertised Sunday - as / head secretary / answered to / Paul / owner while / normal club / typing / filing / also / scheduling ad / appointments / screening / calls / visitors / organizing paperwork / correspondence - from / time working / become / duties / executive secretary / believe / can anticipate / meet / expectations - would love / opportunities / discuss / qualifications - busy each morning / available / any day in the afternoon

Purpose: persuade Ms. Hampton to call Ms. Pastrova for interview

Exercise 2: 문제 유형, 품사, 연관 의미들

자신의 답을 아래의 정답과 비교해 봅니다.

Question #141
문제 유형: 문법
품사: 명사
유사 의미: A/B/C/D
정반대 의미: 없음
틀린 품사: C & 아마도 A

Question #142
문제 유형: 문법
품사: 형용사
유사 의미: A/D(더 많은, 추가적인)
정반대 의미: 없음
틀린 품사: 없음

Question #143
문제 유형: 문법
품사: 동사
유사 의미: A/D = 기억하다, 암기하다
정반대 의미: 없음
틀린 품사: C(명사)

Question #144
문제 유형: 어휘
품사: 동사
유사 의미: 없음
정반대 의미: A(주다) vs. C(획득하다)
틀린 품사: 아마도 D(명사)

Question #145
문제 유형: 문법
품사: 동사
유사 의미: A/B/C/D
정반대 의미: 없음
틀린 품사: B(형용사)

Question #146
문제 유형: 어휘
품사: 명사
유사 의미: C/D(받은 돈 전부)
정반대 의미: A(아직 받지 못한 돈) vs. C/D
틀린 품사: 음

Question #147
문제 유형: 문법
품사: 동사
유사 의미: A/B(두려움을 느끼는)
정반대 의미: C, A/B vs. D(두려움을 유발하다)
틀린 품사: 없음

Question #148
문제 유형: 구조
품사: 전치사
유사 의미: 없음
정반대 의미: A vs. D
틀린 품사: D

Question #149
문제 유형: Context
품사: 형용사
유사 의미: 없음
정반대 의미: B vs. C, A vs D
틀린 품사: 없음

Question #150
문제 유형: 문법
품사: 형용사
유사 의미: C/D = 일반적인, 정상적인
정반대 의미: A vs. C/D
틀린 품사: B , C(부사)

Question #151
문제 유형: 문법
품사: 형용사
유사 의미: B/C/D
정반대 의미: 없음
틀린 품사: C(명사)

Question #152
문제 유형: 구조
품사: 부사 접속사
유사 의미: A/D/B = conflict를 암시
정반대 의미: A/B/D vs. C(conflict가 없음)
틀린 품사: 없음

Exercise 3: 정답, 트릭, TOEIC 빈출 단어

자신의 답을 아래의 정답, Context(문맥) 단서, 트릭과
비교합니다.

Question #141
(A)   틀린 품사
(B) **∨**
(C)   틀린 품사
(D)   틀린 품사

Question #142
(A)   유사 의미
(B)   유사 의미
(C)   유사 의미
(D) **∨**

Question #143
(A)   유사 의미
(B) **∨**   ("I" causes "everyone" to remember)
(C)   주제 관련 (what you remember)
(D)   유사 의미

Question #144
(A)   정반대 의미
(B)   유사 단어
(C) **∨**
(D)   유사 단어

Question #145
(A)   틀린 품사
(B)   틀린 품사
(C)   틀린 품사
(D) **∨**

Question #146
(A) **∨**
(B)   주제 관련 (all money that a company earns)
(C)   주제 관련 (money that is earned)
(D)   주제 관련 (money a company has left over
    after expenses are paid)

Question #147
(A) **∨**   ("I'm afraid" = "I'm sorry")
(B)   유사 의미
(C)   정반대 의미
(D)   정반대 의미 (cause fear)

Question #148
(A)   유사 단어
(B)   유사 의미
(C) **∨**
(D)   정반대 의미

Question #149
(A)   유사 의미
(B) **∨**
(C)   정반대 의미
(D)   유사 의미

Question #150
(A)   정반대 의미
(B)   유사 단어
(C)   틀린 품사
(D) **∨**   "normal duties"

Question #151

(A)   주제 관련 (learning something makes you familiar with it)
(B)   유사 의미 (not be present)
(C)   틀린 품사
(D) ✔

Question#152

(A) ✔
(B)   유사 의미
(C)   정반대 의미
(D)   유사 의미

연습 문제 해석

Questions 141 through 144 refer to the following memo.

Date: October 16
To: All Employees
From: Janice Lee, Recycling Coordinator
RE: Recycling Program

I wanted to let you all know that currently we are doing a pretty good job recycling. However, we could be doing better. Not only is it important that we do our _____ to help the community we work and live in;

141. (A) sharing
    (B) share
    (C) shared
    (D) shares

recycling has an _____ benefit of reducing our company's waste disposal expenses, which helps improve

142. (A) more
    (B) adding
    (C) increasing
    (D) additional

our bottom line. And, of course, recycling helps preserve natural resources - every ton of paper recycled saves 17 trees!
With this in mind, I would like to _____ everyone of the recycling opportunities available.

143. (A) remember
    (B) remind
    (C) memory
    (D) memorize

The attached flyer describes what we can recycle. I encourage you to read this information carefully and actively participate in the program. In addition, if you wish to _____a recycling container for your work area, just call me.

144. (A) give (B) abstain (C) obtain (D) object

문제 141~144는 다음 메모를 참조합니다.

일자: 10월 16일
수신: 전 직원
발신: Janice Lee, 재활용 코디네이터
제목: 재활용 프로그램

나는 여러분 모두에게 현재 우리는 재활용을 꽤 잘하고 있다는 것을 알려드리고 싶었습니다. 그러나, 우리는 더 잘할 수 있었습니다. 우리가 일하고 또 우리가 살고 있는 공동체를 돕기 위하여 우리의 _____ 를 다하는 것이

141. (A) 공유
    (B) 공유하다
    (C) 공유했다/공유한
    (D) 몫(할당)

중요할 뿐만 아니라 재활용은 우리 회사의 폐기물 처리 비용을 감소하는 _____ 효과가 있어, 이는 우리의 순익을

142. (A) 더 많은
    (B) 추가하는
    (C) 증가하는
    (D) 추가적인

향상시키는데 도움을 줍니다. 그리고, 물론, 재활용은 천연 자원을 보존하는 데 도움을 줍니다. 재활용된 종이 1톤은 17그루의 나무를 구합니다.
이를 염두에 두고, 나는 모두에게 가능한 재활용 기회들을 _____ 하고 싶습니다.

143. (A) 기억하다
    (B) 상기시키다
    (C) 기억
    (D) 기억하다

첨부된 전단은 우리가 재활용할 수 있는 것들을 설명합니다. 나는 여러분들이 이 정보를 주의 깊게 일고 프로그램에 적극적으로 참여하기를 권장합니다. 덧붙여서, 만약 여러분이 여러분들의 작업장에 재활용 용기를 _____

144. (A) 주다
    (B) 기권하다;자제하다
    (C) 획득하다;얻다
    (D) 반대하다

바란다면, 제게 전화만 하세요.

Questions 145 through 148 refer to the following fax.

To: All Icebreakers customers
From: Rhonda Xerxes, Icebreakers Customer Service Director
Fax: 341-987-0987
Subject: New Service Call Policy
Date: 2/2/2009

Because more customers are paying their monthly fees later and later, we are _____ to set down a new

145. (A) force
     (B) forceful
     (C) forcing
     (D) forced

company policy regarding service calls. If a customer is more than 15 days late in their monthly payment and their ice machine is not working, customers will still be able to contact us to fix the machine; however, we will expect payment in full of any unpaid _____ due at the time of our visit.

146. (A) balance
     (B) revenue
     (C) income
     (D) profit

While I am sorry that we must go to such extremes as those outlined above, I am _____ that there is no

147. (A) afraid
     (B) fearful
     (C) happy
     (D) feared

alternative. This new policy will go _____ effect March 30, 2009. If there are any questions regarding our new

148. (A) to
     (B) for
     (C) into
     (D) from

policy, please give me a call.

* set down: 정하다   * revenue: (정부 기관의) 수익, (일반 기업의) 매출
* go into effect: 효력이 발생되다

문제 145~148은 다음 팩스를 참조합니다.

수신: 전 Icebreakers 고객
발신: Rhonda Xerxes, Icebreakers 고객 서비스 이사
Fax: 341-987-0987
제목: 새로운 방문 수리 정책
일자: 2009년 2월 2일

많은 고객들이 그들의 월 요금을 계속 늦게 지불하고 있기 때문에, 우리는 방문 수리에 관한 새로운 회사 정책을 정할
_____
145. (A) 강제하다
     (B) 강력한, 단호한
     (C) 무리하게 요구하는
     (D) 어쩔 수 없이 ~하는

만약 고객이 월례 지불에서 15일 이상 늦고 그들의 얼음 기계가 작동하지 않으면, 고객들은 기계를 수리해 달라고 우리에게 아직 연락은 할 수 있습니다. 그러나, 우리가 방문하는 시점에서 미지급된 _____ 전부를

146. (A) 차액
    (B) 매출
    (C) 수입
    (D) 이익

지불할 것을 기대합니다.

위에서 간략한 것과 같은 극단적 조치들을 취해야만 하는 것에 죄송한 반면에, 대안이 없음에 _____;

147. (A) 유감이다
    (B) 두렵다
    (C) 행복하다
    (D) 두려웠다.

이 새로운 정책은 2009년 3월 30일 효력이 발생 _____ 됩니다.

148. (A) to
    (B) for
    (C) into
    (D) from

우리의 새로운 정책에 대하여 어떤 질문이라도 있으며, 제게 전화 주십시오.

Questions 149 through 152 refer to the following letter.

Ms. Margaret Hampton
Michigan Gas & Electric
670 SW 1st Avenue
Detroit, MI 80453

Dear Ms. Hampton,

I am excited to apply for the position of executive secretary that you advertised Sunday in the Detroit Independent _____ week.

149. (A) previous
    (B) last
    (C) next
    (D) former

As the head secretary at Renfield Real Estate, I answered to Mr. Ron Paul, the company's owner. While my normal duties were the _____ typing, and filing, I was also responsible for scheduling all of Mr. Paul's appointments,

150. (A) unusual
    (B) using
    (C) usually
    (D) usual

screening his telephone calls and visitors, and organizing his paperwork and correspondence. From working at Renfield Real Estate, I have become _____ with the duties of an executive secretary and believe I can

151. (A) learning
     (B) known
     (C) familiarity
     (D) familiar

anticipate and meet the expectations you have for a secretary. I would love the opportunity to discuss my qualifications with you in person. _____ I am busy each morning, I am available to meet any day in the afternoon.

152. (A) Even though
     (B) However
     (C) So
     (D) Despite

Warm regards,
Olga Pastrova

* **executive secretary**: 비서실장; 사무국장(총장)   * **answer to**: ~의 부름에 답하다.
* **screen**: 거르다   * **in person**: 직접
* **warm regards**: 편지 끝에 붙이는 인사의 말

문제 149~152는 다음 편지를 참조합니다.

Ms. Margaret Hampton
Michigan Gas & Electric
670 SW 1st Avenue
Detroit, MI 80453

친애하는 Ms. Hampton

저는 당신이 _____ 주 일요일 Detroit Independent에 광고한 비서실장 직책에 응모하게 되어 흥분이 됩니다.

149. (A) 이전의
     (B) 마지막, 지난
     (C) 다음
     (D) 이전의

Renfield Real Estate의 수석 비서로서, 저는 회사의 소유주인 Mr. Ron Paul를 보좌하였습니다. 저의 통상 업무들은 _____ 타이핑과 서류 정리였지만, 저는 또 Mr. Paul의 약속 전체에 대한 일정 관리, 그에게로 오는 전화와

150. (A) 이상한
     (B) 사용하는
     (C) 보통은(부사)
     (D) 보통 (형용사)

방문객들을 거르는 것, 그리고 그의 서류들과 서신도 정리하는 책임이 있었습니다. Renfield Real Estate에서 일을 한 것에서부터, 저는 비서실장의 업무들과 _____ 해졌고 귀하가 비서에게 기대하는 것들을 예상하고 그에

151. (A) 배우는
     (B) 알려진
     (C) 친숙함
     (D) 친숙한

부응할 수 있다고 믿습니다. 귀하를 직접 뵙고 저의 자격들에 대해 의논할 기회를 갖고 싶습니다. 매일 아침에는 바쁩니다 _____, 오후에는 어느 날이라도 만날 수가 있습니다.

152. (A) ~에도 불구하고
     (B) 그러나
     (C) 그래서
     (D) ~에도 불구하고

안녕히
Olga Pastrova

Exercise 1: Text(지문)의 목적

자신의 답을 아래의 정답과 비교해 봅니다.

Questions #153-155

머리말:	price table
제목:	Each of the table columns ("Domestic Standard", etc) & rows('Books", etc)
Text 처음에 나오는 목적:	Shipping Rates
Text 마지막에 나오는 목적:	none(없음)

Questions #156-158

머리말:	advertisement
제목:	are you paying too much? don't let that happen to you!
Text 처음에 나오는 목적:	save 50% / switch to CONNEXUS
Text 마지막에 나오는 목적:	call a customer service representative today

---

Questions #159-161

머리말:	news release
제목:	City Club of Akron / Akron Sentinel
Text 처음에 나오는 목적:	Herbert Walker / named "Citizen of the Year"
Text 마지막에 나오는 목적:	none(없음)

Questions #162-164

머리말:	notice
제목:	Passengers
Text 처음에 나오는 목적:	inform passengers / change / baggage / policy
Text 마지막에 나오는 목적:	hope / change / result in fewer flight delays/ confident in making connections

Questions #165-168

머리말:	phone message
제목:	To: Pratt / From: Zimmerman / Signed: Kline
Text 처음에 나오는 목적:	Isaac called to apologize / tax forms ready
Text 마지막에 나오는 목적:	give him a call

Questions #169-172

머리말:	fax
제목:	To: Linton Hotel / From: Raylene / Subject: Reservation Confirmation
Text 처음에 나오는 목적:	writing to confirm / reservation
Text 마지막에 나오는 목적:	please send / fax or email reconfirming

Questions #173-176

머리말:	memo
제목:	To: sales staff / From: Randal / Re: Future Sales Meetings
Text 처음에 나오는 목적:	Flora suggested institute new procedure / regarding / agendas
Text 마지막에 나오는 목적:	changes take effect / June / any question / contact me

Questions #177-180

머리말:	job advertisement
제목:	RESPONSIBILITIES / QUALIFICATIONS
Text 처음에 나오는 목적:	position will work under / Director / SSLIS
Text 마지막에 나오는 목적:	wish to apply / mail / resume / cover letter

Questions #181-185

Text 1

머리말:	email
제목:	To: Tim / From: Polly / CC: Zack / BCC: Mary / Re: Holiday Hours
Text 처음에 나오는 목적:	wanted / get back to you regarding / your(Tim) / schedule / Christmas break
Text 마지막에 나오는 목적:	Let's meet next week / go over the schedule / let me know if / questions

Text 2

머리말:	email
제목:	To: Polly / From: Tim / CC: Zack /
	Re: Holiday Hours
Text 처음에 나오는 목적:	Thanks for sending / schedule /
	had a few concerns
Text 마지막에 나오는 목적:	none(없음)
두 Text 사이의 관계:	Text 2는 Text 1에 대한 답변으로, 크리스마스
	일정에 대해 3가지 우려 사항이 있음을 알려 주고 있음.

Questions #186-190

Text 1

머리말:	memo
제목:	To: all moderators, From: Tina /
	Re: Room Schedule Change
Text 처음에 나오는 목적:	attached / find / revised / room assignments
Text 마지막에 나오는 목적:	Thanks / your hard work / upcoming conference

Text 2

머리말:	schedule table
제목:	Pacific State Educators Conference Schedule /
	Rows (Times), Room Names, Moderator Names
Text 처음에 나오는 목적:	Pacific State Educators Conference Schedule
Text 마지막에 나오는 목적:	none(없음)
두 Text 사이의 관계:	Text 2는 Text1에 첨부된 것으로, 수정된 방 배정 정보를 제공하고 있음

Questions #191-195

Text 1

머리말:	memo
제목:	From: Customer Service Department(RSL Rental)
	To: Wedding Chapel (Iglesias) From: Weyr (RSL Rental)
Text 처음에 나오는 목적:	writing/ overdue payment / still owe over half/ total cost
Text 마지막에 나오는 목적:	this / our / last communication / look forward / prompt reply

Text 2

머리말:	invoice
제목:	From: Regency Sound & Lighting (RSL Rental)
	To: Wedding Chapel (Iglesias)
	Order Date / Delivery Date / Due Date / Total /
	Payments / Credits / Balance Due
Text 처음에 나오는 목적:	none(없음)
Text 마지막에 나오는 목적:	none(없음)
두 Text 사이의 관계:	Text 2는 Text 1에 첨부된 것으로, 돈을 얼마나
	지불해야 하는 지 보여주고 있음.

Questions #196-200

Text 1
머리말:	letter
제목:	To: Peters, Giovanni & Sons / From: Barton, Richmond Office Supplies P.O.#
Text 처음에 나오는 목적:	writing / recent order / need to change / method of payment
Text 마지막에 나오는 목적:	look forward / your response

Text 2
머리말:	purchase order
제목:	Vendor / Ship To / Bill To / Date of Order / Payment / Net Total
Text 처음에 나오는 목적:	none(없음)
Text 마지막에 나오는 목적:	none(없음)
두 Text 사이의 관계:	Text 2는 Text 1에서 언급되는 주문서임

Exercise 2: 질문과 선택지의 키워드들

자신의 작성한 답과 아래의 정답을 비교해봅니다.
Q = 질문의 키워드들

Question #153 Q: where, expect table
문제 유형: 추론
(A) travel book
(B) video store
(C) website
(D) manual

Question #154 Q: how shipping times estimated
문제 유형: 상세사항(추론)
(A) cost
(B) destination
(C) item
(D) weight

Question #155 Q: how much cost 30 lbs. books California
문제 유형: 추론
(A) $11
(B) $17
(C) $35.96
(D) $35.98

Question #156 Q: purpose advertisement
문제 유형: 주제
(A) encourage calls
(B) change carrier
(C) promote new company
(D) how much spend

Question #157 Q: how many countries	(A) 5
	(B) 10
문제 유형: 상세사항	(C) 30
	(D) over 30

Question #158 Q: what do switch	(A) call current carrier
	(B) call CONNEXUS
문제 유형: 상세사항	(C) CONNEXUS website
	(D) pick 30 countries

Question #159 Q: main purpose letter	(A) explain why philanthropist
	(B) raise money
문제 유형: 주제	(C) announce award
	(D) support from charities

Question #160 Q: who probably helped	(A) anyone donating
	(B) member City Club
문제 유형: 추론	(C) needing support mortgage
	(D) lives on street

Question #161 Q: what kind company	(A) electronic device
	(B) fundraising
문제 유형: 상세사항	(C) marketing
	(D) hospital

Question #162 Q: what main topic	(A) change baggage rates
	(B) change arrival departure
문제 유형: 주제	(C) change connection
	(D) flight delays

Question #163 Q: what study demonstrate	(A) Pacific Airways slower
	(B) Pacific Airways faster
문제 유형: 상세사항	(C) large bags delay
	(D) small bags delay

Question #164 Q: purpose of fee increase	(A) smaller bags
	(B) larger bags
문제 유형: 목적	(C) fly Pacific Airways
	(D) slow down loading unloading

Question #165 Q: what kind office Zimmerman	(A) tax accountancy
문제 유형: 상세사항(추론)	(B) courier
	(C) telephone
	(D) government

Question #166 Q: why Zimmerman call	(A) completed forms
문제 유형: 목적	(B) Kline his forms ready
	(C) apologize for sending forms
	(D) ask courier deliver his forms

Question #167 Q: what Pratt need to do	(A) wait for call
문제 유형: 상세사항	(B) call courier
	(C) send forms
	(D) call Zimmerman

Question #168 Q: why Zimmerman apologize	(A) call too early
문제 유형: 목적	(B) not calling earlier
	(C) leaving forms
	(D) does not have forms completed

Question #169 Q: purpose fax	(A) confirm reservation
문제 유형: 주제	(B) make reservation
	(C) respond to request
	(D) ask location hotel

Question #170 Q: what NOT request	(A) small kitchen
문제 유형: 상세사항	(B) pet-friendly
	(C) view ocean
	(D) non-smoking

Question #171 Q: what time arriving Hotel	(A) 7 a.m.
문제 유형: 상세사항	(B) 4 p.m.
	(C) 7 p.m.
	(D) 8 p.m.

Question #172 Q: how first reserve	(A) fax
문제 유형: 상세사항	(B) email
	(C) phone
	(D) website

Question #173 Q: main purpose	(A) inform policy change
문제 유형: 주제	(B) set up meeting
	(C) ask for suggestions
	(D) submissions agenda

Question #174 Q: how long last meeting	(A) 1 hour
문제 유형: 상세사항(추론)	(B) less than 2 hours
	(C) 2 hours
	(D) over 3 hours

Question #175 Q: who responsible discussions not long	(A) Flora
문제 유형: 상세사항	(B) Nancy
	(C) Randal
	(D) Human Resource manager

Question #176 Q: happens longer 20 minutes	(A) continued via email
문제 유형: 상세사항	(B) Smith decides if continue
	(C) added to following agenda
	(D) Smith sends memo

Question #177 Q: type advertisement	(A) human resources
문제 유형: 주제	(B) director
	(C) social science
	(D) librarian aide

Question #178 Q: duty position	(A) earn Masters
문제 유형: 상세사항	(B) work with computer science
	(C) maintain website
	(D) improve library database

Question #179 Q: what NOT necessary skill	(A) two years professional library studies
문제 유형: 상세사항	(B) attention details
	(C) collect materials
	(D) how to use catalog software

Question #180 Q: how submit resume	(A) mail
문제 유형: 상세사항	(B) email
	(C) fax
	(D) go to department

Question #181 Q: purpose email sent by Polly

문제 유형: 주제

(A) tell Tim schedule
(B) ask Mary help
(C) ask Tim for schedule
(D) ask Zack attend meeting

Question #182 Q: what time store normally open

문제 유형: 상세사항(추론)

(A) 5
(B) 7
(C) 8
(D) 9

Question #183 Q: Tim concerned EXCEPT

문제 유형: 상세사항

(A) not enough days off
(B) take sick day
(C) coworker doesn't have key
(D) come in earlier Sundays

Question #184 Q: which most likely true

문제 유형: 추론

(A) Tim not want work holidays
(B) Tim not work holidays
(C) Zack not work holidays
(D) Zack not open store

Question #185 Q: how many days Tim now hoping off

문제 유형: 상세사항(추론)

(A) 2
(B) 3
(C) 4
(D) 5

Question #186 Q: main purpose memo

문제 유형: 주제

(A) ask suggestions changing room
(B) set up call
(C) notify changes schedule
(D) ask volunteers

Question #187 Q: who moderates most

문제 유형: 상세사항

(A) Montoya
(B) Richards
(C) Ross
(D) Carey

Question #188 Q: what probably wrong previous draft

문제 유형: 추론

(A) Montoya different rooms same time
(B) Williams didn' t want moderate
(C) Ross wanted more
(D) not enough moderation

Question #189 Q: why Williams only one	(A) only wanted one
	(B) attend a meeting
문제 유형: 목적	(C) volunteering
	(D) wanted give to Rose

Question #190 Q: which NOT able to attend	(A) Student Center / Laboratory Classroom
	(B) Teacher Teamwork / Storytelling
문제 유형: 상세사항	(C) Teaching Cooperation / Manage It
	(D) They Need You / Digital Dialogue

Question #191 Q: purpose letter	(A) inform Iglesias overdue payment
	(B) pay bill
문제 유형: 주제	(C) ask more time
	(D) ask Iglesias pay

Question #192 Q: what kind company Weyr	(A) church
	(B) equipment rental
문제 유형: 상세사항(추론)	(C) credit card
	(D) wedding caterer

Question #193 Q: before letter how many times tried contact	(A) none
	(B) 1
문제 유형: 상세사항(추론)	(C) 2
	(D) 3

Question #194 Q: when need to pay	(A) August 15
	(B) August 17
문제 유형: 상세사항	(C) August 30
	(D) October 15

Question #195 Q: how much deposit	(A) $250
	(B) $262.05
문제 유형: 상세사항	(C) $490
	(D) $512.05

Question #196 Q: purpose letter	(A) remind additional fee
	(B) apologize not filling order
문제 유형: 주제	(C) set up delivery
	(D) inform methods for paying

Question #197 Q: which method NOT use pay	(A) Credit Card
	(B) Cash on delivery
문제 유형: 상세사항	(C) cash
	(D) business check

Question #198 Q: how much cost deliver	(A) $25
	(B) $50
문제 유형: 상세사항	(C) $494
	(D) $519

Question #199 Q: which most likely true	(A) Barton not want deliver supplies
	(B) Barton never told delivery fee before
문제 유형: 추론	(C) Peters forgot add delivery fee
	(D) Peter didn't know delivery fee.

Question #200 Q: what Richmond no longer stock	(A) Red paper
	(B) Red pencils
문제 유형: 상세사항	(C) Red pens
	(D) Blue pens

Exercise 3: 정답, 트릭, TOEIC 빈출 단어

T= Text(지문)　　　　**Q=** Question(질문)　　　　**AC=** Answer Choice(선택지)

Question #153 Q: (**Words:** T: expedited, T: shipping)

(A)　　　단어 반복 ("international", "book")
(B)　　　단어 반복 (T: "videotapes", AC: "video")
(C) **V**
(D)　　　주제 관련 (T: "books", AC: "manual")

Question #154 Q:

(A)　　　틀린 부연 설명 (T: shipping times는 cost를 결정하지만, 그 반대는 아님)
(B)　　**V**
(C)　　　틀린 부연 설명 (T: "Type of Item"이 결정하는 것은 price이지, time이 아님)
(D)　　　틀린 부연 설명 (T: "Weight"가 결정하는 것은 price이지, time이 아님)

(A)   유사한 상세 사항 ("$11.98")
(B)   유사한 상세 사항 ("$17.98")
(C)   V
(D)   유사한 상세 사항 ("$35.98")

Question #156 Q: (**Words:** T: call carrier, T: reliable)

(A)   틀린 부연 설명 (T: "paying too much calling overseas")
(B)   V
(C)   틀린 부연 설명 (T: "over 10 years' experience", AC: "new")
(D)   틀린 상세 사항 (T: 질문으로 시작하는 광고도 종종 있음)

Question #157 Q:

(A)   유사한 상세 사항 (T: "top 5/ companies")
(B)   유사한 상세 사항 (T: "10 years")
(C)   틀린 부연 설명   (T: "over 30")
(D)   V

Question #158 Q:

(A)   틀린 부연 설명 (T: "we will / help / by contacting your / carrier")
(B)   V
(C)   틀린 상세 사항 (T: "See www.connexus.com for more details")
(D)   틀린 부연 설명 (T: "leading / company in over 30 countries"))

Question #159 Q: (**Words:** T: Philanthropic, T: fundraising drive, T: humanitarian, T: kick off)

(A)   틀린 상세 사항 (T: "Walker / stated / desire to work / behalf of others / due to")
(B)   틀린 상세 사항 (T: 모금운동은 첫 번째 문단에 나오지 않음)
(C)   V
(D)   틀린 부연 설명 (T: "he / supporter of / charities")

Question #160 Q:

(A)   틀린 부연 설명 (T: "he / match / donations of $500")
(B)   틀린 부연 설명 (T: City Club은 상을 수여하는 곳임)
(C)   틀린 부연 설명 (T: "living downtown")
(D)   V

Question #161 Q:

(A) **∨**
(B) 틀린 사람 (T: AEON은 모금 운동하는 곳임)
(C) 주제 관련 (T: 모금운동을 하는 사람들은 종종 마케팅 회사를 활용하기도 함)
(D) 주제 관련 (T: "medical equipment industry" 는 "hospital" 을 의미하지 않음)

Question #162 Q: (**Words:** appreciable)

(A) **∨**
(B) 틀린 부연 설명 (T: "increasing / reliability of arrival and departure times')
(C) 틀린 부연 설명 (T: "you can be confident / making connections")
(D) 틀린 상세 사항 (T: "studies conducted" 는 텍스트의 중간 쯤에 있음)

Question #163 Q:

(A) 주제 관련 (AC: 정책을 변경하는 이유일 가능성도 있음)
(B) 틀린 부연 설명 (T: "to aid / in speeding up / unloading / baggage")
(C) 틀린 부연 설명 (T: "studies found / large / bags / resulting / delays')
(D) **∨**

Question #164 Q:

(A) **∨**
(B) 틀린 부연 설명 (T: "small bags / hope / will result / fewer / delays")
(C) 틀린 부연 설명 (T: "small bags / hope / will result / fewer / delays")
(D) 틀린 부연 설명 (T: "to aid / in speeding up / unloading / baggage")

Question #165 Q: (**Words:** T: courier)

(A) **∨**
(B) 틀린 부연 설명 (T: "Zimmerman / Tax Specialist")
(C) 주제 관련 (T: "Isaac called")
(D) 주제 관련 (T: "your 2012 federal tax forms")

Question #166 Q:

(A) **∨**
(B) 틀린 사람 (T: "TO / Pratt···your / tax forms are ready')
(C) 틀린 부연 설명 (T: "apologize for not returning your call")
(D) 틀린 사람 (T: "Pratt···your / tax forms are ready")

Question #167 Q:

(A)   틀린 사람 (T: "give him(Zimmerman) a call')
(B)   틀린 사람 (T: "he(Zimmerman) / have / courier get them(forms) to us")
(C)   틀린 사람 (T: "your (Pratt) / forms / ready…send them / to us")
(D) ∨

Question #168 Q:

(A)   틀린 부연 설명 (T: "not returning your call last week')
(B) ∨
(C)   틀린 부연 설명 (T: "he can have courier get them")
(D)   틀린 부연 설명 (T: "your / forms are ready')

Question #169 Q:

(A) ∨
(B)   주제 관련 (T: "confirm my reservation")
(C)   틀린 사람 (T: "reconfirming my reservation and / requests")
(D)   주제 관련 (AC: 호텔에 연락하는 일반적인 이유 중의 하나임)

Question #170 Q:

(A)   (T: "kitchenette")
(B) ∨ 주제 관련 (AC: 호텔 예약 시 일반적으로 요청하는 사항 중의 하나임)
(C)   (T: "ocean-view")
(D)   (T: "non-smoking")

Question #171 Q:

(A) ∨
(B)   유사한 상세 사항 (T: "check-in / 4:00")
(C)   단어 반복 (T: "7:00 a.m.", AC: "7:00 p.m.")
(D)   유사한 상세 사항 (T: "May 18th / 8:00")

Question #172 Q:

(A)   틀린 부연 설명 (T: "reservation / made over the phone")
(B)   틀린 부연 설명 (T: "send me a fax or email reconfirming / reservation")
(C) ∨
(D)   주제 관련 (AC: 호텔을 예약하는 가능한 방법들 중의 하나임)

Question #173 Q:

(A) ∨
(B) 틀린 부연 설명 (T: "I've come up with / changes / how to / plan / meetings")
(C) 틀린 부연 설명 (T: "I've come up with / changes" , "if you have / questions / contact me")
(D) 틀린 부연 설명 (T: 안건을 제출하는 방법을 설명하는 것이 목적임)

Question #174 Q:

(A) 유사한 상세 사항 (T: "an hour")
(B) 틀린 부연 설명 (T: "over an hour")
(C) 틀린 부연 설명 (T: "keep / meetings / normal 2 hours")
(D) ∨

Question #175 Q:

(A) 틀린 사람 (T: "Flora suggested / new procedures")
(B) ∨ (T: "Nancy / keep track of the time")
(C) 틀린 사람 (T: "I've come up with / changes")
(D) 틀린 사람 (T: "consulting with / head / Human resources / come up / changes")

Question #176 Q:

(A) 주제 관련 (T: 내근 직원들 사이에서 토론을 계속할 수 있는 가능한 방법임)
(B) 주제 관련 (T: Smith는 manage이기 때문에 이런 결정을 할 수도 있을 것임)
(C) ∨
(D) 단어 반복 (T: 내근 직원들 사이에서 토론을 계속할 수 있는 가능한 방법임)

Question #177 Q: (**Words:** T: collaborate, T: relevant)

(A) 틀린 부연 설명 (T: "mail resume / Human Resources")
(B) 틀린 부연 설명 (T: "work under / Director / SSLIS")
(C) 틀린 부연 설명 (T: "meet / needs / Social Science")
(D) ∨

Question #178 Q:

(A) 틀린 상세 사항 (T: "QUALIFICATIONS / Masters of Library Services")
(B) 극단적 추론
(T: "work with other / staff and faculty" 하지만 Computer Dept.를 포함하는 것인지는 분명하지 않음.)
(C) 극단적 추론 (T: "Data Archive" 는 website일 수 있지만, 분명하지 않음)
틀린 상세 사항 (T: "QUALIFICATIONS /experience / internet-based systems")
(D) ∨

(A)   (T: "Minimum of two years of relevant professional experience")
(B)   (T: "attention to detail")
(C) **V**   주제 관련 (AC: 도서관 사서에게 필요한 통상적인 기술임)
(D)   (T: "Experience using library catalog software")

Question #180 Q:

(A) **V**
(B)   주제 관련 (AC: 통상적인 이력서 제출 방법임)
(C)   주제 관련 (AC: 통상적인 이력서 제출 방법임)
(D)   주제 관련 (AC: 통상적인 이력서 제출 방법임), 단어 반복 ('human resources")

Question #181 Q: (**Words:** T: accommodate, T: upcoming)

(A) **V**
(B)   틀린 부연 설명 (T1: "Mary can help you (Tim)")
(C)   틀린 부연 설명 (T1: "let's meet / go over / schedule" implies schedule is already done)
(D)   틀린 상세 사항 (AC: 이-메일의 주요 목적이 아니라, 중요지 않은 상세 사항임)

Question #182 Q:

(A)   틀린 부연 설명 (T2: "7:00 / 2 hours before")
(B)   틀린 상세 사항 (T2: "have to be in at 7:00")
(C)   틀린 상세 사항 (T2: "come in at 8:00 / instead?")
(D) **V**

Question #183 Q:

(A)   (T2: "I (Tim) only have two days off / was expecting / at least three days off")
(B) **V**   (T1: "you / need to take Sick Day" , T2: Tim does not mention this in his email)
(C)   (T2: "Another issue / keys / make sure Zack has a key")
(D)   (T2: "schedule states / in at 7:00/ normally / open until 9:00/ have to be in 2 hours before?")

Question #184 Q:

(A)   틀린 부연 설명 (T2: "I (Tim) agreed to do / Christmas break")
(B)   극단적 추론 (AC: 텍스트들에서 Tim이 휴일 중에 근무한 적이 없다고 언급하는 것은 없음)
(C)   극단적 추론 (AC: 텍스트들에서 Zack이 휴일 중에 근무한 적이 없다고 언급하는 것은 없음)
(D) **V**

Question #185 Q:

(A) 틀린 부연 설명 (T2: "I only have two days / not what I was hoping")
(B) 틀린 부연 설명 (T2: "I was expecting / at least three days")
(C) ∨ (T2: "I only have two days / anyone who can do / couple other days")
(D) 틀린 부연 설명 (T2: "two days" + "at least three days")

Question #186 Q: (**Words:** T: moderator, T: reception)

(A) 틀린 부연 설명 (T1: "we fixed the room assignment")
(B) 틀린 부연 설명 (T1: "tele-conference yesterday")
(C) ∨
(D) 틀린 부연 설명 (T1: "Thank Rachael for volunteering")

Question #187 Q:

(A) 틀린 부연 설명 (T1: "Montoya /3 rooms at once"), 틀린 상세 사항 (T2: "Montoya" 2 times)
(B) 틀린 상세 사항 (T2: "Richards" 2 times)
(C) ∨ (T2: "Ross" 3 times)
(D) 틀린 상세 사항 (T2: "Carey" 2 times)

Question #188 Q:

(A) ∨
(B) 틀린 부연 설명 (T1: "Williams needs to leave at lunch")
(C) 극단적 추론 (T1: "Thanks Rachel / volunteering" ⋯no idea if she wanted more before volunteering)
(D) 틀린 부연 설명 (T1: "fixed / room assignments")

Question #189 Q:

(A) 틀린 부연 설명 (T1: "Williams needs to leave at lunch / last-minute business meeting")
(B) ∨
(C) 극단적 추론
     (T1: "last-minute business meeting" ⋯그러나 다른 conference를 위한 meeting이라는 단서는 없음)
(D) 틀린 부연 설명 (T1: "we(Tina) have given / discussion to Rachel")

Question #190 Q:

(A) 유사 형태 정보 (T2: 이 두 meeting은 같은 시간에 있음)
(B) 유사 형태 정보 (T2: 이 두 meeting은 같은 시간에 있음)
(C) ∨
(D) 유사 형태 정보 (T2: 이 두 meeting은 같은 시간에 있음)

Question #192 Q:

(A)   틀린 사람 (T1: Chapel / Bill Iglesias)
(B) **∨**
(C)   틀린 부연 설명 (T: "you(Iglesias) can pay by / credit card")
(D)   틀린 사람 (T: Chapel / Bill Iglesias'), 극단적 추론 (Iglesias가 caterer일 것입니다.)

Question #193 Q:

(A)   틀린 부연 설명 (T1: "never received a return call")
(B)   틀린 부연 설명 (T1: "were only able to leave a message")
(C)   틀린 부연 설명 (T1: "since then / two other messages")
(D) **∨**

Question #194 Q:

(A)   틀린 부연 설명 (T1: "October 15")
(B)   유사한 상세 사항 (T2: "renting / equipment on August 17")
(C)   유사한 상세 사항 (T1: "did not receive payment / end of August")
(D) **∨**

Question #195 Q:

(A) **∨**
(B)   유사한 상세 사항 (T2: "Balance due")
(C)   유사한 상세 사항 (T2: "Subtotal")
(D)   유사한 상세 사항 (T2: "Total")

Question #196 Q:

(A)   (T1: "you / remember / we talked / additional fee")
(B) **∨** 틀린 부연 설명 (T2: "unfortunately / unable to accept")
(C)   (T1: "discuss / what days / delivery")
(D)   (T1: "you can pay by")

Question #197 Q:

(A)   (T1: "pay by credit card")
(B) ✔ (T1: "need to change / method / on PO")
(C)   (T1: "pay / cash")
(D)   (T1: "acceptable / business check")

Question #198 Q:

(A) ✔
(B)   유사한 상세 사항 (T1: "orders exceeding $50")
(C)   유사한 상세 사항 (T2: "NET TOTAL $494")
(D)   유사한 상세 사항 (T2: "494 + $25 = 519")

Question #199 Q:

(A)   극단적 추론 / 틀린 부연 설명 (T1: "if you wish us to deliver")
(B)   틀린 부연 설명 (T1: "you / remember / we talked / additional fee")
(C) ✔
(D)   틀린 부연 설명 (T1: "you / remember / we talked / additional fee")

Question #200 Q:

(A)   틀린 부연 설명 (T1: "if you can accept deliveries / Mon-Fri")
(B)   틀린 부연 설명 (T1: "could deliver your order / Saturday")
(C) ✔
(D)   틀린 부연 설명 (T1: "you can / accept deliveries / Mon-Fri")

연습 문제 해석

Questions 153 and 155 refer to the following table.

Shipping Rates for Walden Books						
Domestic Standard*		Domestic Expedited#	Two Day	Overnight	International Standard*	International Expedited#
Books	$3.99	$6.99	$11.98	$17.98	$12.49	$35.98
CDs, Cassettes	$2.98	$5.19	$7.98	$11.98	$6.89	$32.98
VHS Videotapes	$2.98	$5.19	$11.98	$17.98	$12.29	$35.98
DVDs	$2.98	$5.19	$7.98	$11.98	$12.29	$32.98

* **Standard:** Domestic (US &Canada): 9-12 Business Days / International: 13-18 Business days
\# **Expedited:** Domestic: 3-5 Business Days / International 6-8 Busing days

NOTE: All prices above are for packages weighing less than 20 lbs. For packages weighing 20lbs. or more, all shipping rates are doubled.

Two Day & Overnight service is only available for shipments to locations in the U.S. & Canada.

* **expedite:** 더 신속히 처리하다   * **overnight:** 야간의; 하룻밤 동안의
* **business day:** 영업일, 평일

문제 153~155는 다음 표를 참조합니다.

Walden Books의 운송 요금						
국내 표준*		국내 속달#	2일	1일	국제 표준*	국제 속달#
서적	$3.99	$6.99	$11.98	$17.98	$12.49	$35.98
CD, 카세트	$2.98	$5.19	$7.98	$11.98	$6.89	$32.98
VHS 비디오테이프	$2.98	$5.19	$11.98	$17.98	$12.29	$35.98
DVD	$2.98	$5.19	$7.98	$11.98	$12.29	$32.98

* **표준:** 국내 (미국과 캐나다): 9-12 영업일 / 국제: 13-18 영업일   \# **속달:** 국내: 3-5 영업일 / 국제 6-8 영업일

주의: 위의 모든 가격은 20 파운드 미만 중량의 소포임. 20 파운드 또는 그 이상의 소포들에 대한, 모든 운송 요금은 두 배임.

2일과 1일 서비스는 미국과 캐나다 지역들로 운송품들에만 적용됨.

153. Where might you expect to see this table?
(A) A travel book
(B) A video store
(C) A website
(D) An instructional manual

153. 이 표는 어디에서 볼 수 있을 것으로 예상됩니까?
(A) 여행(안내) 책자
(B) 비디오 상점
(C) 웹사이트
(D) 교육용 설명서

154. How are shipping times for standard packages estimated?
(A) By cost
(B) By destination
(C) By type of item shipped
(D) By weight

154. 표준 소포들의 운송 시간은 어떻게 예상됩니까?
(A) 가격에 의해
(B) 목적지에 의해
(C) 운송되는 품목의 유형에 의해
(D) 중량에 의해

155. How much would it cost to ship a 30 lbs. package of books to California overnight?
(A) $11.98
(B) $17.98
(C) $35.96
(D) $35.98

155. California에 overnight로 30 파운드의 책자 소포를 운송하려면 얼마나 돈이 들겠습니까?
(A) $11.98
(B) $17.98
(C) $35.96
(D) $35.98

Questions 156 through 158 refer to the following advertisement.

Are you paying too much calling overseas?

Do you feel that with the money you spent calling a friend or loved one in another country you could have flown to see them?

Don't let that happen to you!

Save 50% on your next international phone call when you switch to CONNEXUS, the leading international telecommunication company in over 30 countries. Simply call 1-800-CONNEXUS, and tell us which country you call the most - and lock in a 50% discount for all calls to that country for the next year!* We will even help you in switching from you current international call carrier to us by contacting your current carrier and doing all the work for you! It's never been more easy or rewarding to join CONNEXUS!

We understand that with family and friends all over the world, you need an inexpensive and reliable service to help you keep in touch with those you love--CONNEXUS, with over 10 years' experience and one of the most advanced networks on the planet, is there for you.

*Based on comparisons of the top 5 international call carrier companies. See www.connexus.com for more details on how to lock in our 50% "Favorite Country" rate! Call a customer service representative today!

* **leading**: 가장 중요한, 선두적인   * **telecommunication company**: 통신 회사
* **carrier**: (전화나 인터넷 서비스를 제공하는) 회사   * **rewarding**: 보람이 있는, 수익이 많이 나는
* **customer service representative** 고객 서비스 상담원

국제 전화에 너무 많은 돈을 지불하고 있습니까?

다른 나라에 있는 친구나 연인에게 전화를 하는데 쓴 돈으로 비행기를 타고 그들을 보러 갈 수 있을 지도 모른다고 느끼십니까?

여러분에게 그런 일이 일어나지 않게 하십시오!

30개 넘는 국가에서 선두적인 국제 통신회사인 CONNEXUS로 전환하고 귀하의 다음 번 국제 전화에서 50%를 절약하세요. 단지 1-800-CONNEXUS로 전화하여, 우리에게 귀가 어느 나라로 제일 많이 전화한다고 말하면, 다음 1년간 그 나라로의 모든 전화에 대해 50% 할인이 고정됩니다!* 우리는 귀하의 현재 통신사에 연락하여 귀하 대신 모든 일을 하여 현재 귀하의 국제전화 통신사로부터 우리로 전환하도록 도와드리기 까지 할 것입니다. CONNEXUS에 가입하는 것이 이보다 쉽고 수익이 많이 나는 때가 없었습니다!

세계 도처에 있는 가족과 친구들이 있는 귀하는 사랑하는 이들과 연락을 유지할 수 있도록 도와주는 비싸지 않고 믿을 수 있는 서비스를 필요로 한다는 것을 우리는 이해합니다. 귀하를 위해, 10년 이상의 경험과 지구상에서 가장 앞선 통신망인 CONNEXUS가 있습니다.

* 상위 5대 국제 전화 통신사들의 비교에 근거함. 당사의 "선호 국가" 요금제에 고정하는 방법에 대해 더 자세한 사항은 www.connexus.com 참조하세요! 오늘 고객서비스 상담원에게 전화하세요!

---

156. What is the purpose of this advertisement?
(A) To encourage calls overseas
(B) To encourage people to change their overseas call carrier
(C) To promote a new international telecommunication company
(D) To ask how much money people spend calling overseas

156. 이 광고의 목적은 무엇입니까?
(A) 국제 전화를 권유하기 위해
(B) 사람들이 그들의 국제 전화 통신사를 변경하도록 권유하기 위해
(C) 새로운 국제 통신사의 홍보하기 위해
(D) 사람들이 국제 전화에 돈을 얼마나 쓰는지 질문하기 위해

157. How many countries does CONNEXUS operate in?
(A) 5
(B) 30
(C) Half of all countries
(D) Over 30

157. 얼마나 많은 나라에서 CONNEXUS는 영업하고 있습니까?
(A) 5
(B) 30
(C) 모든 나라의 반
(D) 30이상

158. According to the ad, what can you do to switch to CONNEXUS?
(A) Call your current carrier
(B) Call CONNEXUS
(C) Visit the CONNEXUS website
(D) Pick 30 favorite countries

158. 광고에 의하면, 무엇을 하면 CONNEXUS로 전환할 수 있습니까?
(A) 귀하의 현재 통신사에 전화합니다.
(B) CONNEXUS에 전화합니다.
(C) CONNEXUS 웹사이트를 방문합니다.
(D) 선호하는 나라 30개를 선정합니다.

Questions 159 through 161 refer to the following news release.

NEWS RELEASE

City Club of Akron
Akron, Ohio 75243
Yasmine Ulrich, Publicity Director
Fax: (804) 771 -1222

Alice Wrigley, Editor
Akron Sentinel
Fax: (804) 757-4534

FOR IMMEDIATE RELEASE

Akron, Ohio, September 10, 2013. Herbert Walker, former president and CEO of Medco Digital, Inc., was named "Citizen of the Year" at the annual City Club of Akron Honors Night on September 9. During his two years since leaving Medco Digital, Mr. Walker has been involved in dozens of philanthropic endeavors throughout the region, with a majority of those activities centered in Akron itself.

In accepting the award, Mr. Walker announced the kick-off of a new fundraising drive for the Akron Economic Opportunities Movement (AEON), dedicated to reducing the number of homeless living downtown. To help the drive for donations, Mr. Walker promised that he would match every individual donation of $500 or more, declaring that, "It is up to us, the fortunate members of the Akron community, to help lift up those among us less fortunate."

At the awards ceremony, Mr. Walker, aged 67, stated his never-ending desire to work on behalf of others, mainly due to his desire to help other achieve economic security and prosperity. He explained that, "My hometown has given me so much over the years," and that he has been "blessed with opportunities and aid which have helped [me] achieve many things in business."

A native of Akron, Mr. Walker created Medco Digital in 1974, building it up to be a national leader in the electronic medical equipment industry. He has been a longtime supporter of many local charities and nonprofit organizations, helping out through personal donations, volunteering and fundraising campaigns. The list of his humanitarian activities was so long that according to Philip Regence, Akron City Club President, "It would have taken over 10 minutes to list all the things Herbert has done for our city and the state."

* philanthropic: 인정 많은, 인자한; 박애(주의)의, 동포애의   * kick-off: (축구 경기의) 개시[시작]
* fundraising drive: 모금 운동   * be blessed with: 복을 받아 ~을 갖다[누리다]
* charities: 자선단체

문제 159~161은 다음 보도 자료를 참조합니다.

보도 자료

City Club of Akron
Akron, Ohio 75243
Yasmine Ulrich, 홍보 임원
Fax: (804) 771 -1222

Alice Wrigley, 편집인
Akron Sentinel
Fax: (804) 757-4534

즉시 보도 용

Ohio주 Akron, 2013년 9월 10일. Medco Digital사의 이전 사장 겸 CEO이었던 Herbert Walker가 9월 9일 연례 Akron City Club 명예의 밤에서 "올해의 시민" 에 임명되었습니다. Medco Digital사를 떠난 후 2년 동안, Walker씨는, 지역 전체에 걸쳐 수십 가지의 인도적 노력들에 관여되었는데, 그 활동들의 주요 부분이 Akron 자체에 집중된 것이었습니다.

그 상을 받으면서, Walker씨는, 시내에서 살고 있는 노숙자들의 수를 감소시키는데 공헌하는, Akron 경제적 기회 제공 운동(AEON)을 위한 새로운 모금 운동 개시를 발표하였습니다. 기부 운동을 돕기 위하여, Walker씨는 모든 개별 기부를 500$ 또는 그 이상에 맞출 것으로 하겠다고 약속하면서, "우리들 중에서 불운한 사람들을 고양시키는 것은 Akron 지역 사회에서의 운 좋은 구성원들인 우리들에게 달려있습니다." 라고 선언하였습니다.

67세인 Walker씨는 시상식에서, 타인들을 위해 일을 하려는 그의 끝없는 열정은, 다른 사람들이 경제적인 안정과 번영을 이루는데 도움을 주려는 그의 욕구가 주된 원인이라고 언급했습니다. "저의 고향은 수 년에 걸쳐 제게 많은 것을 주었습니다." 그리고 그는 "사업에 있어서 많은 일들을 성취하는 데 도움을 준 기회들과 도움을 누렸습니다." 라고 설명하였습니다.

Akron 태생인 Walker씨는 1974년에 Medco Digital을 창업하여, 전자 의료 장비 업계에서 국가적 선도자로 만들어 냈습니다. 그는 많은 자선단체들과 비영리 조직들의 오랜 지원자로, 개인적인 기부들과, 봉사활동 그리고 모금운동을 통하여 도움을 주었습니다. 그의 인도적인 활동들의 목록은 너무나 길어서 Akron City Club 회장 Philip Regence에 의하면, "Herbert가 우리의 도시와 주를 위해 한 모든 일들을 열거하는데 10분 이상이 걸릴 것입니다."

159. What is the main purpose of this letter?
(A) To explain why Mr. Walker is a philanthropist
(B) To raise money for AEON
(C) To announce an award given to Mr. Walker
(D) To ask for support from local charities

159. 이 서신의 주된 목적은 무엇입니까
(A) Walker씨가 왜 인도주의자인지 설명하기 위하여
(B) AEON을 위한 모금을 하기 위하여
(C) Walker씨에게 상이 수여된 것을 발표하기 위하여
(D) 지역 자선단체들로부터의 지원을 요청하기 위하여

160. Who will probably be helped by the new AEON fundraising campaign?
(A) Anyone donating $500 to AEON
(B) A member of the Akron City Club
(C) Someone needing support with a mortgage
(D) Someone who lives on the street

160. AEON의 새로운 모금 운동에 의하여 도움을 받을 사람은 아마도 누구이겠습니까?
(A) AEON에 500$ 기부하는 사람은 누구나
(B) Akron City Club의 멤버
(C) 대출로 지원이 필요한 사람
(D) 길에서 사는 사람

* mortgage: 대출, 융자

161. What kind of company is Medco Digital?
(A) An electronic device company
(B) A fundraising organization
(C) A marketing company
(D) A hospital

161. Medco Digital은 어떤 종류의 회사입니까?
(A) 전자 장비 회사
(B) 모금 조직
(C) 마케팅 회사
(D) 병원

Notice to Passengers

Pacific Airways would like to inform passengers of a change in our baggage check-in policy - this policy takes effect March 1, 2013.

As of March 1, 2013, for bags weighing more than 40 lbs, a $50 over-weight fee will be added to the normal $20 check-in luggage fee.

This change in check-in policy is to aid Pacific Airways in speeding-up the loading and unloading of baggage onto airplanes. Studies conducted by several independent system analysis companies have found that large, heavy bags slow down the loading and unloading of airplanes, resulting in frequent flight delays. The overweight bag fee is designed to encourage passengers to pack multiple pieces of luggage instead of one large piece - even with more small bags, studies have shown that there is no appreciable delay in loading and unloading airplanes.

We hope that this change will result in fewer flight delays, increasing the reliability of Pacific Airways arrival and departure times, so you can be confident in making connections and arriving at your desired destinations when you expect.

* **baggage check-in**: 수하물 수속   * **lbs**: [약에] lb 또는 lbs(무게를 나타내는) 파운드(라틴어 libra에서 나옴. 약 454그램)
* **appreciable**: 주목할 만한

문제 162~164는 다음의 공고를 참조합니다.

승객들에게의 공고

Pacific 항공은 승객들에게 2013년 3월 1일 발효하는 당사의 수하물 수속의 변경 사항을 안내 드립니다.

2013년 3월1일, 40 파운드 이상 중량의 가방들은 $20의 정상 수화물 수속 요금에 $50의 초과 중량 요금이 가산될 것입니다.

수화물 수속 정책의 변경은 Pacific 항공사가 항공기에 수화물을 적재와 하역의 속도를 빠르게 하는데 도움을 주기 위한 것입니다. 여러 독립적인 시스템 분석 회사들에 의해 수행된 연구들은 크고, 무거운 가방들이 항공기의 적재와 하역을 느리게 하여, 자주 항공편 지연의 원인이 된다는 것을 발견하였습니다. 중량을 초과하는 가방에 대한 요금은 승객들이 하나의 큰 가방 대신에 여러 개의 수하물로 포장하는 것을 권장하기 위해 설계된 것으로, 작은 가방이 더 많다고 해도, 항공기들을 적재하고 하역하는데 주목할 만한 지연은 없다는 것을 연구들은 보여주었습니다.

이 변경들이 더 적은 항공편 지연의 결과를 가져와, Pacific 항공의 도착과 출발 시간에 대란 신뢰성을 증대시켜서, 귀하가 기대하는 시간에 귀하가 원하는 목적지들에 연결되고 도착하는데 자신을 가질 수 있기를 희망합니다.

---

162. What is the main topic of this notice?
(A) A change in baggage rates
(B) A change of arrival and departure times
(C) A change in a flight connection
(D) A report on flight delays

162. 이 공고의 주요 주제는 무엇입니까?
(A) 수하물 요금의 변경
(B) 출발과 도착 시간의 변경
(C) 항공편 연결의 변경
(D) 항공편 지연의 보고

163. What did the cited study demonstrate?
(A) Pacific Airways is slower than other companies at unloading bags
(B) Pacific Airways is faster than other companies at unloading bags
(C) Small bags delay flights
(D) Large bags delay flights

163. 인용된 연구가 증명한 것은 무엇입니까?
(A) Pacific 항공은 가방들을 하역하는데 다른 회사들보다 느립니다.
(B) Pacific 항공은 가방들을 하역하는데 다른 회사들보다 빠릅니다.
(C) 작은 가방들은 항공편들을 지연시킵니다.
(D) 큰 가방들은 항공편들을 지연시킵니다.

164. What is the purpose of the luggage fee increase?
(A) To encourage people to use smaller bags
(B) To encourage people to use larger bags
(C) To encourage people to fly Pacific Airways
(D) To slow down the loading and unloading of airplanes

164. 수하물 요금 인상의 목적은 무엇입니까?
(A) 사람들이 더 작은 가방들을 사용하도록 권장하기 위해
(B) 사람들이 더 큰 가방을 사용하도록 권장하기 위해
(C) 사람들이 Pacific 항공을 타도록 권장하기 위해
(D) 항공기의 적재와 하역을 느리게 하기 위해

Questions 165 through 168 refer to the following phone message.

WHILE YOU WERE OUT

TO Amanda Pratt　　　　　**DATE** 2/11/13　　　　**TIME** 3:33 Pm
FROM Isaac Zimmerman　　　**OF** United Tax Specialists
PHONE 1-800-533-2334 ext. 20　　**FAX** 1-800-2347

____Came to See You
✓ Telephoned
____Will Call Again
✓ Please Phone

REMARKS Isaac called to apologize for not returning your call last week and to say that your 2012 tax forms are ready - he just needs to know whether to send them by courier or if you will pick them up yourself. It you give him a call by 4:45 he can have a courier get them to us by 5:30 today.

SIGNED David Kline

문제 165~168은 다음의 전화 메시지를 참조합니다.

부재중 메시지

수신 Amanda Pratt　　　　**일자** 2013년 2/11　　　**시간** 오후3:33
발신 Isaac Zimmerman　　　**소속** United Tax Specialists
PHONE 1-800-533-2334 ext. 20　　**FAX** 1-800-2347

____방문함
✓ 전화함
____다시 전화하겠음
✓ 전화 바람

REMARKS Isaac씨가 지난 주 당신의 전화에 대해 전화를 해주지 못한 것에 대해 사과하고 2012년 세금 서류가 준비되었는데, 택배로 보낼 것인지 당신이 직접 찾을 것인지 알고 싶음. 4:45까지 그에게 전화하면 오늘 5:30까지 택배로 당신이 받을 수 있게 할 수 있음

서명 David Kline

165. What kind of office does Mr. Zimmerman probably work in?
(A) A tax accountancy office
(B) A courier dispatch office
(C) A telephone company office
(D) A federal government office

166. Why did Mr. Zimmerman call?
(A) To tell Ms. Pratt about some completed forms
(B) To tell Mr. Kline his tax forms are ready
(C) To apologize for sending some tax forms
(D) To have a courier deliver his tax forms

167. According to the message, what does Ms. Pratt need to do?
(A) Wait for Mr. Zimmerman to call
(B) Call a personal courier to deliver tax forms
(C) Send Mr. Zimmerman his 2012 tax forms
(D) Call Mr. Zimmerman

168. Why did Mr. Zimmerman apologize?
(A) Because he called Ms. Pratt too early
(B) For not calling Ms. Pratt earlier
(C) For leaving tax forms with a courier
(D) Because he does not have Ms. Pratt's tax forms completed

165. Zimmerman씨는 아마도 무슨 사무실에서 일하고 있습니까?
(A) 세금 회계업무 사무실
(B) 택배원 배치 사무실
(C) 전화회사 사무실.
(D) 연방정부 사무실
* dispatch: 1. (특히 특별한 목적을 위해) 보내다
2. (편지·소포·메시지를) 보내다

166. Zimmerman씨는 왜 전화하였습니까?
(A) Pratt양에게 어떤 완성된 서식들에 대해 말하기 위해서
(B) Kline씨에게 그의 세금 서식이 준비되었다는 것을 말하기 위하여
(C) 어떤 세금 서식을 보낸 것을 사과하기 위하여
(D) 택배원에게 그의 세금 서식들을 배달시키기 위하여

167. 메시지에 의하면, Pratt양은 무엇을 해야 하나요?
(A) Zimmerman씨가 전화하기를 기다립니다.
(B) 세금 서식을 전달하기 위하여 개인 택배원에게 전화합니다.
(C) Zimmerman씨에게 2012 세금 서식을 보냅니다.
(D) Zimmerman씨에게 전화합니다.

168. Zimmerman씨는 왜 사과하였습니까?
(A) 그가 Pratt양에게 너무 일찍 전화했기 때문에
(B) Pratt양에게 더 빨리 전화하지 못해서
(C) 세금 서식을 택배원에게 맡겨 놓아서
(D) Pratt양의 세금 서식을 완료하지 못했기 때문에

Questions 169 through 172 refer to the following fax.

Fax

Date: 1/2/2013
To: Reservation Agent, Linton Hotel
Fax: 904-234-2123

From: Raylene Urich
Fax: 341-987-0987
Subject: Reservation Confirmation
Pages: 1

I am just writing to confirm my room reservation, which I made over the phone earlier this week. To restate my reservation, I will be arriving on May 12th and leaving the morning of May 18th. I also asked for a non-smoking room with a Queen-sized bed, kitchenette, and ocean-view; from your website, it looks like this describes most of your rooms, so I hope these requests can be met. As I told the reservation agent I talked with, I will arrive very early that morning (at 7:00 a.m.) and would like to leave my bags with you during the morning hours until check-in (which, if I remember, is 4:00 p.m.). In addition, because my flight leaves so late on May 18th, I would like to leave my bags at the front desk until 8:00 p.m. that day - is that okay?

Please send me a fax or email reconfirming my reservation and room requests. I look forward to your reply.

Sincerely,

Raylene Urich

* **restate**: (특히 더 분명하게·강력하게) 다시 말하다   * **kitchenette**: 소형 주방

문제 169~172는 다음 팩스를 참조합니다.

팩스

일자: 2013년 1/2
수신: Linton Hotel 예약 대리인
Fax: 904-234-2123

발신: Raylene Urich
Fax: 341 -987-0987
제목: 예약 확인
페이지: 1

나는, 이번 주 초에 전화로 한, 저의 방 예약을 확인하기 위하여 쓰고 있는 중입니다. 나의 예약을 다시 말하자면, 나는 5월 12일 도착해서 5월 18일 떠날 것입니다. 나는 또 퀸-사이즈 침대, 소형 주방, 그리고 바다가 보이는 금연실을 요청하였습니다. 호텔의 웹사이트에서는, 이것은 호텔 대부분의 방을 설명하는 것 같습니다. 따라서 이 요청들이 충족될 것으로 희망합니다. 내가 이야기했던 예약 대리인에게 말한 바와 같이, 그날 아침 아주 일찍(오전 7시) 도착할 것이고 체크인 시간(내가 기억하기로는 오후 4시)까지 나의 가방들을 호텔에 맡겨 놓고 싶습니다. 추가로, 나의 비행편이 5월 18일 아주 늦게 떠나기 때문에, 나는 그날 오후 8시까지 프런트 데스크에 나의 가방들을 맡겨놓고 싶은데, 괜찮지요?

나의 예약과 방의 요청 사항들에 대해 재확인하는 팩스나 이-메일을 보내주시기 바랍니다. 당신의 답변을 고대합니다.

안녕히,
Raylene Urich

169. What is the purpose of this fax?
(A) To confirm a reservation
(B) To make a reservation
(C) To respond to a reservation request
(D) To ask for the location of a hotel

169. 이 팩스의 목적은 무엇입니까?
(A) 예약을 확인하기 위하여
(B) 예약을 하기 위하여
(C) 예약 요청에 응답하기 위하여
(D) 호텔의 위치를 묻기 위하여

170. What is Raylene NOT requesting?
(A) A room with a small kitchen
(B) A pet-friendly room
(C) A room with a view of the ocean
(D) A non-smoking room

170. Raylene이 요청하지 않는 것은 무엇입니까?

(A) 작은 부엌이 있는 방
(B) 애완동물 친화적인 방
(C) 바다가 보이는 방
(D) 금연실

171. At approximately what time will Raylene be arriving at Linton Hotel on May 12th?
(A) 7:00 a.m.
(B) 4:00 p.m.
(C) 7:00 p.m.
(D) 8:00 p.m.

171. 5월12일 대략 언제쯤 Raylene은 Linton Hotel에 도착합니까?

(A) 오전 7시
(B) 오전 4시
(C) 오후 7시
(D) 오후 8시

172. How did Raylene first reserve her room?
(A) By fax
(B) By email
(C) By phone
(D) By the hotel's website

172. Raylene은 처음에 어떻게 그녀의 방을 예약하였습니까?

(A) 팩스로
(B) 이-메일로
(C) 전화로
(D) 호텔의 웹사이트로

Questions 173 through 176 refer to the following memo.

Memo

To: All sales staff
From: Randal Smith, Head of Sales & Marketing
Re: Future sales meetings
Date: June 2nd

Last week I talked with our boss, and she agreed that something needs to be done about our monthly sales meetings. Because last month's sales meeting ran over its scheduled time by over an hour, Flora suggested we institute new procedures regarding meeting agendas. After consulting with the head of the Human Resources office, I've come up with what I believe are a number of changes to how we currently plan and run meetings. These changes will hopefully help us keep our meetings to their normal 2 hours. Please read the new policies below.

1. Sales staff must write any topics they wish to discuss at the sales meeting on the agenda sheet posted in the main office before the day of the meeting. Only 3 topics can be added to the agenda sheet by any sales staff person. Two additional topic slots will be reserved for myself and Flora.

2. Only topics already on the agenda can be discussed at monthly sales meetings.

3. Discussion of any single agenda item will be limited to 20 minutes. Nancy has volunteered to keep track of the time. If a discussion hits 20 minutes, then it will be added to next month's agenda.

These changes will be in effect for our June meeting. If you have any questions regarding these changes, don't hesitate to contact me, but know that these changes will occur. Thank you for your cooperation.

* **come up with ~:** (해답·돈 등을) 찾아내다[내놓다]

문제 173~176은 다음 메모를 참조합니다.

메 모

수신: 전 영업 직원
발신: 영업& 마케팅 부서장, Randal Smith
제목: 향후 영업 회의들
일자: 6월 2일

지난 주 저는 저의 상사와 이야기를 했고, 그녀는 우리들의 월례 영업 회의에 뭔가 조치가 필요하다는 것에 동의하였습니다. 지난 달의 영업회의가 예정된 시간보다 한 시간이나 더 진행되었기 때문에, Flora는 회의 안건에 관한 새로운 절차들을 도입할 것을 제안하였습니다. 인사부장과 상의한 후에, 저는 우리가 현재 우리의 회의들을 계획하고 운영하는 방법에 대한 몇 개의 변화들이라고 내가 믿는 것을 찾아내었습니다. 이런 변화들은 우리의 회의들을 정상적인 2시간 이내로 유지시킬 것이라고 희망합니다. 아래의 새로운 정책들을 읽기 바랍니다.

1. 영업 직원들은 영업 회의에서 토론하고 싶은 주제는 회의 전날 본사 사무실에 게시된 안건 용지에 적어야만 됩니다. 오직 3개의 주제만이 영업 직원에 의해서 안건 용지에 추가될 수 있습니다. 두 개의 추가 안건은 저와 Flora에게 예약되어 있습니다.

2. 이미 안건에 있는 주제들만이 월례 영업 회의에서 토론될 수 있습니다.

3. 단일 안건 항목에 대한 토론은 20분으로 제한될 것입니다. Nancy가 시간을 재기로 자원하였습니다. 만약 한 토론이 20분이 되면, 그것은 다음 달의 안건으로 추가될 것입니다.

이 변화들은 6월 회의에 발효될 것입니다. 만약 이런 변화들에 관해 어떤 질문이라도 있다면, 주저 없이 제게 연락하세요, 그러나 이런 변화들은 일어날 것입니다. 여러분들의 협조에 감사합니다.

---

173. What is the main purpose of the memo?
(A) To inform staff of a policy change
(B) To set up a sales meeting
(C) To ask for suggestions on changing a policy
(D) To ask for submissions to next month's sales meeting agenda

173. 이 메모의 주 목적은 무엇입니까?
(A) 직원들에게 정책의 변화를 알리기 위함
(B) 영업 회의를 준비하기 위함
(C) 정책의 변화에 대한 제안들을 요청하기 위함
(D) 다음 달 영업 회의의 안건의 제출을 요청하기 위함.

174. How long did last month's staff meeting most likely last?
(A) 1 hour
(B) Less than 2 hours
(C) 2 hours
(D) Over 3 hours

174. 지난 달의 직원 회의는 얼마나 오래 걸렸겠습니까?
(A) 1시간
(B) 2시간 미만
(C) 2시간
(D) 3시간 이상

175. Who is responsible for making sure discussions do not run too long?
(A) Flora
(B) Nancy
(C) Randal
(D) The Human Resources head manager

175. 회의가 너무 길게 진행되지 않게 확실하게 하는 것은 누구의 책임입니까?
(A) Flora
(B) Nancy
(C) Randal
(D) 인사부서의 수석 관리자

176. What happens if a discussion runs longer than 20 minutes?
(A) It is continued via office email.
(B) Mr. Smith decides if the discussion should continue.
(C) It is added to the following meeting's agenda.
(D) Mr. Smith sends out a memo.

176. 만약 한 토론이 20분 보다 길게 진행되면 어떻게 됩니까?
(A) 사무실의 이-메일을 통해 계속됩니다.
(B) Smith씨가 토론이 계속될지를 결정합니다.
(C) 다음 회의 안건에 추가됩니다.
(D) Smith씨가 메모를 발송합니다.

Questions 177 through 180 refer to the following advertisement.

Data and Electronic Service Librarian Assistant
Libraries and information Services, Yorktown College Library

RESPONSIBILITIES
This position will work under the direction of the Director of the Social Science Libraries and Information Services (SSLIS). This position's responsibilities are:
- Develop, maintain and provide service for the library's Data Archive.
- Collaborate with the Social Science department on building college information databases.
- Develop and provide coordinated services to meet the full range of data needs at Yorktown in the Social science department.
- Work with other Yorktown College staff and faculty to plan and implement a means of developing, maintaining and providing access to the Data Archive.

QUALIFICATIONS
Required:
1. Masters of Library Science or related field.
2. Minimum of two years of relevant professional experience.
3. Knowledge of various kinds of academic and/or government documents.
4. Experience using library catalog software and internet-based information systems.
5. Systematic approach to work, attention to detail, and ability to manage a broad variety of tasks and shifting priorities.
6. Demonstrated ability to work effectively with others.

Preferred:
1. Experience in collection development, reference, and instruction in an academic or research library.

If you wish to apply for this position, please mail your resume along with a cover letter to Hermione Ploggins, Yorktown College Human Resources Dept., Campus Box 157, Yorktown, IL 84023, by April 1, 2013.

* **archive**: 1. 기록 보관소 2. 기록 보관소에 보관하다   3. 파일을 보관하다
* **collaborate**: 협력하다, 공동으로 작업하다   * **implement**: 시행하다
* **attention to detail**: 사소한 것에도 관심과 주의를 자세. 업무의 꼼꼼함
* **cover letter**: (영문) 자기 소개서

문제 177~180은 다음의 광고를 참조합니다.

자료 및 전자 서비스 사서 보조
Yorktown 대학 도서관, 도서 정보서비스

담당 업무들
이 직책은 사회과학도서관/정보서비스(SSLIS) 관장의 지시를 받아 업무를 합니다. 이 직책의 담당 업무들입니다.
 - 도서관의 Data Archive를 개발, 유지 및 서비스 제공
 - 사회과학 학과와 협력하여 대학의 정보 데이터 베이스 구축
 - Yorktown의 사회과학 분야의 자료 필요성 전체 범위를 충족시키는 협력 서비스의 개발 및 제공
 - Yorktown의 다른 단과 대학의 직원과 교수들과 협업하여 Data Archive를 개발, 유지, 접근 제공에 관한 방법을 계획하고 시행.

자격요건
 필수:
 1. 도서관학 또는 관련 분야 석사
 2. 최소 2년의 관련 직무 경력
 3. 다양한 학술/정부 문서에 관한 지식
 4. 도서 분류 소프트웨어와 인터넷 기반 정보 시스템 사용 경험
 5. 업무에 대한 시스템적 접근, 꼼꼼함, 다양한 직무와 변경이 잦은 우선 순위를 관리할 수 있는 능력
 6. 타인들과 함께 효과적으로 일할 수 있는 증빙된 능력

 선호:
 1. 반납 개발, 참조, 학술 또는 연구 도서의 경험

만약 이 직책에 응모하기를 원하시면, 2013년 4월 1일까지, Yorktown, IL 84023, Campus Box 157, Yorktown College 인사부, Hermione Ploggins에게 자기소개서와 이력서를 우편으로 보내시기 바랍니다.

---

177. What type of advertisement is this?
(A) A job ad for position in a human resources department
(B) A job ad to fill the position of director of SSLIS
(C) A job ad for a position in a social science department
(D) A job ad for a librarian aide

177. 이것은 어느 형태의 광고입니까?
(A) 인사부 직책의 직원 채용 광고
(B) SSLIS 관장 자리를 채우기 위한 채용 광고
(C) 사회 과학 학과의 어떤 직책에 대한 채용 광고
(D) 사서 보조에 대한 채용 광고

178. What is a duty of this position?
(A) Earn a Masters of Library Science
(B) Work with the computer science department
(C) Maintain a website
(D) Help improve library databases

178. 이 직책의 담당할 일은 무엇입니까?
(A) 도서관학의 학사 취득
(B) 컴퓨터 과학 학과와의 협업
(C) 웹사이트의 유지
(D) 도서관 데이터베이스의 개선 지원

179. What is NOT a necessary skill for this job?
(A) Two years of professional experience related to library studies
(B) Attention to details
(C) Knowledge on how to collect library materials
(D) Knowledge on how to use a library catalog software

179. 이 일에 필요한 기술이 아닌 것은 무엇입니까?
(A) 도서관 연구들에 관련된 2년간의 직무 경력
(B) 꼼꼼함
(C) 도서관 물품들을 수집하는 방법에 대한 지식
(D) 도서관 분류 소프트웨어 사용 방법에 관한 지식

180. How does an applicant submit their resume?
(A) Mail it to the human resources office
(B) Attach it to an email
(C) Send it by fax
(D) Go to the human resources department

180. 응모자는 이력서를 어떻게 제출합니까?

(A) 인사부에 우편으로 보냅니다.
(B) 이-메일에 첨부합니다.
(C) 팩스로 전송합니다.
(D) 인사부로 갑니다.

Questions 181 through 185 refer to the following emails.

From: polly.w@organics.ne.com
To: tim.r@organics.ne.com
CC: zack.t@ organics.ne.com
BCC: mary.n@ organics.ne.com
Re: Holiday Hours
Date: 12/1/13
Attachments: 13holidaywksch.doc

Hi Tim,

I just wanted to get back to you regarding your work schedule during the upcoming Christmas break. As we discussed, we will have reduced hours during the last two weeks of December, and will need someone to be in every weekday morning (save for Christmas Day, of course) to open the display store and help us get ready for the day. I talked with Zack about how to accommodate your request to have as much time off as possible, and to possibly let you take a day off on Christmas Eve. Zack said he could help open up on Christmas Eve; however, because you've used up your Personal Days for this year, you will need to take a "Sick Day" for Christmas Eve - Mary in Human Resources can help you with that, if you need to know how to record that information on your timesheet to make sure you get paid the correct amount.

Let's meet next week and go over the schedule for those weeks - I'll ask Zack to be at the meeting, too. Let me know if you have any questions.

Polly

---

* **personal day:** 개인적 용무를 보기 위해 허용된 휴가   * **timesheet:** 근무시간 기록표

From: tim.r@organics.ne.com
To: polly.w@organics.ne.com
CC: zack.t@ organics.ne.com
Re: Re: Holiday Hours
Date: 12/3/13

Hi Polly,

Thanks for sending me the break schedule. I've had a chance to look it over, and had a few concerns. First, the schedule states I have to be in at 7:00 every morning; however, on Sundays we normally don't open until 9:00, so do I really have to be in 2 hours before we open the doors? It usually takes less than an hour to get the store set up for customers, so can I come in at 8:00 every Sunday instead?

Another issue we need to address is keys - with all of the morning staff (save for myself, of course) on vacation, we need to make sure Zack has a key when he opens the store by himself on Dec. 24th. Can you make a key for him by the meeting you talked about? I'll make sure Zack knows all the procedures for the morning shift by the time Christmas Eve arrives.

Lastly, and most importantly, I saw that according to the schedule I only have two days off between Dec. 15th and Jan. 5th - this was not what I was hoping for in terms of a work schedule. When I originally agreed to do the bulk of the Christmas break openings, I was expecting to have at least three days off, not including Christmas. I would like to see if there is anyone who can do my shift for two more days. I would be happy to come in during my off time and show them how to open the display store.

Tim

문제 181~185는 다음 이-메일들을 참조합니다.

발신: polly.w@organics.ne.com
수신: tim.r@organics.ne.com
참조: zack.t@ organics.ne.com
BCC: mary.n@ organics.ne.com
제목: 휴일 근무 시간
일자: 12/1/13
첨부: 13holidaywksch.doc

안녕하세요 Tim,

나는 다가오는 크리스마스 휴가 중의 당신의 근무 일정에 관해 답변을 주고 싶었습니다. 우리가 의논한 바와 같이, 우리는 12월 마지막 2주간 동안 단축 근무를 할 것이고, 주중 매일 아침 (물론, 크리스마스는 제외) 전시장을 열고 우리가 하루를 준비하는데 도와줄 누군가가 필요할 것입니다. 나는 가능한 많은 시간 휴가를 갖기를 원하는 당신의 요청을 수용할 방법, 그리고 크리스마스 이브에 당신이 하루 휴가를 가능하면 사용할 수 있게 해 줄 수 있는 방법에 관하여 Zack과 이야기하였습니다. Zack은 크리스마스 이브에는 개장하는 것을 도울 수 있다고 말했습니다. 그러나 당신이 올해의 개인 휴가들을 소진하였기 때문에, 당신은 크리스마스 이브에는 "병가"를 사용해야만 합니다. 만약 당신이 정확한 금액의 임금을 지급받기 위해 당신의 근무시간 기록표에 그 정보를 기록하는 방법을 알고 싶다면, 인사부의 Mary가 그것을 도와줄 것입니다.

다음 주에 만나서 그 주간들의 일정을 검토합시다. 나는 Zack에게 그 회의에 나오도록 요청하겠습니다. 질문이 있으면 알려주세요.

Polly

발신: tim.r@organics.ne.com
수신: polly.w@organics.ne.com
참조: zack.t@ organics.ne.com
제목: Re: Holiday Hours
일자: 12/3/13

안녕하세요 Polly,

휴가 일정을 보내주어서 감사합니다. 나는 그것을 살펴볼 기회가 있었는데, 몇 가지 우려가 있습니다. 먼저, 일정은 내가 매일 아침 7:00에 출근해야만 한다고 언급합니다. 하지만, 일요일에는 9:00까지는 개장하지 않는 것이 정상이며, 따라서 내가 문들을 열기 2시간 전까지 정말로 출근해야만 할까요? 고객들을 위하여 매장을 준비하는 데는 보통 1시간 미만이 걸립니다. 따라서 대신에 매 일요일 8:00에 출근할 수 있을까요?

우리가 다룰 또 하나의 문제는 열쇠들입니다. 오전 직원들 전원(물론 나는 제외하고)이 휴가를 가서, 우리는 Zack이 12월 24일 그 혼자서 매장을 열 때 열쇠를 꼭 갖고 있게 해야만 합니다. 당신이 말한 그 회의까지 그에게 열쇠를 만들어 줄 수 있나요? 나는 Zack이 크리스마스 이브가 오기 전까지 아침 근무조의 모든 절차들을 알게 하겠습니다.

마지막으로, 그리고 가장 중요한 것으로, 일정에 따르면 나는 12월 15일과 1월 5일 사이에 2일의 휴가만 가지고 있는 것을 보았습니다. 이것은 근무 일정에 관해서 내가 희망하고 있었던 것이 아니었습니다. 내가 대량의 크리스마스 휴가 중의 개장에 처음에 동의하였을 때, 나는 크리스마스를 제외하고, 최소 3일의 휴가를 기대하고 있었습니다. 나는 나 대신 2일 더 근무를 해 줄 누군가가 없는지 알고 싶습니다. 나는 기꺼이 나의 비번 시간에 나와서 전시장을 어떻게 여는지 그들에게 보여 줄 것입니다.

Tim

---

181. What is the main purpose for the email sent by Polly?
(A) To tell Tim about the holiday-break work schedule
(B) To ask Mary for help with a timesheet
(C) To ask Tim for his Christmas break schedule
(D) To ask Zack to attend a meeting

182. What time does the display store normally open?
(A) 5:00
(B) 7:00
(C) 8:00
(D) 9:00

183. Tim is concerned about all the following issues EXCEPT.
(A) Not having enough days off during the holiday break
(B) Having to take a sick day for one of his days off
(C) A coworker doesn't have the proper key to open the store
(D) Having to come in earlier than normal on Sundays

184. Which of the following is most likely true?
(A) Tim does not want to work holidays
(B) Tim does not normally work holidays
(C) Zack does not normally work holidays
(D) Zack does not normally open the store

---

181. Polly에 의해 발송된 이-메일의 주된 목적은 무엇입니까?
(A) Tim에게 휴가 중 근무 일정에 관해 말하기 위해서.
(B) Mary에게 근무시간 기록표를 도와주라고 요청하기 위하여
(C) Tim에게 그의 크리스마스 휴가 중의 일정을 물어보기 위하여
(D) Zack에게 회의에 참석하라고 요청하기 위하여

182. 전시 매장이 일반적으로 개장하는 시간은 언제입니까?
(A) 5:00
(B) 7:00
(C) 8:00
(D) 9:00

183. TIM은 무엇을 제외하고 다음의 문제들에 대해 우려하고 있습니까?
(A) 휴일 기간 중 충분한 휴가를 갖지 못함
(B) 그의 휴가일 중 하루를 병가로 쉬어야 함.
(C) 동료가 매장을 여는데 맞는 열쇠를 가지고 있지 않음.
(D) 일요일들에 정상보다 더 빨리 출근해야 함

184. 다음 중 가장 사실일 것 같은 것은 무엇입니까?
(A) Tim은 휴일 기간 중 일을 하는 것을 원치 않습니다.
(B) Tim은 보통은 휴일 기간 중에는 일을 하지 않습니다.
(C) Zack은 휴일 기간 중 일을 하는 것을 원치 않습니다.
(D) Zack은 보통은 매장의 문을 열지 않습니다.

185. Excluding Christmas, how many days is Tim now hoping to have off during the holiday break?
(A) 2
(B) 3
(C) 4
(D) 5

185. 크리스마스를 제외하고, Tim은 지금 휴일 기간 중에 며칠을 쉬기를 희망하고 있습니까?
(A) 2
(B) 3
(C) 4
(D) 5

Questions 186 through 190 refer to the following memo and schedule.

Memo

To: All moderators
From: Tina Pomogrino, Room Coordinator
Re: Room Schedule Change
Date: 7/10/13

Attached to this memo you'll find the revised discussion room assignments for our PSE conference next week. As you can see, we fixed the room assignment issue raised during our teleconference yesterday - now, Carlos Montoya doesn't need to be in two rooms at once!

You will note that because Pete Williams needs to leave at lunch due to a last-minute business meeting; we have given his afternoon discussion to Rachel Ross. Thanks, Rachel, for volunteering to take his spot on such short notice.

Thank you once again for all your hard work and dedication in making our upcoming conference a success!

* **teleconference:** 원격회의 (전화나 화상을 이용한)   * **last-minute:** (주로 명사 앞에 씀)마지막 순간의, 막바지의
* **on short notice:** 갑자기, 충분한 예고 없이.

Pacific State Educators Conference Schedule – WEDNESDAY, JULY 15, 2013				
10:00-12:00 pm	**Cypress Room Moderator:** Montoya	**Spruce Room Moderator:** Ross	**Willow Room Moderator:** Williams	**Birch Room Moderator:** Richards
	Tracking your Teaching: How to Easily Maintain Student Assessments	**The Student Creator:** Hands-on Activities for Student Creation	**Internet Ideas:** Online Educational Resources	**Teacher Teamwork:** Supporting Struggling Faculty
12:00-1:00 pm	Lunch			

1:00-3:00 pm	**Cypress Room Moderator:** Holton	**Douglas Room Moderator:** Ross	**Willow Room Moderator:** Carey	**Birch Room Moderator:** Wright
	They Need You: Integrating Special Needs Students into a Traditional Curriculum	**Manage It!:** Strategies for Effective Classroom Management	**Dramatic Delivery:** Benefits of Learning Through Theater	**Teaching Cooperation:** The Role of Social Activities in Faculty Cohesion
3:15-5:15 pm	**Cypress Room Moderator:** Carey	**Douglas Room Moderator:** Montoya	**Willow Room Moderator:** Ross	**Birch Room Moderator:** Richards
	Digital Dialogue: Using Digital Media to Share Teaching Idea	**The Power of Opposites:** How to use Debate as a Teaching Tool	**The Laboratory Classroom:** Transforming your Classroom into a Scientific Lab	**Storytelling:** How narratives can aid in teaching
5:15-6:15 pm	Reception			

* cypress: 사이프러스(키 큰 상록수의 일종)　　　　* spruce: 가문비나무
* hands-on: (주로 명사 앞에 씀)(말만 하지 않고) 직접 해 보는(실천하는); 실습의
* willow: 버드나무　　　　　　　　　* birch: 자작나무　* douglas: (북미원산의) 소나무

문제 186~190은 다음 메모와 일정을 참조합니다.

메 모

수신: 전 진행자
발신: Tina Pomogrino, 룸 코디네이터
제목: Room 일정 변경
일자: 7/10/13

다음 주 우리의 PSE 회의의 수정된 토론 방 배정표가 이 메모에 첨부되어 있습니다. 보시는 바와 같이, 우리는 어제 우리의 원격회의 중에 거론된 방 배정 문제를 해결했습니다. 이제, Carlos Montoya는 한 번에 두 방에 있지 않아도 됩니다.

Peter Williams가 갑작스런 업무 회의 때문에 점심 후 떠나야만 한다는 것을 알 수 있을 것입니다. 우리는 그의 오후 토론을 Rachel Ross에게 주었습니다. Ross, 그런 갑작스런 통보에도 그의 자리를 채우는데 지원해 주어 감사합니다.

다가오는 회의를 성공시키기 위한 여러분들의 고생과 헌신에 다시 한번 감사합니다!

Pacific State 교육자 회의 일정 - 2013, 7월 15일, 수요일				
10:00-오후 12:00	**Cypress Room** 진행자: Montoya 당신이 가르친 것을 추적: 학생 평가를 쉽게 유지하는 방법	**Spruce Room** 진행자: Ross 학생의 창조자: 학생 창조를 위한 실습 활동들	**Willow Room** 진행자: Williams 인터넷의 아이디어들: 온라인 교육의 자원들	**Birch Room** 진행자: Richards 교사 팀워크: 분투하는 교직원 직원
오후 12:00-1:00	점심			
오후 1:00-3:00	Cypress Room 진행자: Holton 그들은 당신이 필요합니: 특수 요구 학생들의 전통적 교과과정에 통합	Douglas Room 진행자: Ross 관리하자!: 효과적 학급 관리 전략	Willow Room 진행자: Carey 극적 전달: 극장을 통한 학습의 이점들	Birch Room Moderator: Wright 교수 협조: 교직원 융합에 있어서 사회 활동들의 역할
오후 3:15-5:15	Cypress Room 사회자: Carey 디지털 대화: 디지털 매체를 사용하여 교수 아이디어 공유하기	Douglas Room 사회자: Montoya 반대자의 힘: 토론을 교수 도구로써 사용하는 방법	Willow Room 사회자: Ross 연구실 교실: 당신의 교실을 과학 연구실로 변환하기	Birch Room 사회자: Richards 이야기 말하기: 이야기가 어떻게 교수에 도움이 되는가?
오후 5:15-6:15	리셉션			

186. What is the main purpose of the memo?
(A) To ask for suggestions on changing room assignments at a conference
(B) To set up a teleconference call
(C) To notify moderators of changes to a conference schedule
(D) To ask for volunteer to replace a moderator

186. 이 메모의 주요 목적은 무엇입니까?
(A) 회의의 방 배정 변경에 대한 제안을 요청하기 위하여
(B) 원격회의를 준비하기 위하여
(C) 회의 일정의 변경을 진행자들에게 통보하기 위하여
(D) 진행자를 대체할 지원자를 요청하기 위하여

187. Who moderates the most?
(A) Montoya
(B) Richards
(C) Ross
(D) Carey

187. 누가 진행을 제일 많이 합니까?
(A) Montoya
(B) Richards
(C) Ross
(D) Carey

188. What was probably wrong with the previous draft of the conference schedule?
(A) Montoya was assigned to moderate in different rooms at the same time
(B) Pete Williams didn't want to moderate any meetings
(C) Rachel Ross wanted to moderate more meetings
(D) There were not enough moderators for the conference

188. 이전 초안의 회의 일정에서 잘못된 것은 아마도 무엇이었겠습니까?
(A) Montoya가 동시에 다른 방들에서 진행하는 것으로 배정되었습니다.
(B) Pete Williams는 어느 회의도 진행하는 것을 바라지 않았습니다.
(C) Rachel Ross는 더 많은 회의를 진행하기를 원했습니다.
(D) 회의에 충분한 진행자들이 있지 않았습니다.

189. According to the memo, why does Williams only moderate one discussion?
(A) He only wanted to moderate one meeting.
(B) He needs to attend a meeting after lunch that day.
(C) He is volunteering for another conference.
(D) He wanted to give his afternoon discussion assignment to Ross.

189. 메모에 따르면, Williams는 왜 하나의 토론만 진행합니까?
(A) 그는 오직 하나의 회의만 진행하는 것을 원했습니다.
(B) 그는 그날 점심 후에 어떤 회의에 참석해야만 합니다.
(C) 그는 다른 회의에 자원하고 있습니다.
(D) 그는 그의 오후 배정을 Ross에게 주기를 원했습니다.

190. Which pair of meetings would a participant NOT be able to attend?
(A) Both "Student Creator" and "Laboratory Classroom"
(B) Both "Teacher Teamwork" and "Storytelling"
(C) Both "Teaching Cooperation" and "Manage it"
(D) Both "They Need You" and "Digital Dialogue"

190. 어떤 쌍(조합)의 회의를 참가자들은 참석할 수 없습니까?
(A) "학생의 창조자" 와 "연구실 교실"
(B) "교사 팀워크" 와 "이야기 말하기"
(C) "교수협조" 와 "관리하자!"
(D) "그들은 당신이 필요합니다" 와 "디지털 대화"

Questions 191 through 195 refer to the following letter and invoice

Customer Service Department
Regency Sound & Lighting Rental (RSL Rentals)
4526 SE Stark
Portland, OR 98344

October 2, 2013

REF: #1047
Sacred Hills Wedding Chapel
12344 SE Wanda Drive Portland,
OR 98354

Dear Mr. Iglesias,

I am writing in reference to an overdue payment for invoice #1047. As you can see from the attached copy of the invoice, you still owe over half the total cost for renting our sound equipment on August 17th - in fact, the only payment we have received at this time was the security deposit which you made when you originally ordered our equipment. With previous rentals your company has always been timely in its payments to RSL Rentals, so when we did not receive payment at the end of August, we tried to contact you to remind you of your payment - however, we were only able to leave a message; since then, we have left two other messages but have never received a return call.

We regret to inform you that failure to pay your balance in full by October 15, 2013 will result in us taking you to small claims court where we will use all legal means to get payment. This will be our last communication regarding this matter. Please note that you can pay by either check or credit card.

We look forward to your prompt reply.

Sincerely,

Jon Weyr
Head Service Director

---

* **in reference to:** ~에 관하여   * **overdue:** 기한이 지난, 연체된
* **security deposit:** 보증금
* **sincerely:** … 올림(격식을 차리는 편지를 맺는 말로 이름을 서명하기 전에 씀)

INVOICE

Regency Sound & Lighting Rentals
4526 SE Stark
Portland, OR 98344

Order Date: 8/10/13
Invoice #: 1047
P.O.#: N/A

Bill To:
Sacred Hills Wedding Chapel
ATTN: Bill Iglesias

Deliver To:
12344 SE Wanda Drive
Portland, OR 98354
513-1 23-4567

Delivery Date: 8/17/13
Due Date: 8/30/13

Description	Qty	Unit Cost	Amount
Boom Microphone (incl. cables & stands)	4	$35.00	$140.00
Speakers (incl. cables)	4	$45.00	$180.00
Sound Mixer with Amp	1	$150.00	$150.00
CD & MP3 Player (incl. cables)	1	$20.00	$20.00
		Subtotal	$490.00
		Sales Tax (4.5%)	$22.05
		Total	$512.05
		Payments/Credits	$250.00
		Balance Due	$262.05

문제 191~195는 다음의 편지와 송장을 참조합니다.

고객 서비스 부
Regency 음향, 조명 임대 (RSL 렌탈)
4526 SE Stark
Portland, OR 98344

2013. 10월 2일

참조: #1047
Sacred Hills Wedding Chapel
12344 SE Wanda Drive Portland,
OR 98354

친애하는 Iglesias씨,

저는 송장#1047의 대금 지급 연체에 대한 건으로 편지를 작성하고 있습니다. 첨부된 송장 복사본에서 귀하도 알 수 있듯이, 귀하는 8월 17일 우리 음향 장비 대여에 대한 총액의 반을 아직 빚지고 있습니다. 사실, 현재 우리가 받은 유일한 대금은 귀하가 우리의 장비를 처음 주문했을 때 한 보증금입니다. 그 전에 대여한 것들에 대해서 귀하의 회사는 언제나 RSL 렌탈에게 적절한 시기에 지불을 해서, 8월말에 대금을 받지 못했을 때, 귀하가 지불하도록 환기시키기 위하여 귀하에게 연락을 시도하였습니다만, 우리는 메시지만 남길 수 있었습니다. 그 후로도, 두 개의 메시지를 더 남겨 놓았지만, 답장 전화는 받지 못했습니다.

2013년 10월 15일까지 당신의 차액 전액을 지불하지 못한다면 우리가 대금을 받기 위해 모든 법적 수단을 사용할 소액 청구 재판소에 당신을 세우는 결과를 초래할 것입니다. 이 편지는 이 문제에 관한 우리의 마지막 연락이 될 것입니다. 귀하는 수표 또는 신용카드로도 지불할 수 있다는 것을 유의해 주세요.

귀하의 신속한 답변을 고대합니다.

Jon Weyr 올림
서비스 수석 임원

INVOICE

Regency 음향/조명 대여
4526 SE Stark
Portland, OR 98344

청구지:
Sacred Hills Wedding Chapel
ATTN: Bill Iglesias

주문일: 8/10/13
송장 #: 1047
P.O.#: N/A

발송지:
12344 SE Wanda Drive
Portland, OR 98354
513-1 23-4567

발송일: 8/17/13
지급일: 8/30/13

적 요	수량	단 가	금 액
붐 마이크로 폰 (케이블과 스탠드 포함)	4	$35.00	$140.00
스피커 (케이블 포함)	4	$45.00	$180.00
앰프 달린 사운드 믹서	1	$150.00	$150.00
CD와 MP3 Player (케이블 포함)	1	$20.00	$20.00
		소계	$490.00
		판매세 (4.5%)	$22.05
		총계	$512.05
		지급/입금	$250.00
		잔액	$262.05

191. What is the purpose of the letter?
(A) To inform Mr. Iglesias of an overdue payment
(B) To pay an overdue bill
(C) To ask for more time to pay a bill
(D) To ask Mr. Iglesias to pay for an upcoming rental

191. 편지의 목적은 무엇입니까?
(A) Iglesias에게 연체된 대금 지급에 대해 알려주기 위하여
(B) 연체된 청구서를 지불하기 위하여
(C) 청구서를 갚는데 더 많은 시간을 요청하기
(D) Iglesias씨에게 앞으로 있을 대여에 대해 지불하도록 요청하기 위하여

192. What kind of company does Jon Weyr probably work for?
(A) A church
(B) An equipment rental company
(C) A credit card company
(D) A wedding caterer

192. Jon Weyr는 아마도 어떤 종류의 회사에서 일하고 있을까요?
(A) 교회
(B) 장비 대여 회사
(C) 신용 카드 회사
(D) 결혼 케이터러
* caterer: (행사의) 음식 공급자

193. Before this letter, how many times had the RSL Rentals tried to contact Mr. Iglesias?
(A) None
(B) 1
(C) 2
(D) 3

193. 이 편지 전에, RSL Rental은 몇 번이나 Iglesias씨와 연락을 하려고 시도했습니까?
(A) 없음
(B) 1
(C) 2
(D) 3

194. By when does Mr. Iglesias need to pay RSL Rentals or else be taken to court?
(A) August 15
(B) August 17
(C) August 30
(D) October 15

194. 언제까지 Iglesias씨가 RSL Rental에 지불하지 않으면 재판에 갑니까?
(A) 8월 15일
(B) 8월 17일
(C) 8월 30일
(D) 10월 15일

195. How much was the security deposit?
(A) $250
(B) $262.05
(C) $490.00
(D) $512.05

195. 보증금은 얼마였습니까?

(A) $250
(B) $262.05
(C) $490.00
(D) $512.05

Questions 196 through 200 refer to the following letter and purchase order.

Date: 4/14/2013
To: Ms. Peters, Giovanni & Sons, CPA
Fax: 904-234-2123

From: Greg Barton, Richmond Office Supplies
Fax: 341-987-0987
Re: P.O.: #001345
Pages: 2

Dear Ms. Peters,

Thank you for your recent order to our company. However, we need to change the method of payment you listed on the P.O.; I'm afraid that Richmond Office Supplies does not allow, for orders exceeding $50, the kind of payment you wish to make. Instead, you can pay by credit card, cash or money order. Alternately, checks are also acceptable, provided it is a business check, not a personal check. Please contact me as soon as possible to let us know how you wish to pay.

In addition, you will remember that when we talked on the phone on 4/10/13 I told you about an additional $25 delivery fee which you would need to pay if you wish us to deliver your order to your office. This fee will need to be paid at the time you make payment for the rest of the order.

I also need to inform you that we no longer carry pens in the color you ordered. If you would like to change your order, we have pens in black, blue or green.

Lastly, we would need to discuss what days you are able to receive our delivery. Let me know if you can only accept deliveries during your normal weekday work hours (I understand those to be 8am-5pm, Mon-Fri), or if there will be someone at your office on the weekend - if so, then we could deliver your order on Saturday between 8am-12pm. If you are unable to accept deliveries during the weekend, then the earliest we can get your supplies to you would be Monday.

I look forward to your response to this fax.

Sincerely,

Greg Barton
Customer Service

Purchase Order	**ORDER No:** 001345			
	SHIP TO: Giovanni & Sons, CPA 123 Yarborough Lane Richmond Hill, RI 45234			
VENDOR: Richmond Office Supplies 415 Main Street Richmond Hill, RI 45230	BILL TO: Giovanni & Sons, CPA (same as above)			
CUSTOMER ACCOUNT No: G-423	**CUSTOMER CONTACT:** Rhonda Peters		**DATE OF ORDER:** 4/12/13	
PAYMENT: C.O.D.	**CUSTOMER TEL:** 905-555-2345		**DESIRED DELIVERY DATE:** ASAP	
ITEM	STOCK NUMBER	QUANTITY	UNIT COST	TOTAL COST
Pencils, box#2, red	32145-12	5	2.50	12.50
Xerox Paper-case	78-354-23	12	30.00	360.00
Pens, box, red, fine point	89324-12	10	5.00	50.00
Tape, 1" case	543-980	3	12.50	37.50
Staples, box	5234-34	10	1.00	10.00
Letter-size envelopes	57-123-70	2	12.00	24.00
			NET TOTAL	494.00

문제 196~200은 다음 편지와 발주명령서를 참조합니다.

일자: 2013. 4/14
수신: Ms. Peters, Giovanni & Sons, CPA
팩스: 904-234-2123

발신: Greg Barton, Richmond Office Supplies
팩스: 341-987-0987
제목: P.O.: #001345
페이지: 2

친애하는 Peters씨,

최근에 우리 회사에 주문해주신 것에 감사합니다. 그러나, 우리는 당신이 P.O.에서 열거한 지불 방법을 변경할 필요가 있습니다. 아쉽지만 Richmond Office Supplies는 50$를 초과하는 주문들에 대해서는, 당신이 원하는 지불 방법을 허용하지 않습니다. 대신, 당신은 신용카드, 현금 또는 우편환으로 지불할 수 있습니다. 대신, 수표도, 개인 수표가 아니라, 기업 수표라면, 받을 수 있습니다. 가능한 나에게 빨리 연락하시어 원하는 지불 방법을 알려주세요.

추가하여, 2013, 4/10에 전화로 우리가 이야기했을 때 내가 당신의 주문을 당신의 사무실로 배달하기를 바란다면 배달요금 25$ 추가를 제가 말한 것을 기억할 것입니다. 이 요금은 주문의 나머지에 대해 지불할 때 지불되어야 합니다.

나는 또 귀하가 주문하신 색의 펜은 더 이상 취급하지 않음을 알려드려야만 됩니다. 만약 당신이 당신의 주문을 변경하고 싶다면, 우리는 흑색, 청색 또는 녹색 펜들은 가지고 있습니다.

마지막으로, 우리는 우리가 배달하는 것을 당신이 받을 수 있는 일자들을 논의해야 할 필요가 있습니다. 당신의 정상 주중 근무 시간(내가 알기로는 월-금, 오전 8시-오후 5시)에만 배달 물품들을 받을 수 있는 것인지 아니면 주말에 사무실에 누가 있을 것인지 내게 알려주세요. 만약 그렇다면, 우리는 토요일 오전 8시-오후 12시 사이에 당신의 주문을 배달할 수 있습니다. 만약 당신이 주말에는 배달들을 받을 수 없다면, 당신의 용품들을 당신에게 가지고 갈 가장 빠른 시간은 월요일일 것입니다.

이 팩스에 대한 당신의 답변을 고대합니다.

고객서비스
Greg Barton 올림

구매 주문서		**주문 번호:** 001345		
		발 송 지: Giovanni & Sons, CPA 123 Yarborough Lane Richmond Hill, RI 45234		
공 급 자: Richmond Office Supplies 415 Main Street Richmond Hill, RI 45230		**청 구 지:** Giovanni & Sons, CPA (same as above)		
고객 계정 번호: G-423	**고객 연락처:** Rhonda Peters		**주문일:** 4/12/13	
지불 방법: 대금 상환 인도.	**고객전화:** 905-555-2345		**희망 배송 일자:** 가능한 빨리	
ITEM	재고 번호	수 량	단 가	총 액
연필, #2상사, 적색	32145-12	5	2.50	12.50
복사기 용지- 상자	78-354-23	12	30.00	360.00
펜, 상자, 적색, 가는 심	89324-12	10	5.00	50.00
테이프, 1인치 케이스	543-980	3	12.50	37.50
스테이플, 상자	5234-34	10	1.00	10.00
편지지 크기 봉투	57-123-70	2	12.00	24.00
			총 금액	494.00

---

196. What is not a purpose of the letter?
(A) To remind a customer about an additional fee
(B) To apologize for not filling an order
(C) To set up a delivery date
(D) To inform a customer about the methods for paying for an order

196. 이 편지의 목적이 아닌 것은 무엇입니까?
(A) 고객에게 추가 비용에 대해 환기시키기 위하여
(B) 주문을 맞춰줄 수가 없음에 사과하기 위하여
(C) 발송일을 정하기 위하여
(D) 주문에 대한 지급 방법들을 고객에게 알려주기 위하여

197. Which method can Ms. Peters NOT use to pay for her order?
(A) Credit Card
(B) Cash on delivery
(C) Cash
(D) Business Check

197. Ms. Peters가 그녀의 주문에 대한 지불 방법으로 사용할 수 없는 것은 무엇입니까?
(A) 신용 카드
(B) 인도 시 대금 상환
(C) 현금
(D) 기업 수표

198. How much does it cost for Richmond Office Supplies to deliver an order?
(A) $25
(B) $50
(C) $494
(D) $519

198. Richmond Office Supplies가 주문을 배달하는 데는 얼마나 듭니까?
(A) $25
(B) $50
(C) $494
(D) $519

199. Which of the following is most likely true?
(A) Mr. Barton does not want to deliver the supplies to Ms. Peters.
(B) Mr. Barton never told Ms. Peters about the delivery fee before his fax.
(C) Ms. Peters forgot to add the delivery fee to the P.O.
(D) Ms. Peters didn't know about the delivery fee when writing the P.O.

199. 다음 중 가장 사실일 것 같은 것은 어느 것 입니까?
(A) Mr. Barton은 Ms. Peters에게 용품들을 배달하기 원하지 않습니다.
(B) Mr. Barton은 그의 팩스 이전에는 Ms. Peters에게 배달 요금에 대해서 말한 적이 없습니다.
(C) Ms. Peters는 P.O.에 배달 요금을 추가하는 것을 잊었습니다.
(D) Ms. Peters는 P.O.를 작성할 때 배달 요금에 대해 알지 못했습니다.

200. What does Richmond Office Supplies no longer keep in stock?
(A) Red paper
(B) Red pencils
(C) Red pens
(D) Blue pens

200. Richmond Office Supplies가 더 이상 재고로 가지고 있지 않는 것은 무엇입니까?
(A) 적색 용지
(B) 적색 연필
(C) 적색 펜
(D) 청색 펜